Mohssen Massarrat

Anatomie der US-Hegemonie

Bibliografische Information der Deutschen Bibliothek:
Die Deutsche Bibliothek verzeichnet diese Publikation
in der Deutschen Nationalbibliografie.

Covergrafik: Shutterstock
Umschlaggestaltung: Gisela Scheubmayr

Druck: CPI – Clausen und Bosse, Leck
Printed in Germany
ISBN: 978-3-85371-559-8

Promedia Verlag
Rotenlöwengasse 8/4
1090 Wien
E-Mail: promedia@mediashop.at
Web: www.mediashop.at | www.verlag-promedia.de

MOHSSEN MASSARRAT

Anatomie der US-Hegemonie

Vom amerikanischen Zeitalter zur multipolaren Welt

PROMEDIA

Danksagung

Dieses Buch entstand im Zeitraum zwischen Herbst 2022 und Januar 2025 und wurde Anfang 2026 überarbeitet und ergänzt. Der darin erarbeitete Stoff ist ein wesentlicher Ausschnitt meiner Forschung, die ich seit meiner im Jahr 1973 abgeschlossenen Doktorarbeit betrieben habe. Der Umfang meiner Publikationen ist für mich inzwischen beinahe unüberschaubar geworden. Es sind über 20 Bücher und hunderte Einzelartikel, die allein in deutscher Sprache erschienen sind. Dabei ist Deutsch nicht meine Muttersprache. Und meine literarische Ausdrucksweise, selbst in meiner Muttersprache Persisch, lässt zu wünschen übrig. Dass alle meine Texte dennoch gut lesbar geworden sind, hat einen guten Grund: meine Frau und Lebensgefährtin Mechthild. Sämtliche Texte sind von ihr durchgelesen und grammatikalisch korrigiert. Sie hat mich auf logische Schwächen aufmerksam gemacht und mir schöpferische Anregungen gegeben, die Texte stilistisch lesbarer zu machen. Daher ist die Unterstützung meiner Frau für die Präsentation meiner Gedanken und Forschungsergebnisse nicht mit Worten zu fassen. Sie hat jedenfalls einen großen Anteil an meinen gesamten Publikationen.

Danken möchte ich auch Farid Farsinfard, der mich seit Jahren bei Computerproblemen unermüdlich unterstützt.

Mein Dank gilt zudem dem Promedia Verlag und Hannes Hofbauer als tragender Säule dieses verdienstvollen Anbieters kritischer Literatur im deutschsprachigen Raum. Promedia gehört zu den wenigen Verlagen, der sich sehr aktiv um die Verbreitung der Bücher, die er publiziert, kümmert. Auch deshalb ein Dankeschön an das ganze Verlagsteam.

Mohssen Massarrat,
Berlin, im Februar 2026

Inhalt

Vorwort

Die gegenwärtige Weltordnung befindet sich in einer tiefgreifenden Krise. Während Chinas Aufstieg zu einer ökonomischen Weltmacht der Entstehung einer multilateralen Weltordnung einen kräftigen Auftrieb erteilt, sind die USA offensichtlich nicht gewillt, den drohenden Verlust ihrer Vormachtstellung hinzunehmen. Die begonnene globale Transformation ist daher mit extrem ungünstigen Bedingungen konfrontiert. Diese Tatsache erfordert eine gründliche Analyse der sichtbaren und eine Entschleierung von unsichtbaren Mechanismen und Potenzialen der weiterhin bestehenden Vormachtstellung der USA. Dieses Buch soll hierzu einen Beitrag leisten.

Das Manuskript dieses Buches war bereits Mitte Januar 2025 abgeschlossen, bevor die Amtseinführung des neuen US-Präsidenten stattgefunden hatte und bevor Donald Trump mit der Unterzeichnung von 78 Dekreten gleich am ersten Tag seines Amtes die Welt aufschreckte. Seitdem weht aus Washington ein neuer Wind. Meine Frau, die das Manuskript Korrektur gelesen hatte, sagte zu mir: »Jetzt musst Du das Buch neu schreiben«. Dies ist jedoch nicht nötig. Denn an der Struktur, den Mechanismen und den Triebkräften des amerikanischen Hegemonialsystems, wie sie in diesem Buch untersucht werden, hat sich trotz Trump nichts Wesentliches geändert. Der Trumpismus bringt jedoch durchaus neue Tendenzen in der US-Innen- und Außenpolitik zum Ausdruck, die, soweit schon jetzt erkennbar, berücksichtigt werden müssen. Dies geschieht im Anschluss an einen ersten Überblick über die vielen Dimensionen des US-Hegemonialsystems, der zunächst wie folgt vermittelt wird:

Zuallererst muss die Frage beantwortet werden, wie, nach welchen Regeln und Ordnungs- und Strukturprinzipien das US-dominierte Hegemonialsystem funktioniert. Die gängigen Theorien wie die Imperialismustheorie, die Weltsystemtheorie etc. reichen dafür nicht aus. Im Kapitel 1 wird daher nach einer geeigneten Theorie gefragt, die helfen kann, den komplexen Analyseweg zu beleuchten. Bei genauerer Betrachtung wirkt das US-Imperium wie ein monopolistisches Unternehmen mit allen Vor- und Nachteilen, die das Monopol hervorbringt – die Vorteile freilich für den Monopolisten und die Nachteile für die anderen. Nahezu alle Handlungsstrategien des

Imperiums lassen sich daher aus den Gesetzmäßigkeiten erklären, die einem gigantischen Monopolunternehmen eigentümlich sind. Diese Gesetzmäßigkeiten des monopolistischen Unternehmens in allen seinen Verschachtelungen und Schattierungen sichtbar zu machen, erfordert eine scharfsinnige politökonomische Analyse. Dieses System, das sich, so wie wir es kennen, am Ende des 20. Jahrhunderts vollständig herausgebildet hatte, entwickelte sich in historischen Schritten. Die Reihenfolge der Analyse dieser Entwicklung in den Kapiteln 2 bis 7 orientiert sich im Wesentlichen an diesem historischen Prozess.

Es beginnt mit der Kontrolle des globalen Öl- und Energiesektors, die im Kapitel 2 untersucht wird. Das Öl und die Hegemonie gehören ohne Zweifel über den gesamten Zeitraum vom Beginn an bis heute zusammen – die US-Hegemonie besitzt mit der Entwicklung des Ölsektors eine gemeinsame Geschichte. Hatte Großbritannien, der Hegemonialstaat des 19. Jahrhunderts, mit dem iranischen Qajar-König Mozaffar El Din Schah zu Beginn des 20. Jahrhunderts einen neokolonialistischen Ölausbeutungsvertrag geschlossen, den man rückblickend als den historischen Beginn der Symbiose Öl und Hegemonie betrachten muss, so drückten die USA als militärischer Sieger des Zweiten Weltkrieges und die neue Hegemonialmacht im 20. Jahrhundert mit dem Sturz der iranischen Regierung Mossadegh 1953 dem sich rasant emporsteigenden Hegemonialsystem ihren Stempel auf. Der Iran – mein ursprüngliches Heimatland – erlebte um die Mitte des 20. Jahrhunderts eine antikolonialistische Volksbewegung, die sich angeschickt hatte, jenen neokolonialistischen Ölvertrag vom Jahrhundertbeginn aufzukündigen, um das eigene Öl frei zu Weltmarktpreisen zu vermarkten und Staatseinnahmen für die Industrialisierung des Landes einzusetzen. So wurde 1951 der Repräsentant dieser Bewegung, Mohammad Mossadegh, demokratisch zum Ministerpräsidenten gewählt. Es handelte sich dabei um die erste demokratische Wahl in der Geschichte des Mittleren Ostens überhaupt. Als Elfjähriger und durch meinen Vater politisierter Schüler und Mossadegh-Anhänger musste ich jedoch im August 1953 miterleben, dass die USA ausgerechnet diese populäre Regierung durch einen von der amerikanischen CIA und dem britischen MI6 durchgeführten Militärputsch stürzten. Heute, nach über 70 Jahren, stelle ich fest, dass die USA mit dieser subversiven Intervention und dem Regime Change im Iran den Gang der Geschichte im Mittleren

Osten und vermutlich darüber hinaus gründlich verändert haben: Die Islamische Revolution von 1979 im Iran, der achtjährige Iran-Irak-Krieg, zahlreiche andere Kriege und das andauernde Wettrüsten in der Region wären den betroffenen Völkern und auch der Welt vermutlich erspart geblieben.

Meine erste äußerst negative Begegnung mit den USA als angehender Teenager hatte bei mir persönlich wie bei der iranischen Bevölkerung offensichtlich traumatische Auswirkungen. Daher dürfte es durchaus kein Zufall sein, dass die Symbiose US-Hegemonie und Öl zu einem wichtigen Schwerpunkt meiner wissenschaftlichen Forschung geworden ist. Mich interessiert brennend auch die Rolle Europas in der beinahe 80-jährigen Hegemonialgeschichte der USA. Europäische Staaten folgen seit 1945 bis heute in allen wichtigen internationalen Fragen nahezu blind der US-Außenpolitik. Was steckt also wirklich hinter den Interessen der Vereinigten Staaten, sich nicht nur den Globalen Süden, sondern auch ihre westlichen Verbündeten, insbesondere Europa, zum Untertan zu machen, auch wenn die Europäer das noch nicht so sehen? Ein wichtiges Ergebnis dieser mich bewegenden Fragen ist die Formulierung der Theorie der neokolonialistischen Weltarbeitsteilung in den Kapiteln 2 und 3, die den Weg zur Analyse dieser Fragen freilegen.

In der Tat ist die Menschheit mit einer neokolonialistischen Weltarbeitsteilung zwischen dem Globalen Norden und dem Globalen Süden konfrontiert. Diese Arbeitsteilung macht – ganz wie im Zeitalter des Kolonialismus – den Globalen Süden zum Lieferanten billiger Rohstoffe, von landwirtschaftlichen und in arbeitsintensiven Sektoren produzierten Produkten für den Globalen Norden. Zudem macht sie den Globalen Süden zum Empfänger der industriell hergestellten Waren zu teilweise Monopolpreisen. Die USA als Siegermacht des Zweiten Weltkrieges haben diese Weltarbeitsteilung seit 1945 fest unter ihrer Kontrolle und instrumentalisieren sie als einen wirkungsmächtigen Anker ihrer Hegemonie. Sie verteidigen diesen Anker mit allen erdenkbaren Mitteln, um ihre Hegemonie durchzusetzen und den Gang der Weltgeschichte in ihrem Sinne zu beeinflussen.

Den USA und ihren Finanzinstitutionen ist zuzuschreiben, dass der Globale Norden sich Jahr für Jahr einen gigantischen Teil der Wertschöpfung aus dem Globalen Süden einseitig aneignen kann. Dieser Aspekt ist m. E. wichtig genug, um ihn schon in der Einleitung hervorzuheben. Allein im Jahr 2021 betrug, wie im Kapitel 3 näher dokumentiert wird, dieser unsichtbare

Süd-Nord-Werttransfer 17 Billionen, also 17.000 Milliarden Dollar, eine Summe, die dem Bruttoinlandsprodukt aller 27 EU-Staaten im selben Jahr entspricht. Europa profitiert von diesem Werttransfer demnach ganz massiv. Gerade dieser ökonomische Vorteil macht klar, warum die Europäische Union gewillt ist, ihre Unterordnung unter die Hegemonie der Vereinigten Staaten freiwillig zu akzeptieren. Die Analyse der globalen Weltarbeitsteilung im Kapitel 3 legt den Weg frei, um die Mechanismen dieser gigantischen Süd-Nord-Umverteilung nach vielen Irrwegen innerhalb der Forschung theoretisch schlüssig zu begründen.

Ohne den neokolonialistisch kontrollierten globalen Ölsektor und unter der Bedingung, dass die Ölstaaten des Globalen Südens eine politisch selbstständige Entwicklung durchlaufen hätten, wären die Energiekonzerne gezwungen gewesen, den Weg zum Ausbau von erneuerbaren Energietechnologien mindestens ein halbes Jahrhundert früher einzuschlagen. So wären den künftigen Generationen zum einen die existenziell bedrohende CO_2-Konzentration und Klimakrise erspart geblieben. Zum anderen wäre auch der Menschheit das gegenwärtige fossil basierte Industrialisierungsmuster, das den Planeten zerstört, nicht aufgezwungen worden. Es wäre sicherlich anmaßend und auch spekulativ, die Entwicklung einer Welt ohne die US-Hegemonie mit allen Details beschreiben zu wollen. Allerdings wäre es auch unverantwortlich, die Ereignisse und Faktoren, die zweifelsohne aus dem Hegemonialstreben der USA hervorgegangen sind, zu ignorieren:

Zu den Ereignissen gehören ganz sicher die subversive US-Intervention 1953 im Iran und die unzähligen Ölkriege zu Beginn des 21. Jahrhunderts im Irak, in Afghanistan, in Libyen und in Syrien. Statt den Freihandel, die DNA der Marktwirtschaft, in der Weltwirtschaft zu stärken, hat man den Ölhandel militarisiert, den Ölsektor zum strategischen Wirtschaftssektor erklärt und damit den Vorwand konstruiert, um die Energiepreise im Dienste der Hegemonieausübung zu manipulieren. Doch der Energiesektor allein reichte der neuen Hegemonialmacht nicht. Die gesamte Weltwirtschaft wurde auf der Basis der neokolonialistischen Weltarbeitsteilung organisiert. Die neu geschaffenen Bretton-Woods-Institutionen, die Weltbank und der Internationale Währungsfonds (IWF) übernahmen die Funktion, mit ihren Strukturanpassungsprogrammen die neokolonialistische Weltarbeitsteilung und den ungleichen Tausch von billigen Rohstoffen, landwirtschaftlichen und arbeitsintensiv produzierten Produkten aus dem Globalen Süden gegen Industrieprodukte aus dem Globalen Norden teilweise zu Monopolpreisen durchzusetzen.

Die Aussicht, nur mit den mächtigen USA die neokolonialistische Ausbeutung des Globalen Südens fortsetzen zu können, verlieh diesem Staat die einzigartige Macht- und Monopolposition, sämtliche Optionen zu torpedieren, die nach der Niederlage des deutschen Faschismus den Aufbau einer friedlichen Welt ermöglicht hätten. Die zwischen den antifaschistischen Ost- und West-Alliierten (und im Schatten der Gräuel des Zweiten Weltkrieges) gemeinsam erarbeitete Charta der Vereinten Nationen, die 1945 in der US-Stadt San Francisco verabschiedet wurde, war eine ethisch sehr gute Grundlage für einen anderen, auf Frieden aufgebauten Gang der Weltgeschichte. In drei von sieben Absätzen der Präambel dieser Charta wird der Aufbau friedlicher Beziehungen in der Welt als Ziel der Menschheit erklärt, nachdem der deutsche Faschismus die halbe Welt in Schutt und Asche gelegt hatte. Großbritannien und die USA, also die alte und die werdende Hegemonialmacht, hatten sich jedoch schon während des Zweiten Weltkrieges auf eine neokolonialistische und antisowjetische Nachkriegsordnung verständigt. Kein Wunder, dass sämtliche Vorschläge der Sowjetunion, darunter der Umbau Deutschlands zu einem neutralen Staat, von der westlichen Seite kategorisch abgelehnt wurden. Stattdessen wurde die Spaltung Deutschlands hingenommen, die NATO gegründet, die Sowjetunion zum Hauptfeind erklärt, die Blockkonfrontation geschürt und ein gigantisches Wettrüsten, konventionell und nuklear, in Gang gesetzt. Der militärisch-industrielle Komplex (MIK) hatte, wie im Kapitel 4 untersucht wird, dank beider Weltkriege offensichtlich in der Gesellschaft und im Staat der USA schon damals tiefe Wurzeln geschlagen. Auch nach dem Zusammenbruch der Sowjetunion haben die USA der Kooperationsbereitschaft der russischen Elite die kalte Schulter gezeigt und Russland zu ihrem Feind erklärt. Eine ganzheitliche Analyse der Anatomie der US-Hegemonie erlaubt vor dem Hintergrund historisch begründeter Fakten die Formulierung folgender Hypothesen:

Erstens war die gegenwärtig vorherrschende unipolare Weltordnung durchaus nicht alternativlos, diese wurde vielmehr nach dem Zweiten Weltkrieg gezielt und systematisch durch die britisch-amerikanischen Oligarchen vorangetrieben;

zweitens dienten die vermeintlichen Feinde des Westens – also erst die Sowjetunion, dann Russland und nun die VR China – und die angeblich existenzielle Bedrohung, die von diesen feindlichen Staaten ausgeht, lediglich dazu, sämtliche Verbündeten der USA unter ihrer Hegemonie fest einzubinden;

drittens wurde die hemmungslose Ausbeutung des Globalen Südens zum Hauptgegenstand der unipolaren Weltordnung.

Selbst wenn in der Sichtweise dieser Hypothesen nur ein Hauch von Wahrheit stecken sollte, hätte diese Weltordnung nicht die geringste moralische Legitimation, weiter die Geschicke der Menschheit zu bestimmen. Aber nicht die Moral und auch nicht die Vernunft, das gehört auch zur Realität, sondern der Wille einer kleinen, mit allen Machtfacetten ausgestatteten Weltelite dominiert diese Weltordnung. Der Geist, nein das Gespenst dieser Weltelite, entpuppt sich u. a. in der Gründung des Nordatlantikpakts (NATO) und zahlreicher Wettrüstungsprojekte wie die Stationierung der US-Mittelstreckenraketen in den 1980er Jahren in Westeuropa, die auch jetzt erneut für 2026 auf der Agenda steht. Die sozialdemokratische Entspannungspolitik der 1970er Jahre und die West-Ost-Annäherung in Europa erschien dieser Weltelite als eine Gefahr für ihre Vorherrschaft. Auf diese Gefahr hin reagierten die USA am Ende des letzten Jahrhunderts, wie im Kapitel 5 dargestellt wird, zunächst mitten in Europa mit dem Jugoslawienkrieg, um den Beginn einer West-Ost-Kooperation und den Aufbau von Institutionen wie die OSZE im Keim zu ersticken. Auch der von den USA provozierte Ukrainekrieg, den 2022 Putin vom Zaun gebrochen hat, soll Europa schwächen und die russisch-europäische Kooperation im Interesse des Fortbestands des amerikanischen Hegemonialprojekts für Jahrzehnte unmöglich machen.

Das sichtbarste Kennzeichen der US-Hegemonie dürfte jedoch unbestritten der Dollar als Weltwährung sein, die mit dafür sorgt, dass die Welt den militärisch-industriellen Komplex des monopolistischen Unternehmens finanziert: Zum einen kann der Dollar als Weltgeld seine Stabilität und die weltweite Akzeptanz, wie im Kapitel 6 näher begründet wird, dadurch erlangen, dass wichtige global nachgefragte Handelsgüter, vor allem das Öl, in Dollar gehandelt werden, ein Ziel, das notfalls auch durch Regime Change und blutige Ölkriege im Globalen Süden durchgesetzt wurde. Durch die einmalig vorteilhafte Position des Dollars in der Weltwirtschaft kann sich der Monopolist unbegrenzt verschulden und Jahr für Jahr Billionen Dollar Kaufkraft aus der ganzen Welt absorbieren und damit das eigene Haushaltsdefizit finanzieren sowie das Handelsdefizit abdecken. Zum anderen ermöglicht der Dollar als Weltgeld auch eine gigantische Interventionsmacht für den Monopolisten, seine Kontrahenten erbarmungslos zu sanktionieren und zu Zugeständnissen zu zwingen.

Die USA, dieses monopolistische Unternehmen, haben auch außerhalb der NATO zahlreiche Verbündete und Allianzen. Israel ist angesichts seiner geopolitischen Bedeutung ihr wichtigster Verbündeter im Mittleren Osten, der für die Kontrolle des globalen Energiesektors wichtigsten Region der Welt. Seit seiner Gründung im Herzen der arabisch-islamischen Welt und der Vertreibung der Palästinenser aus ihrer Heimat Palästina ist Israel ein wichtiger Grund für Konflikte und Instabilität in der gesamten Region geworden. Israel verfolgt seit seiner Gründung konsequent das zionistische Ziel, ganz Palästina in eine Siedlungskolonie für Juden aus der ganzen Welt zu verwandeln. Dafür nahmen alle israelischen Regierungen in Kauf, militärisch und wirtschaftlich von den USA existenziell abhängig und letztlich auch zum Vorposten ihrer Hegemonie zu werden. Der israelische Staat ist dadurch, wie im Kapitel 7 dokumentiert wird, in der Tat bestens dazu prädestiniert, die hegemoniale Handlungsstrategie divide et impera in der Region sehr wirkungsvoll möglich zu machen, oder wie der deutsche Bundeskanzler Friedrich Merz es ausdrückte, »für uns die Drecksarbeit zu machen«.

Israel erhält dafür beinahe unbegrenzte militärische und wirtschaftliche Unterstützung der USA und des gesamten Westens. Hinzu kommt der Freibrief, das palästinensische Volk mit allen Mitteln – einschließlich eines Genozids – sukzessive von seiner angestammten Heimat zu vertreiben. Das zionistische Projekt Israel ist jedoch seit dessen Gründung eine der Ursachen für das Aufkommen nationalistischer und islamistischer Bewegungen sowie für die Vertiefung und Radikalisierung religiöser und ethnischer Spaltungen. Es ist darüber hinaus auch ein wichtiger Grund für das regionale Wettrüsten und die Kriege – daher eine ernsthafte Gefahr für den Weltfrieden. Im Ergebnis ermöglicht dieses Projekt den USA, ihre Dominanz im Mittleren Osten und dem globalen Energiesektor durchzusetzen.

Nie zuvor hat ein US-Präsident wie Donald Trump so drastisch vor Augen geführt, was die Vereinigten Staaten von universal gültigen Werten und

Prinzipien wie dem Völkerrecht und dem Selbstbestimmungsrecht der Völker halten. Genau genommen gar nichts, es sei denn zur ideologischen Legitimation ihrer Hegemonialpolitik. Und kein anderer Präsident hat so klar zum Ausdruck gebracht, wozu ihre ökonomischen, politischen und militärischen Verbündeten gut sind. Eigentlich zu nichts anderem als zu nützlichen Werkzeugen, die die USA notfalls auf dem Altar ihrer kurzfristigen egoistischen Interessen opfern.

Das sind sehr harsche Aussagen, die hier der führenden Macht des Westens entgegengebracht werden, dessen bin ich mir vollkommen bewusst. Sie hervorzuheben, ist jedoch die moralische Pflicht eines wissenschaftlichen Beobachters, der es sich zu seiner Aufgabe gemacht hat, eine politökonomische Analyse der Anatomie derselben Weltmacht zu formulieren und die Gefahren, die diese Weltmacht für den Weltfrieden hervorbringt, beim Namen zu nennen. Dies umso mehr, weil die westlichen Verbündeten der USA, allen voran die Europäische Union, durch 70 Jahre Unterwerfung und Bevormundung offensichtlich verblendet und mundtot gemacht worden sind. Die USA sind nicht irgendein Staat, sondern die größte Ökonomie und vor allem die mächtigste Militärmacht der Erde mit über 800 Militärstützpunkten in allen Teilen des Globus. Und sie verfügen über 6000 Atomsprengköpfe, die ausreichen, um die Erde mehrmals zu zerstören.

Das US-dominierte Hegemonialsystem ist wie jedes Monopol eine äußerst fragile und den Weltfrieden bedrohende Konstruktion und muss daher samt seiner unipolaren Weltordnung einer antimonopolistischen, multipolaren regelbasierten Weltordnung weichen, und zwar so schnell wie möglich. Mit dem Aufstieg der VR China zu einer neuen Weltmacht, die sich anschickt, alsbald zur stärksten Wirtschaftsmacht der Welt zu werden, ist so gesehen, und das ist der Gegenstand des Kapitels 8, ein Hoffnungsschimmer für eine bessere Welt entstanden. Die VR China ist in der Tat ein Weckruf gegen das monopolistische Weltunternehmen USA, die, genauso wie ein Monopol innerhalb einer Wirtschaft Gegenkräfte hervorruft, als wirkungsmächtige Gegenkraft auf der Weltbühne in Erscheinung tritt und wie im Kapitel 9 ausgeführt wird, über das Potenzial verfügt, den Gang der Weltgeschichte in Richtung einer multipolaren Weltordnung zu verändern.

Welche Bedeutung eine grundlegende Umwälzung der gegenwärtigen unipolaren hin zu einer multilateralen Weltordnung für alle Völker und

Staaten, für Europa und andere Kontinente auf dem Globus haben könnte, hat ein chinesisches Unternehmen Ende Januar 2025 vorexerziert, das mit seiner offensichtlich deutlich effizienteren und mit einem winzigen Bruchteil von Investitionen produzierten KI-Technologie das Monopol des teureren ChatGPT gebrochen und die Kurse aller mit KI tätigen US-Tech-Konzerne wie Microsoft, Google und Nvidia in den Keller gestürzt hat. Die Konkurrenz der VR China ist gegenwärtig im Begriff, das Gebäude des monopolistischen Weltunternehmens USA auf breiter Front zu erschüttern. Sie läutet damit jedenfalls das Ende des Monopols der US-Tech-Konzerne und das Ende von Billionen Dollar Umverteilung von Monopolprofiten ein, die in den letzten Dekaden Jahr für Jahr aus der ganzen Welt in die US-Wirtschaft strömten und mehrere Hundert Multimilliardäre hervorbrachten. In einer multipolaren Weltordnung würden jedenfalls die USA lediglich eine Supermacht darstellen, die mit mehreren Supermächten konkurrieren und sich den Regeln der multilateralen Weltordnung unterwerfen müsste.

Diese im Ansatz friedvolle Perspektive dürfte jedoch mit gewaltigen Umbrüchen als Folge des zu erwartenden Machtverlusts der Vereinigten Staaten einhergehen. Die unvermeidlichen Kollateralschäden dieser Entwicklung dürften erheblich sein, weil die USA, so wie sie sich gegenwärtig aufstellen, dabei sind, ihre Hegemonialstellung mit allen ihnen zur Verfügung stehenden Möglichkeiten, einschließlich der militärischen, zu verteidigen. Sich mit der Perspektive einer Supermacht unter anderen Supermächten abzufinden und den Verlust sämtlicher monopolistisch angeeigneter Privilegien hinzunehmen, dürfte den Vereinigten Staaten schwerfallen.

Donald Trump ist das Symptom des Machtverlusts

Der Machtverlust der USA ist ein schleichender Prozess und im Grunde bereits gegen Ende des 20. Jahrhunderts erkennbar. Und zwar in dem Maße, wie Chinas Reformen, die von Deng Xiaoping durchgesetzt wurden, begannen, Früchte zu tragen und Chinas Anteil am Weltsozialprodukt zu steigern. Auf diese Entwicklung hin reagierten die US-Neokonservativen unter Führung von George W. Bush, Richard Cheney, Donald Rumsfeld, Condoleezza Rice u. a. mit ihrem aggressiv-militaristischen Projekt des American Century Anfang des 21. Jahrhunderts. Sie brachen, wie im Irak und in Libyen, folgenreiche

Kriege vom Zaun und riefen des Weiteren im Mittleren Osten ein neues Wettrüsten hervor. Donald Trump und seine Make-America-Great-Again-(MAGA)-Bewegung sind der deutliche Ausdruck des Machtverlusts, nachdem es sich herausgestellt hat, dass die VR China im Begriff ist, ökonomisch die USA in der Weltwirtschaft zu überholen. Trump verdankt seinen Sieg allerdings auch vielen innenpolitischen Faktoren, vor allem dem tief sitzenden Vertrauensverlust der Amerikaner gegenüber den US-Regierungen. Die offene Debatte über einen Deep State in den letzten Jahrzehnten muss als Symptom dieses Vertrauensverlusts angesehen werden. Trump und seine Anhänger verstanden es meisterhaft, die wachsende politische Legitimationskrise zu nutzen und die Bekämpfung von Deep State als ihre innenpolitische Strategie und sich als Vorkämpfer der Bürgerinteressen zu präsentieren. Tatsächlich hatte der Wahlkampf zwischen Donald Trump und Kamala Harris den Schein erweckt, es handle sich um die Auseinandersetzung von zwei parteiübergreifenden Lagern: dem Deep State und dem MAGA-Lager. Die Tatsache, dass prominente Repräsentanten der Republikaner wie John Bolton, Dick Cheney, Paul Wolfowitz und andere vor der Wahl 2024 bekannt gaben, nicht Donald Trump, dem Kandidaten der Republikaner, sondern Kamala Harris ihre Stimme geben zu wollen, verstärkt diese Annahme.

Erst nach der Amtseinführung Trumps stellte sich immer deutlicher heraus, dass Trump die Bekämpfung des Tiefen Staates als einen wirkungsvollen Kampfbegriff benutzt, um den US-amerikanischen Staat zu einem autoritären Staat umzubauen und dabei die politischen Gegner als Unterstützer des verhassten Tiefen Staates anzuprangern und zu isolieren. Experten sind sich darüber einig, dass Trump auf diesem Weg in Galoppschritten voranschreitet.[1] Durch politische Entscheidungen an den beiden Kammern, dem Kongress und dem Senat, vorbei, durch das Ignorieren von Gerichtsentscheidungen, durch Bekämpfung von liberalen Universitäten mittels Budgetkürzungen, durch willkürliche Personalpolitik, durch Klagen gegen missliebige Medien wie beispielsweise gegen die *New York Times* auf den astronomischen Betrag von 14 Milliarden Dollar Schadenersatz, durch den Einsatz der Nationalgarde in den demokratisch regierten Bundesstaaten

1 Davis Großmann, Krieg der 13 Milliardäre. Wie die Trump-Regierung den modernen Staat zerschlagen will. In: *Telepolis* vom 21. März 2025

etc., verdichten sich die Konturen eines von Trump angestrebten autoritären Staates. Diese Politik führt jetzt schon zum Exodus vieler Wissenschaftlerinnen und Wissenschaftler aus den USA. Drei der profiliertesten Intellektuellen der Vereinigten Staaten – der Historiker Timothy Snyder, die Osteuropa-Expertin Marci Shore und der Faschismusforscher Jason Stanley – haben sich entschlossen, die Yale University in Richtung der Universität von Toronto in Kanada zu verlassen. Jason Stanley, ein international renommierter Faschismusforscher, begründet seine Entscheidung damit, »er wolle nicht seine Kinder in einem Land aufwachsen sehen, das auf dem Weg in eine faschistische Diktatur sei.«

Doch ist die Charakterisierung von Trumps Regierungsform als faschistisch weniger treffsicher als die von dem Politikwissenschaftler Wolfgang Merkel in Anlehnung an Max Weber beschriebene sultanistische Regierungsform. Merkel begründet seine These im Interview mit der *Frankfurter Rundschau* vom 23. August 2025 mit dem Einsatz von »Bedrohung und Belohnung« als Instrumente zur Durchsetzung der eigenen Politik, die man als sich wiederholendes Muster bei Trump beobachten kann. Diese Strategie unterminiere besonders effektiv den Widerstand, weil »Furcht Folgebereitschaft« erzeuge. »Denn wenn man folgt, wird man auch belohnt. Etwa mit großen wichtigen Positionen in der Administration in Washington oder auch bei geschäftlichen Interessen.« Schon jetzt dominiert in den USA eine Atmosphäre der »Angst, der Anpassung und des Denunziantentums«, die wie in der McCarthy-Ära einen sich reproduzierenden »Kreislauf erzeugt«, so der Journalist Michael Hesse in der *Frankfurter Rundschau* vom 30. September 2025.

Es ist schwer, Trumps Regierungsform endgültig zu beschreiben. Sicher ist, dass er versucht, innenpolitisch seine Machterweiterung über die verfassungsmäßigen Grenzen hinaus auszutesten. Der Einsatz der Nationalgarde in demokratisch regierten Bundesstaaten mit dem Vorwand, die Kriminalität zu bekämpfen, ist durch die US-Verfassung nicht gedeckt und offensichtlich gegen die Demokraten gerichtet. Noch ist unklar, wohin die Reise geht. Trump spricht bei manchen von der Konkurrenzpartei regierten Bundesstaaten von »Kriegsgebieten« und Orten als Übungsplatz für die US-Armee. Gegenwärtig findet die Auseinandersetzung über diese Grenzüberschreitungen in den US-Gerichten statt. Denkbar ist, dass sich hinter diesen Vorstößen die Strategie verbirgt, die innenpolitischen Auseinandersetzungen zu militarisieren und die aufkommenden Protestbewegungen einzuschüchtern. Solche Tendenzen bei Trumps MAGA-Bewegung sind mit der von Max Weber beschriebenen sultanistischen Regierungsform nicht zu erfassen.

Zwei zusammenhängende Faktoren werfen ein klareres Licht auf Trumps Außenpolitik: Zum einen die neue Nationale Sicherheitsstrategie der USA (NSS), die Anfang Dezember 2025 veröffentlicht wurde, und zum anderen die Militärintervention in Venezuela Anfang Januar 2026. In der NSS formuliert die Trump-Administration u. a. die Wiederherstellung der vollständigen Dominanz der USA in der westlichen Hemisphäre gemäß der Monroe-Doktrin von 1823, den Ausbau des Finanzsystems und den Status des US-Dollars als globale Reservewährung als existenzielles Interesse der USA.

Neu ist, dass die NSS das Völkerrecht systematisch ignoriert. Stattdessen wird kein Zweifel daran gelassen, dass fortan für die USA das Recht des Stärkeren Vorrang hat. Mit Schlüsselbegriffen wie »unkonventioneller Diplomatie« oder »Flexibler Realismus« wird in der neuen NSS Trumps Unberechenbarkeit, Willkür und zuweilen auf Selbstüberschätzung und Wahnvorstellungen beruhende Realitätswahrnehmung zu einer für das Zusammenleben der Völker folgenreichen Strategie erklärt.

Trumps »America First«-Politik scheint eine hastige Reaktion auf den drohenden Verlust der US-Hegemonialposition zu sein, die sich nicht auf eine durchdachte Gesamtstrategie stützt, sondern vielmehr, wie im Folgenden konkretisiert wird, auf kurzfristig erzielbare ökonomische und politische Erträge zielt und die in ihrer Wirkung widersprüchlich sowie für die Menschheit folgenreich ist:

Erstens: Die Migrationspolitik durch massenhafte und willkürliche Verhaftungen von Migranten beim Einsatz der Nationalgarde entspringt rassistischen Motiven. Sie schadet den US-Unternehmen, deren Existenz an Billiglöhne gekoppelt ist. Sie macht Migranten durch Abschiebung in ihre Heimatländer arbeitslos. Und sie ruft in den Heimatländern der Migranten, z. B. in den mittelamerikanischen Staaten, die zu einem erheblichen Teil von Überweisungen aus den USA angewiesen sind, Finanzkrisen hervor.

Zweitens: Wirtschaftswachstum durch Senkung aller nach Trumps Meinung »überflüssigen« Kosten. Zweifelsohne orientiert sich die Verschlankung des Staates am Kostensenkungsprinzip. Dazu setzt Trump viele Vorschläge aus dem von der Heritage Foundation ausgearbeiteten *Project 2025* um, das

Multi-Milliardäre und christliche Evangelikale erarbeitet hatten. Zu diesen Vorschlägen gehörten der Auszug der USA aus der WHO, die Streichung zahlreicher Projekte im Gesundheitsbereich, die Streichung des USAID-Programms und der Kahlschlag von zahlreichen Abteilungen und Unterabteilungen der Ministerien unter der Leitung des Multi-Milliardärs Elon Musk sowie die Entlassung von mehreren Hunderttausend Staatsbediensteten am Kongress vorbei. Besonders gravierend ist der Ausstieg der USA aus dem Pariser Klimaschutzabkommen. Ob durch diese Strategie die beabsichtigten Effekte tatsächlich erreicht werden, muss stark bezweifelt werden. Zwecks Steigerung der Rüstungsexporte beabsichtigt Trump, zusätzlich zu den historisch aufgetürmten Hegemonialrenten (Süd-Nord-Umverteilung, unbegrenzte Staatsverschuldung gegenüber dem Rest der Welt durch das Monopol an der Weltwährung etc.) sämtliche hegemoniale Machthebel in Gewinne für die US-Ökonomie umzumünzen, die hier an zwei aktuellen Beispielen illustriert werden sollen:

Trump verlangt von den Verbündeten in der NATO, selbst für ihre Sicherheit zu sorgen. Er ging dabei so weit, mit dem Abzug von US-Truppen, beispielsweise aus Europa, und sogar mit dem Austritt aus der NATO zu drohen. Damit erreichte Trump, dass die Bellizisten der EU offensiv für eine eigenständige europäische Armee und Nuklearwaffen werben, um angeblich Europas sicherheitspolitische Abhängigkeit von den USA zu verringern oder gar ganz zu überwinden. Noch wichtiger als Ergebnis von Trumps Drohung ist die Bereitschaft sämtlicher EU-Staaten – mit Ausnahme von Spanien und der Slowakei – in vorauseilendem Gehorsam ihre Verteidigungsausgaben von bisher 2 ab sofort auf 5 Prozent des Bruttoinlandsprodukts zu erhöhen: »Präsident Trump verlangt von den Nato-Partnern, ihre Verteidigungsausgaben von 2 auf 5 Prozent zu erhöhen. Wir folgen ihm«, so der deutsche Außenminister Johann Wadephul im August 2025. Dies macht z. B. 2024 fast 900 Milliarden Euro aus. Von dieser Summe wird aller Wahrscheinlichkeit nach ein bedeutender Teil bei der US-Rüstungsindustrie ausgegeben und ganz im Sinne von Trumps Strategie zu mehr Wachstum in den USA beigetragen. Doch rufen diese nur kurzfristigen Vorteile Kräfte hervor, die die US-Hegemonie nicht mehr als selbstverständlich ansehen. Eine EU, die langfristig nicht mehr unter dem nuklearen Schirm der USA steht und sicherheitspolitisch insgesamt völlig unabhängig ist, würde deutlich weniger bereit sein, die US-Hegemonie zu akzeptieren und bestrebt sein, sich selbst und mit der eigenen Währung Euro neben den USA und China als den dritten Pol einer multipolaren Weltordnung zu definieren. Eine solche EU würde sich auch um die eigene Sicherheit sorgen und zwar irgendwann sogar auch durch die gemeinsame Sicherheit im Europäischen Haus von Lissabon bis Wladiwostok. Damit würde Trump mit seiner Politik der Einnahmenmaximierung genau das hervorrufen, was er verhindern will: den weiteren Machtverlust der USA auf das Niveau einer Supermacht unter mehreren Supermächten.

Eine Zerschlagung des US-Monopols an der Weltwährung und der Zwang zur Konkurrenz des Dollars mit dem Euro und anderen Weltwährungen dürften US-Ökonomie und Gesellschaft mit gigantischen Erschütterungen konfrontieren. Denn gegenwärtig können die USA dank ihres Monopols an der Weltwährung, wie im Kapitel 6 ausgeführt wird, durch unbegrenzte Staatsverschuldung gegenüber dem Rest der Welt ihre Handelsdefizite ausgleichen und die Rüstungsausgaben finanzieren. Unter der Bedingung, dass der Dollar dieses Monopol und damit die Möglichkeit der unbegrenzten Verschuldung verlöre, stünden die USA vor der Entscheidung, einerseits die eigene, stark vom Dollar-Monopol abhängige Wirtschaft durch umfassende Reformen auf dem Weltmarkt wettbewerbsfähig zu machen und die Handelsdefizite abzubauen. Andererseits erfordern die bisher durch Staatsverschuldung finanzierten Rüstungsausgaben drastische Steuererhöhungen mit unkalkulierbaren innenpolitischen Folgen.

Drittens fällt friedenspolitisch störend auf, dass Trump die Expansion des ohnehin aufgeblähten US-Rüstungssektors als Wachstumsmotor der US-Ökonomie betrachtet. In diesem Kontext erscheinen die von den USA den NATO-Staaten auferlegten 5 Prozent Rüstungsausgaben in einem neuen Licht. Mit großem Eifer hat Trump nach seiner ersten Amtseinführung bisher über 300 Milliarden Dollar Rüstungsabkommen mit den Ölstaaten am Persischen Golf geschlossen. In dieser Kategorie ist auch die Ankündigung Trumps Anfang Januar 2026 einzuordnen, das Militärbudget der USA von gegenwärtig 901 Milliarden Dollar – ohnehin mit Abstand das höchste in der Welt – 2027 um 50 Prozent auf 1,5 Billionen Dollar zu erhöhen. Es ist sehr wahrscheinlich, dass Trump auch diese gigantische Erhöhung der Rüstungsausgaben, wie die epochalen Erhöhungen in den letzten zwei Dekaden, von

200 auf 900 Milliarden Dollar durch neue Staatsanleihen und somit Steigerung der Staatsverschuldung finanzieren wird. »America First« bedeutet in diesem Sinne, dass die Welt auch in Zukunft die US-Kriege finanzieren muss.

Viertens: Mit der völkerrechtswidrigen Bombardierung Venezuelas und der Entführung des Präsidenten Nicolás Maduro und dessen Ehefrau haben die USA begonnen, ihre in der NSS formulierten Ziele Stück für Stück umzusetzen. Dabei verfolgen sie das Ziel, Venezuelas Ölvorräte (die größten der Welt) der US-Kontrolle zu unterwerfen und China (wichtigster Ölimporteur) von der US-Westhemisphäre fernzuhalten und die Dollardominanz im venezolanischen Ölhandel zurückzuholen. Das Beispiel Venezuela erinnert stark an ähnlich gelagerte Ereignisse wie den Sturz der Regierungen von Ölstaaten im Iran 1953, im Irak 2003 und in Libyen 2011, sämtlich durch die direkte Intervention der USA bewirkt. In Lateinamerika verfolgen die USA darüber hinaus ihren Dominanzanspruch gegenüber allen lateinamerikanischen Staaten wie Kuba, Kolumbien und Mexiko, die mit Russland und China kooperieren. Eine militärische Invasion in Kuba scheint daher nicht mehr ausgeschlossen zu sein. In diesem Kontext ist auch die offene Drohung Trumps (»we need Greenland for our national security«) einzuordnen, Grönland militärisch zu besetzen. Überträgt man das angeblich existenzielle Interesse der USA in der westlichen Hemisphäre auf den Mittleren Osten, so muss befürchtet werden, dass die USA alsbald auch den mit Venezuela verbündeten Iran aus ähnlichen ökonomischen und geopolitischen Erwägungen erneut militärisch ins Visier nehmen. Würde im Iran ein Regimewechsel durch die USA stattfinden, wäre der gesamte Mittlere Osten samt Ölstaaten erneut vollständig unter amerikanischer Kontrolle.

Wie man sieht, können Trumps Projekte zur Stärkung der US-Hegemonie Gegenkräfte hervorrufen und die multipolare Weltordnung beflügeln. Diese im Ansatz den Wettbewerb und die Demokratie in den internationalen Beziehungen fördernde Perspektive ist keine Utopie und auch nicht das Resultat von intellektuellen Schwärmereien, sie findet immer mehr bei den an der Zukunft orientierten Weltdenkern Zuspruch, wie bei dem renommierten US-Ökonomen Jeffrey Sachs, den ich an dieser Stelle ausführlich zitieren möchte und auf den ich mich im vorliegenden Buch oft beziehen werde. Auf die Fragen eines *FR*-Journalisten zur Gestaltung eines Europas, das sich nicht mehr an den USA orientiert, antwortete Sachs:

»Europa befindet sich in einer Wirtschaftskrise auf Grund des Krieges in der Ukraine, der Zerstörung von Nord Stream durch die USA, des wirtschaftlichen Bruchs mit Russland, das ein wichtiger Handelspartner war, der Spannungen mit China und der Verzögerung der deutschen Autoindustrie bei der Umstellung auf Elektrofahrzeuge. Die zunehmenden Spannungen mit China könnten zu einem starken Abschwung des Handels zwischen der EU und China führen, was auch Europa ernsthaft schaden würde. Kurzum, Europa befindet sich in keiner guten wirtschaftlichen Lage. Die Lösung liegt im Frieden in der Ukraine, in der Wiederaufnahme des Handels mit Russland, in der Aufrechterhaltung des Handels mit China, in der Beschleunigung des grünen Wandels in Europa.« In der Ablehnung der Idee »die Militärausgaben auf fünf Prozent des BIP zu erhöhen«, fügt Sachs hinzu: »Wie lächerlich. Diplomatie ist für Europa viel besser als ein Wettrüsten mit den US-amerikanischen Waffensystemen! Europa sollte die amerikanische Hardliner-Politik gegenüber China ablehnen.«

Und auf die Frage desselben *FR*-Journalisten, wie die gesellschaftliche Kluft in den USA und anderen westlichen Ländern überwunden werden könnte, antwortet Sachs: »Das bedeutet, dass die Regierung sich gleichzeitig auf die wirtschaftliche Entwicklung durch Innovation und Investitionen, auf soziale Gerechtigkeit durch allgemeinen Zugang zu Bildung, Gesundheitsversorgung, sozialen Wohnungsbau und andere Infrastruktur sowie auf ökologische Nachhaltigkeit konzentriert. Dies sollte mit Frieden und regionaler Zusammenarbeit kombiniert werden, einschließlich des Friedens zwischen der EU und Russland sowie der EU und China. Europa ist eigentlich die Region der Welt, die am ehesten mit der nachhaltigen Entwicklung übereinstimmt. Der Fehler Europas bestand jedoch darin, die Europäische Union mit der NATO zu verwechseln und sich der aggressiven Außenpolitik der USA gegenüber Russland und China anzuschließen. Europa braucht eine eigene Außenpolitik, die nicht auf der Nato, sondern auf der kollektiven Sicherheit in Europa wie in der OSZE beruht.«[2] Dem Inhalt dieser Aussagen ist nichts hinzuzufügen. Sie bestimmt die Denkrichtung dieses Buches.

2 *Frankfurter Rundschau* vom 29. Januar 2025

Kapitel 1: Monopol als unsichtbare Machtressource der Hegemonie

Einleitung

Die US-Hegemonie wird in der politischen und politikwissenschaftlichen Literatur ganz unterschiedlich interpretiert. Antonio Gramscis Theorie, die die Hegemonie als ein Zusammenspiel von Zwangs- und Konsenselementen auffasst, lässt sich für das Verständnis der Binnenbeziehungen von Staaten heranziehen, für die Analyse der zwischenstaatlichen Beziehungen jedoch nur bedingt anwenden. Die in den USA weitverbreitete neorealistische Schule, wie sie durch Charles Kindleberger vertreten wird, definiert Hegemonie lapidar als Vormachtstellung in den internationalen Beziehungen, die der Weltgemeinschaft hauptsächlich Vorteile beschert. Sie ist demnach ein Garant von »kollektiven Gütern wie Sicherheit und Wohlstand«.[3] Nach klassischen Imperialismus-Theorien sind die USA ein imperialistischer Staat wie jeder andere imperialistische Staat auch. Sie alle verfolgen demnach das Ziel, die Arbeitskraft und die Ressourcen der Länder des Globalen Südens auszubeuten. Dabei entsteht auch die imperialistische Konkurrenz, um bei der Ausbeutung des Globalen Südens einen größeren Teil des Kuchens zu ergattern. Die imperialistische Konkurrenz führte Ende des 19. Jahrhunderts zu imperialistischen Kriegen und schließlich zu den beiden Weltkriegen. Aus dem Ersten Weltkrieg ist die mächtigste Kolonialmacht Großbritannien als Hegemonialmacht hervorgegangen. Im Zweiten Weltkrieg haben die USA als mächtigste Ökonomie der Welt Großbritannien als Hegemonialmacht abgelöst.

Die klassischen Imperialismus-Theorien liefern allerdings keine Handhabe zur Analyse der Hegemonialmächte. Immanuel Wallerstein, der Begründer der Weltsystem-Theorie, unterscheidet Weltreiche im Altertum von Hegemonie in der modernen Staatenwelt. »Ein Weltreich ist als Struktur definiert, die eine einzige umfassende politische Struktur und eine einzige umfassende Arbeitsteilung kennt.« Als zwei typische Beispiele nennt

3 Charles P. Kindleberger, Die Weltwirtschaftskrise, München 1973, S. 321

Wallerstein »China während der Han-Dynastie und das Römische Reich«. Demgegenüber bezieht sich »Hegemonie auf ein Attribut, über das ein Staat im zwischenstaatlichen System einer Weltwirtschaft verfügen kann«.[4] Tatsächlich macht Wallersteins Unterscheidung Sinn, weil man bei einer oberflächlichen Wahrnehmung Weltreich und Hegemonialstaat aufgrund von Ähnlichkeiten gleichsetzen könnte. Als weitere typische Weltreiche in den letzten dreitausend Jahren könnte man auch das Persische Reich, das arabisch-islamische Kalifat, das Osmanische Reich, das russische Zarenreich hinzufügen. Das gemeinsame Merkmal aller dieser Weltreiche war, um es präziser zu nennen, die gewaltsame territoriale Expansion, um eroberte Gebiete abhängig zu machen, diese zu Tributzahlungen zu verpflichten oder einfach zu annektieren.

Im Unterschied zum Weltreich könnte man den Hegemonialstaat als ein Phänomen der Moderne in der kapitalistischen Entwicklungsgeschichte definieren. Wallerstein nennt in diesem Zusammenhang auch die Vereinigten Provinzen (Niederlande) von 1648 bis in die 1660er Jahre, das Vereinigte Königreich von 1815 bis 1848 und die USA von der Mitte des 20. Jahrhunderts bis 1967/1973.[5] Das sind somit Staaten im Zeitalter der kapitalistischen Entwicklung. Nach Wallerstein ist der Hegemonialstaat ein Staat, der das Ziel verfolgt, »im zwischenstaatlichen System seine Regeln durchzusetzen« und so »eine politische Weltordnung (zu) schaffen, (...) die ihm sinnvoll erscheint«. Dabei bietet »der hegemoniale Staat den Unternehmen, die sich auf seinem Gebiet befinden, oder die er schützt, gewisse Extravorteile, die ihnen der Markt nicht gewährt, sondern die sie auf Grund von politischem Druck erzielen«.[6]

Diese sehr zurückhaltende Definition der Hegemonie mag vielleicht auf die USA zwischen 1945 und 1953 zutreffen, als die USA sich nicht nur in den westlichen Staaten, sondern weit darüber hinaus einer allgemeinen Akzeptanz erfreuten. Die Akzeptanz geschah infolge des militärischen Beitrags der USA zum Sieg über das faschistische Deutschland. Auch der massive Ausbau der Konsumindustrie in den USA und Westeuropa, schließlich die kulturelle Ausstrahlung des *American Way of Life* trugen gewissermaßen zu einer

4 Immanuel Wallerstein, Das moderne Weltsystem II – Der Merkantilismus, Wien 2012, S. XI

5 Ebenda, S. XIII

6 Ebenda, S. XII

informellen Legitimation der US-Hegemonie bei. Diese Definition Wallersteins für die Hegemonie trifft jedoch für die Niederlande im 17. und für das Vereinigte Königreich im 19. Jahrhundert auf keinen Fall zu, weil die Hegemonie dieser Staaten nicht auf allgemeiner Zustimmung fußte, sondern auf kolonialistischer Gewalt und auf rassistischer Diskriminierung. Genauso irreführend ist diese Definition für die Hegemonie der USA nach dem CIA-Putsch im Jahr 1953 gegen die demokratisch gewählte Regierung Mossadegh im Iran[7] und erst recht nach dem Vietnamkrieg (1964–1975).

Der Politikwissenschaftler Peter Wahl hat in einem bemerkenswerten Beitrag die Bedeutung der USA als der absolut dominierenden Macht im internationalen System anhand von deren Machtressourcen analysiert. Demnach verfügen die USA über fünf Machtquellen, die ihre Sonderrolle als Hegemonialmacht auszeichnen: 1. Mit Abstand größte Militärmacht, 2. Ökonomische Supermacht mit dem Dollar als Weltwährung, 3. Technologieführerschaft, 4. Globale Vernetzung und 5. Softpower.[8]

Die Vereinigten Staaten verfügen allerdings auch über vielfältige unsichtbare Machtressourcen, also Machtoptionen, die man – wie die atomaren und konventionellen Streitkräfte, die Flugzeugträger, die Militärstützpunkte und das Bruttosozialprodukt – nicht sehen und erfassen kann. Die sichtbaren Machtmittel allein können jedoch den vielfältigen Einfluss der USA auf die Politik anderer Staaten, wie auf die europäischen, und auf deren vielfältige globale Interventionsmöglichkeiten nicht erklären. Wie ist es überhaupt möglich, dass ein Land mit 4 Prozent der Weltbevölkerung seit beinahe einem Jahrhundert die Geschicke der Menschheit bestimmt? Vor dem Hintergrund langjähriger eigener Forschung[9] geht es in diesem Kapitel

7 Dazu ausführlicher in: Ervand Abrahamian: The Coup. 1953, the CIA, and the Roots of Modern U.S.-Iranian Relations, New York, 2013

8 Peter Wahl, Der Ukraine-Krieg und seine geopolitischen Hintergründe, in: attac, AG Globalisierung & Krieg, Hintergrundpapier, Nr. 1 Mai 2023.

9 Gemeint sind diverse Forschungen, die sich seit den 1990er Jahren in folgenden Büchern niedergeschlagen haben: Mohssen Massarrat, Endlichkeit der Natur und Überfluss in der Marktökonomie, Marburg, 1993, Kapitel 5: Dualsystem und Ölimperialismus; Weiterentwicklung der Analyse der Ölpreise und globales Gewaltsystem; vgl. derselbe, Das Dilemma der ökologischen Steuerreform, Marburg, 2000, vor allem die Kapitel 8 und 9. Qualitativ neue Überlegungen zum Verhältnis der US-Hegemonie und dem Energiesektor; vgl., derselbe, Kapitalismus – Ungleichheit – Nachhaltigkeit, Hamburg 2006, vor allem Kapitel 3, amerikanisches Hegemonialsystem und seine Grenzen; des weiteren vgl. theoretisch und empirisch die sehr ausführliche Studie, derselbe, Naft wa Hegemonisme Amrika (Persisch: Öl und Amerikas Hegemonie), Teheran 2017.

um ein Forschungs- und Theoriekonzept, das erlaubt, möglichst umfassend außer den sichtbaren vor allem die unsichtbaren Macht- und Interventionspotenziale der US-Hegemonie zu eruieren.

Es geht um die Monopoltheorie: Denn grundlegende Wirkungsmechanismen der US-Hegemonie in der Welt weisen unverwechselbare Ähnlichkeiten mit den Wirkungsmechanismen monopolistischer Strukturen auf, die uns aus der Geschichte des Kapitalismus im 19. und am Anfang des 20. Jahrhunderts hinreichend bekannt sind. Deshalb erscheint es sinnvoll, das Wesen, die sichtbaren und unsichtbaren Triebkräfte der US-Hegemonie mit Hilfe der Monopoltheorie und der Analyse der Monopolstrukturen herauszuarbeiten,[10] wie man sie historisch auch in den meisten großen kapitalistischen Staaten um die Wende des 19. zum 20. Jahrhundert beobachten kann. Nach dem Zweiten Weltkrieg und dem Wiederaufbau der kapitalistischen Staaten treten oligopolistische Wettbewerbsbedingungen an die Stelle der streng monopolistischen Rahmenbedingungen am Ende des 19. Jahrhunderts. Im Folgenden wird der Versuch unternommen, die aus der Geschichte des Kapitalismus hinreichend bekannten und streng monopolistischen Wirkungsmechanismen und Strukturen als Folie zur Durchdringung der US-Hegemonie in ihrer Praxis und Realität heranzuziehen.

Monopol und Macht

Macht ist das gesellschaftliche Fundament des Monopols. Ohne Macht ist das Monopol nichts. Dem Monopol wohnt die Tendenz inne, die Macht auf ein absolutes Niveau zu steigern. Im Grunde handelt es sich um eine Symbiose. Macht und Monopol folgen auch derselben Logik, ihre existenzielle Triebkraft ist ihre Vermehrung. Macht kann in Anlehnung an Max Weber »als die Möglichkeit und Fähigkeit zur Monopolisierung gesellschaftlicher Ressourcen« verstanden werden, »um den eigenen Willen und eigene Interessen zu Lasten Dritter durchzusetzen«. Monopolisierung »bedeutet allerdings immer auch Ausgrenzung. Die Monopolisierung gesellschaftlicher

10 Um Missverständnissen vorzubeugen: Es geht hier nicht darum, die Theorie des staatsmonopolistischen Kapitalismus heranzuziehen. Nach dieser Theorie sind alle entwickelten kapitalistischen Staaten staatsmonopolistisch. Daher ist sie für eine Differenzierung der kapitalistischen Staaten und damit der Analyse des US-Hegemonialsystems nicht weiter hilfreich.

Ressourcen wie Grund und Boden, Rohstoffe, Institutionen, Wissen und anderes mehr ist also die Ausgrenzung Dritter an der Teilhabe an den gesellschaftlichen Ressourcen.[11] Die Ausgegrenzten und Ausgeschlossenen werden de facto oder de jure gezwungen, sich dem Diktat der Machthaber zu unterwerfen, sie sind so zur Ohnmacht verdammt.« Ergänzend kann konstatiert werden, dass »Macht der Logik des Monopols, der Logik des Beharrens und des Konservierens bestehender Verhältnisse« folgt. »Monopol ist ein Zustand, der nur mit Macht, einschließlich der militärischen, aufrechterhalten werden kann.« Und »umgekehrt wohnt der Macht die Eigenschaft inne, Ressourcen zu monopolisieren. Mächtige Individuen oder gesellschaftliche Gruppen, die mit Machtressourcen ausgestattet sind, neigen dazu, Monopole zu errichten. Und umgekehrt sind die Monopolisten gleichzeitig die Mächtigen. Macht ist also ein Instrument zur Privilegierung Weniger und zur Ausgrenzung und strukturellen Benachteiligung Vieler. Als solche ist sie so auch ein wirkungsmächtiger Hebel der Umverteilung (Nullsummenspiel), jedoch nicht ein Mittel zur Vermehrung gesellschaftlichen Reichtums (Plussummenspiel).« Da Monopol und Ausgrenzung zusammengehören, »mangelt es dem Monopolisten strukturell an der gesellschaftlichen Legitimation, noch mehr: er ist der permanenten Gefahr ausgesetzt, durch Ausgegrenzte beseitigt zu werden.« Die Selbstbehauptung lässt daher »dem Monopolisten nur eine Alternative übrig: die Machtvermehrung zwecks Sicherung des bereits geschaffenen Machtpotentials. Die grenzenlose Machtakkumulation wird also zur treibenden Kraft der Überwindung der Legitimationslücke.« Die akkumulierte Macht in materialisierter Form ist demnach »nichts weiter als quantitative Vermehrung der monopolisierten Ressourcen (z. B. Vermehrung von Eigentumsrechten, bzw. territoriale Ausdehnung des Besitzes) bei gleichzeitiger Vermehrung von Machtinstrumenten (Waffenarsenalen etc.).« Schöpferische Entwicklungen sind nur insofern mit der Reproduktion von Macht kompatibel, »wie sie zur Absicherung des Monopols (und des Herrschaftssystems) erforderlich sind«, das allerdings in seiner Gesamtheit »keine andere Perspektive als gesellschaftliche Stagnation zulässt.«[12]

11 Im Folgenden bezieht sich der Verfasser auf seine eigene »Materialistische Machttheorie«, die in: Mohssen Massarrat 2006, ebenda, und Mohssen Massarrat, Braucht die Welt den Finanzsektor, Hamburg 2017, S. 52ff. formuliert und weiterentwickelt worden ist.

12 Ebenda

Die hier zitierte Theorie über das Verhältnis von Monopol und Macht liefert eine brauchbare Folie zur Durchdringung der inneren Gesetzmäßigkeiten in der Geschichte und im Alltag der Hegemonialsysteme im Allgemeinen und des US-Hegemonialsystems im Besonderen: Die Aufblähung der Rüstungsindustrie in den USA resultiert demnach beispielsweise aus dem Bestreben der Hegemonialkräfte, ihr Machtpotenzial grenzenlos auszudehnen. Auch die Tendenz der USA, überall in der Welt, wo es sich anbietet, und nicht zuletzt nach jedem Regime Change, in einem Feindesland Militärstützpunkte aufzubauen. Die Einrichtung von über 800 Militärstützpunkten, darunter über 300 außerhalb der USA selbst, ist der Ausdruck der Machterweiterung um der Machterweiterung willen. Die schiere Angst, Macht zu verlieren, scheint offensichtlich die treibende Kraft dieser militärischen Expansion zu sein.

Auch die fast neurotische Suche der US-Sicherheitsexperten nach »Sicherheitslücken«, um sie beispielsweise in der Ära der Blockkonfrontation und ungeachtet des darauf folgenden Wettrüstens aufwendig zu schließen, sowie die völlig irrationale Ankurbelung der Nuklearindustrie und die Produktion und Lagerung von mehreren Tausend Atombomben, die für eine mehrfache Zerstörung der Erde ausreichen, könnten von der Angst der Hegemonialkräfte herrühren, Macht und Monopol auf die Gestaltung des Weltgeschehens zu verlieren. Ebenso scheint die Bestrebung derselben Kräfte, zielstrebig und ungeachtet der kriegerischen Reaktionen Russlands, die NATO-Osterweiterung an den Grenzen der Russischen Föderation zu betreiben, den gleichen offensichtlich unkontrollierbaren monopolistischen Trieben zu erliegen. Die beinahe hysterische Angst vor dem Machtverlust, angesichts der unaufhaltsam aufsteigenden Gegenmacht der VR China und dem riesigen und seit einigen Jahren spürbaren Aufwand für die antichinesische Propaganda muss der Kategorie des monopolistischen Erhaltungstriebs zugeordnet werden.

Die Machtakkumulation der USA geht gerade wegen ihrer Grenzenlosigkeit weit über den rein militärischen Bereich hinaus. Die unsichtbaren subversiven Umstürze in den letzten sieben Jahrzehnten und der unbändige Wille, möglichst die Totalkontrolle auch über nichtmilitärische Bereiche, wie z. B. den Weltenergiesektor, die globalen Finanzinstitutionen wie den Internationalen Währungsfonds (IWF) und die Weltbank zu erlangen, sind nichts anderes als Ausdruck des Machthungers der US-Hegemonialkräfte, der nie gestillt werden kann. Folgte man den hier auf der Theorieebene formulierten triebhaften Eigenschaften des US-Hegemonialsystems, könnte dieses System als ein prinzipiell antidemokratisches bezeichnet werden, das am liebsten und ohne Skrupel mit antidemokratischen Herrschaftssystemen und rechtsradikalen bis faschistischen Kräften in der Welt paktiert und die Demokratie und ihre Errungenschaften bestenfalls als nützliches Übel duldet, die die Französische Revolution, die gewaltfreien antikolonialen Revolutionen und die globale Zivilgesellschaft in den letzten zwei Jahrhunderten hervorgebracht haben. Diesen allgemeinen Überlegungen folgend, kann schon an dieser Stelle geschlussfolgert werden, dass das US-Hegemonialsystem auf der gesellschaftlichen Stagnation der unterworfenen Staaten aufgebaut ist und dass Innovation, Entwicklung, Industrialisierung und Wohlstand nur insofern hingenommen werden, als sie zur Absicherung und Stabilität des Systems erforderlich sind.

Profitmaximierung durch Ausgrenzung der Konkurrenz

Auf nationaler Ebene erreicht der Monopolist in den großen kapitalistischen Staaten um die Wende des 19. zum 20. Jahrhundert dieses Ziel durch Konzentration des Angebots bzw. der Nachfrage in einer Hand. Der Mechanismus der monopolistischen Profitmaximierung beim Angebotsmonopol ist der überhöhte Preis, beim Nachfragemonopol der Dumpingpreis. Ähnliches Verhalten kann bei den USA als hegemonialer Staat in der Weltgemeinschaft beobachtet werden. Dank ihrer Technologieführerschaft und der Hightech-Konzerne wie Meta, X, Facebook, Apple und zahlreicher anderer Digitalkonzerne eignen sich die USA jährlich mehrere Tausend Milliarden US-Dollar Monopolprofite an, die durch Monopolpreise, Patentschutz- und Lizenzgebühren aus der ganzen Welt in die US-Ökonomie hereingeholt werden. Als Konsument von fossilen Brennstoffen, agrarischen und mineralischen Rohstoffen sind die USA mit Hilfe der von ihnen kontrollierten Finanzinstitutionen, vor allem der Weltbank und des IWFs, in der Lage, den Rohstoffanbietern des Globalen Südens, wie im Kapitel 3 näher begründet wird, ein System der strukturellen Überproduktion und Dumpingpreise aufzuerlegen. Beispielsweise blieben Ölpreise bis 1973 über fast ein halbes

Jahrhundert konstant bei 1–2 Dollar je Barrel, obwohl im gleichen Zeitraum die globale Nachfrage nach Öl um ein Vielfaches anstieg.[13] Die willkürliche Zollpolitik von Donald Trump bei grober Missachtung der WTO-Regeln, die er ausschließlich durch die Vormachtstellung der USA und damit deren Diktat durchsetzt, ist definitiv Ausdruck des gigantischen Monopolunternehmens USA in der Weltwirtschaft.

Monopolprofite, Umverteilung, Sanktionierung und Entwicklungsblockade

Monopole tendieren auf nationaler Ebene dazu, ihre Profite nicht nur durch Ausbeutung der Arbeitskräfte, sondern auch durch Umverteilung von unten nach oben zu optimieren. Dazu setzen sie ihre monopolistische Macht auf verschiedene Weise als Hebel der Umverteilung ein: *Erstens* diktieren sie den Arbeitskräften das Lohnniveau und zahlen in der Regel Dumpinglöhne. Und *zweitens* sind sie dank ihrer Vorherrschaft auch in der Lage, den Zulieferern die Marktbedingungen zu diktieren. Wer sich dem Diktat widersetzt, riskiert den eigenen Konkurs. Erpressung und andere widerrechtliche Formen der Machtausübung, so vor allem die Sanktionierung der Rivalen, wird so zur Normalität.

Ähnlich verfolgen die USA dank ihrer Machtüberlegenheit und Dominanz in den globalen Institutionen, wie der Weltbank, dem IWF und der Welthandelsorganisation, eine Strategie der Umverteilung der Kapitalmassen und der produzierten Werte aus dem Globalen Süden, indem sie die kolonialistische Weltarbeitsteilung zementieren und diese für sich und ihre Verbündeten nutzbar machen. Der Mechanismus dieser Umverteilung ist komplex, unsichtbar und daher selbst für Experten schwer erkennbar. Diese These soll an dieser Stelle lediglich in aller Kürze skizziert werden:[14] Anstelle kolonialistischer Gewalt zwingt nämlich die unsichtbare strukturelle Gewalt der sogenannten Strukturanpassungsprogramme des IWF die Länder des Globalen Südens dazu, sich permanent zu verschulden. Die verschuldeten Staaten sind fortan abhängig von den Finanzmärkten und von

13 Ausführlicher zu ökonomischer Funktionsweise und Regulierung von Ölpreisen auf Dumpingpreisniveau siehe in Kapitel 3

14 Ausführlicher dazu siehe die neokoloniale Arbeitsteilung in Kapitel 3

IWF-Konditionen bei der Neuverschuldung. Zu den Konditionen gehören die Exportsteigerungen von landwirtschaftlichen und mineralischen Rohstoffen. Dieses neokolonialistische Geschäftsmodell verursacht zwei sich ergänzende Entwicklungen:

Erstens dienen die erwirtschafteten Devisen dem Luxuskonsum der herrschenden Eliten, den Kaufleuten und der Machtelite. Dadurch entsteht für die Eliten ein Anreiz, die bestehende Arbeitsteilung beizubehalten, statt die erwirtschafteten Einnahmen zur Forcierung der nationalen Industrialisierung zu verwenden. Die so strukturell angelegte Entwicklungsblockade in den Ländern des Globalen Südens garantiert zum einen den Fortbestand der kolonialistischen Weltarbeitsteilung und den Export von billigen agrarischen, mineralischen und fossilen Rohstoffen in den Globalen Norden. Zum anderen ist sie die Hauptursache für Armut und Hunger der Milliarden Menschen, aber auch für die Migration von Millionen Menschen in den Globalen Norden, weil den Binnenmärkten der Länder des Globalen Südens als Folge der Entwicklungsblockade die Erweiterung und steigende Aufnahmefähigkeit für Arbeitskräfte strukturell unmöglich gemacht wird.[15]

Zweitens entsteht ein dauerhafter Verdrängungswettbewerb unter den Rohstoffexporteuren mit der Folge sinkender Preise, also strukturell ein Überangebot an verbilligten Rohstoffen auf den Weltmärkten, deren sich die Staaten des Globalen Nordens bedienen können.

Die faktische Allianz zwischen den multinationalen Handelskonzernen des Globalen Nordens mit den Machteliten des Globalen Südens in diesem neokolonialen Geschäftsmodell ist funktional mit der auf nackter Gewalt beruhenden kolonialistischen Arbeitsteilung vergleichbar und erklärt zugleich die dauerhafte Zementierung dieser Arbeitsteilung. Die USA sind mit ihrer Dominanz in den oben genannten globalen Institutionen die

15 Die Länder des Globalen Nordens fühlen sich durch die Migration aus dem Globalen Süden inzwischen völlig überfordert. Sie weigern sich jedoch anzuerkennen, dass die Hauptursache der massiven Migration eben jene neokolonialistische Weltarbeitsteilung ist, die sie selbst geschaffen haben und von der sie in beachtlichem Umfang profitieren. Westliche Industriestaaten, allen voran die USA und die Europäische Union, halten an der gegenwärtigen Weltarbeitsteilung fest und versuchen, die negativen Folgen dieser Arbeitsteilung durch eklektische und kurzfristige Einzelmaßnahmen, wie beispielsweise das Türkeiabkommen der EU, auf eben die Länder des Globalen Südens abzuwälzen und menschenrechtliche Errungenschaften, vor allem das Asylrecht, bis zur Unkenntlichkeit einzuschränken.

Hauptverfechter dieses Geschäftsmodells, das zum einen unmittelbar dem eigenen Interesse dient und das zum anderen ihren Verbündeten in der westlichen Welt Vorteile verschafft. Das US-Monopol an globalen Institutionen stellt das ökonomische Rückgrat dieser Weltarbeitsteilung dar, die auf globaler Machtungleichheit beruht. Diese Weltarbeitsteilung erzeugt Überproduktion und daher auch Dumpingpreise für landwirtschaftliche Produkte und mineralische Rohstoffe, somit strukturell eine Süd-Nord-Umverteilung. Das Modell verhindert schließlich den umfassenden Wettbewerb zwischen den Ländern des Globalen Nordens und des Globalen Südens. Nur wenigen Staaten des Globalen Südens ist es bisher gelungen, diese für die Unterentwicklung verantwortliche Weltarbeitsteilung zu durchbrechen. An der Spitze dieser Länder steht die VR China, der weitere Staaten wie Indien, Brasilien und Indonesien zu folgen scheinen.

Monopol und Diktatur

Monopole neigen auf nationaler Ebene dazu, den Staat ihrem Diktat zu unterwerfen. Nur so können sie am wirksamsten den politischen Rahmen in ihrem Sinne formen und Gesetze aufheben bzw. verhindern, die ihre Interventionsmöglichkeiten beschneiden könnten, politische Parteien verbieten lassen, die eine gerechtere Einkommensverteilung durchsetzen wollen, Gewerkschaften verbieten, weil sie ein hohes Lohnniveau durchsetzen können und die Monopolprofite schmälern. Um dieses Ziel nachhaltig zu verfolgen, nutzen Monopole sämtliche Machtinstrumente wie Erpressung, Sabotage, Intrigen etc. Monopolistische Konzerne sind ihrem Wesen nach daher auch antidemokratisch.

Wie Monopole auf nationaler Ebene verfügen die USA in der Weltwirtschaft über alle ökonomischen und nichtökonomischen Machtinstrumente, um ihren Willen in den internationalen Wirtschaftsbeziehungen durchzusetzen. Staaten, die wie der Iran unter Mossadegh in den 1950er Jahren oder nach der Revolution von 1979, ferner Chile unter Allende 1973, nicht gewillt sind, sich dem US-Diktat zu unterwerfen, werden boykottiert, drastisch sanktioniert, weggeputscht oder, wie im Falle von Irak, Libyen etc., mit Krieg überzogen. Es gibt zahlreiche Beispiele der völkerrechtswidrigen offenen oder geheimen Interventionen der USA gegen missliebige Regierungen im

Globalen Süden. Das inzwischen massiv und flächendeckend ausgebaute Sanktionsregime der USA hat frappierende Ähnlichkeit mit den monopolistischen Methoden der Erpressung auf nationaler Ebene. Um ihre Hegemonie dauerhaft zu machen, verbünden sich die USA erwiesenermaßen mit rechten und autoritären Regierungen, mit archaischen Diktaturen und faschistischen Regimen. Genau diese, nur aus den monopolistischen Verhaltensweisen entsprungene Motivation verfolgt Donald Trump mit der Verhängung von 50-prozentigen Zöllen gegen brasilianische Exporte in die USA mit der unzweideutig politischen Begründung, der brasilianische Ex-Präsident Jair Bolsonaro dürfe – wegen seiner rechtsstaatlich festgestellten Straftaten – nicht verurteilt werden.

Monopol und Militarismus

In Europa um 1900 gingen monopolistische Konzerne eine strukturelle Allianz mit der Rüstungsindustrie ein. Diese Allianz ist existenziell und dient den gegenseitigen Interessen: Monopole verursachen als Folge sinkender inländischer Nachfrage aufgrund von niedrigem Lohnniveau chronische Absatzkrisen. Dieses strukturelle Ungleichgewicht zwischen Angebot und Nachfrage zwingt die Monopole zur gewaltsamen Eroberung fremder Gebiete zur Absatz- und Profitsteigerung sowie zur Rohstoffausbeutung. Diese imperialistische Expansion erforderte jedoch eine starke nationale Rüstungsindustrie und Militärbürokratie. Die Rüstungsindustrie lebt umgekehrt von imperialistischen Kriegen. Damit wurden die Grundlagen für die Entstehung des militärisch-industriellen Komplexes in allen europäischen Staaten geschaffen.

Der militärisch-industrielle Komplex (MIK) in den USA entstand im Zuge der umfassenden Beteiligung dieses Landes an den beiden Weltkriegen und erlangte bei den meisten Rüstungsgütern eine Monopolstellung in der Welt, die bis heute andauert. Umgekehrt sichert dieser gigantische Industriezweig mit über 800 Militärstützpunkten eine unvorstellbar starke monopolistische Vorherrschaft der USA in der Welt. Die USA sind dank dem Einfluss des militärisch-industriellen Komplexes einem dauerhaften Druck ausgesetzt, oft sogar nachgewiesenermaßen unter Angabe von erfundenen Gründen, immer wieder neue Kriege vom Zaun zu brechen. Eine Studie des US-Kongresses belegt, dass die USA allein seit 1991 bis 2022 weltweit 251 militärische Interventionen durchgeführt haben. Dies bedeutet im Schnitt also jährlich über 8 militärische Interventionen. Nach derselben Studie waren es seit 1798 sogar 469 militärische Interventionen.[16] In diesem längeren Zeitraum haben die USA im Schnitt weltweit also über 2 militärische Interventionen jährlich unternommen. Diese Fakten belegen, dass *erstens* die Vereinigten Staaten seit ihrer Gründung der mit Abstand aggressivste Staat der Welt sind und dass sie *zweitens* in ihrer Hegemonial-Ära ihre militärischen Interventionen deutlich beschleunigt haben.[17] Man kann demnach begründet annehmen, dass Kriege gegen andere Völker für die USA zu einer Art Gesetzmäßigkeit oder gar Zwangsläufigkeit geworden sind. Mit anderen Worten, die Hegemonialmacht kann nichts anderes, als ständig Kriege vom Zaun zu brechen, ihre inhärent monopolistischen Triebkräfte drängen sie quasi zum Krieg.

Monopole sind ineffektive Unternehmen

Dank der Möglichkeit, ihre Profite durch Umverteilung zu optimieren und den Wettbewerb einzuschränken, sind Monopole grundsätzlich ineffizient, sie leiden unter mangelnder Innovation und begünstigen massiv die Korruption.

Analog dazu stellt die US-Hegemonialposition, durch die Zementierung der neokolonialistischen Weltarbeitsteilung, das größte Hindernis für die Entfesselung innovativer Potenziale in den Ländern des Globalen Südens dar und blockiert die Wohlstandsvermehrung in diesen Ländern und einen fairen globalen Wettbewerb im Interesse der Weltgemeinschaft.

16 Dokumentiert in *NachDenkSeiten* vom 13. Oktober 2022

17 Über menschliche Opfer dieser Kriege gibt es leider keinen Gesamtüberblick. Nach einer akribischen Untersuchung der Internationalen Ärzte für die Verhütung des Atomkrieges/Ärzte in sozialer Verantwortung (IPPNW) sind jedoch in den zwölf Jahren nach 9/11 im Irak rund 1 Million, in Afghanistan 220.000 und in Pakistan 80.000 Menschen direkt durch die Militärinterventionen der USA getötet worden. Vgl. Body Count in Irak, Afghanistan, Pakistan, IPPNW, Washington, Berlin, Ottawa, March 2015. Berücksichtigte man jedoch die indirekten Opferzahlen, die durch Hunger, fehlende medizinische Versorgung, Tod durch Blindgänger, Verwendung radioaktiver Munition während der Kriegshandlungen etc. entstanden sind, kämen drastisch höhere Zahlen zustande. So ermittelte das Projekt »Costs on War« Watson Institute of Brown University, 4,5 Millionen Menschenleben als indirekte Folge der US-Kriege nach 9/11.

Monopol an der Weltwährung

Zu allem Übel haben die USA mit dem Monopol an der Weltwährung ein äußerst brachiales ökonomisches Instrument in der Hand, das es ihnen ermöglicht, so gut wie alle ihre ökonomischen Anliegen zur Verteidigung ihrer Vorherrschaft offensiv wie klammheimlich durchzusetzen. Das Monopol an der Weltwährung hat eine sich ergänzende doppelte Wirkung:

Erstens können sich die USA unbegrenzt gegenüber dem Rest der Welt verschulden und dadurch ihr Staatsbudget und vor allem die Rüstungsausgaben sowie ihre nicht aufhören wollenden Kriege finanzieren. Diese gigantische Verschuldung, die 2024 37.000 Milliarden (127 % des BIP, im Vergleich 53 % im Jahr 2001) betrug, findet in zwei aufeinanderfolgenden Schritten statt. Zum einen gibt das US-Finanzministerium Jahr für Jahr Unmengen an Staatsanleihen aus, die über die US-Zentralbank auf dem Weltmarkt vermarktet werden. Anleger aus der ganzen Welt investieren ihr Kapital wegen vergleichsweise guter Rendite-Konditionen in Dollar, sodass im Ergebnis Kapitalmassen im Umfang von jährlich über 1000 Milliarden Dollar in die US-Ökonomie fließen.

Dadurch wird die Zentralbank in die Lage versetzt, entsprechend frische Dollars zu drucken und sie dem US-Finanzministerium im Austausch mit den Staatsanleihen zurückzugeben. Die US-Regierungen können so ihre gigantischen Rüstungsausgaben finanzieren, ohne dafür Steuern erheben und die eigene Bevölkerung belasten zu müssen. Dies erklärt, weshalb die Rüstungsausgaben (2022 fast 877 Milliarden Dollar) und Ausgaben für nationale Sicherheit (1400 Milliarden Dollar im Jahr 2022), die beinahe 4 % des Staatshaushalts ausmachen, bei den US-Haushaltsdebatten so gut wie keine Rolle spielen. Diese Möglichkeit, sich sämtliche Kriegskosten vom Rest der Welt, einschließlich der Staaten, gegen die die USA Krieg führen, bezahlen zu lassen, ist einzigartig und stellt für die Menschheit eine unvorstellbare moralische Belastung dar.[18]

Zweitens führt diese Art von leistungslosen Staatseinnahmen zu einer sinkenden Sparquote und zum Unterlassen nötiger Investitionen, vor allem in

18 Ausführlicher dazu s. Mohssen Massarrat, Chaos und Hegemonie, in *Blätter für deutsche und internationale Politik*, 5/2014; Des Weiteren siehe auch das Kapitel 6 in diesem Buch.

der Konsumindustrie. Dadurch, d. h. durch mangelnde Produktivitätssteigerung in diesem Sektor, hat die US-Konsumindustrie massiv an Wettbewerbsfähigkeit auf dem Weltmarkt eingebüßt und seit circa 30 Jahren chronische Importüberschüsse und Leistungsbilanzdefizite für die USA hervorgerufen. Der Kapitalbilanzüberschuss durch die Vermarktung der US-Staatsanleihen überdeckt dieses strukturelle Ungleichgewicht in der Leistungsbilanz und beschert den USA eine ausgeglichene Zahlungsbilanz. Anders verhält es sich mit der Leistungsbilanz, die chronisch negativ ist. Damit schließt sich der Kreis der ökonomischen Ineffizienz als Folge des Monopols an der Weltwährung und des Kapitalzugewinns dank eben dieses Monopols. Erwähnenswert an dieser Stelle ist, dass Donald Trump dieser selbst verschuldeten Rückständigkeit der US-Konsumgüterindustrie durch Strafzölle gegen die wettbewerbsfähigeren Weltmarktteilnehmer entgegenwirken will.

Zusammenfassung

Die monopolistischen Konzerne um die Wende vom 19. zum 20. Jahrhundert in den wichtigsten kapitalistischen Staaten Europas haben unbestreitbar die imperialistische Konkurrenz und Kriege um die Aufteilung der Welt hervorgerufen. Die monopolistischen Strukturen dieser Epoche ließen keine andere Perspektive zu als eben imperialistische Expansion, Aufblähung der Rüstungsindustrie, Verbreiterung und Vertiefung einer Kultur der Konfrontation, das Aufblühen des Faschismus und die zwei Weltkriege. Zwar lösten sich die monopolistischen Konzerne im Nachkriegseuropa in oligopolistische Unternehmen auf und eröffneten eine neue Perspektive der Prosperität, des Wohlstands und teilweise auch des Friedens innerhalb der entwickelten kapitalistischen Staaten. Gleichwohl entstand, der obigen Analyse folgend, eine neue Hegemonialmacht mit monopolistischen Fundamenten, die, analog zu historischen Monopolkapitalen, bestrebt ist, eine Weltordnung zu etablieren, die sich untrennbar auf Rüstungsproduktion, ein dicht ausgebautes Netz von Militärstützpunkten, permanente Kriege, die Festigung der neokolonialistischen Weltarbeitsteilung, die Spaltung der Welt in Gut und Böse und eine Kultur der Konfrontation stützt.

Die historisch positiven Erfahrungen in der Nachkriegsära (ökonomische Prosperität, starke Gewerkschaften, demokratische Gesellschaften etc.)

lassen bei einer optimistischen Betrachtung die Annahme zu, dass die monopolistische US-Hegemonialmacht der Gegenwart nicht zwangsläufig in den Weltuntergang führen muss. Die multipolare Weltordnung, deren Aufbau mit dem Aufstieg der VR China und der Entstehung der BRICS-Staaten längst begonnen hat, wäre die historisch richtige Antwort auf das Monopol und die Hegemonialmacht der Vereinigten Staaten. Denn eine multipolare Weltordnung ist der geeignete politische Rahmen, in dem ein fairer Wettbewerb um ein menschliches Leben für die Weltgemeinschaft möglich sein dürfte. In einer solchen Weltordnung könnten den USA sämtliche sichtbaren und unsichtbaren hegemonialen Instrumente, wie das Monopol an der Weltwährung, das Monopol an militärischer Stärke, die Dominanz in den internationalen Finanzinstitutionen, entzogen werden. In einer solchen Weltordnung würden die USA gezwungen sein, jene eigenen nationalen Strukturen zu reformieren, die für den Globalen Süden, für sie selbst und die Weltgemeinschaft insgesamt Zerstörung, Krieg und Elend erzeugen. In einer Weltordnung mit mehr Gerechtigkeit und ohne Double Standards steigt zudem auch die Wahrscheinlichkeit, dass sich die Vereinigten Staaten auf Kooperation mit dem globalen Süden, mit Russland sowie der VR China und darüber hinaus auf kooperative Strukturen in der Weltwirtschaft einlassen.

Kapitel 2: Unsichtbare Machtressource der Hegemonie: Instrumentalisierung des globalen Energiesektors

Die Vereinigten Staaten sind seit über einem Jahrhundert der größte Produzent und Verbraucher von Energieträgern. Sie verfügen vor allem über Öl, Kohle, Erdgas und über Kernenergie und sind mit Ausnahme von wenigen Jahren auch tatsächlich Energieselbstversorger. Wie ist es aber zu erklären, dass sie in der Vergangenheit keinen Versuch unterlassen haben, um viele Ölstaaten des Globalen Südens an sich zu binden, dort Militärstützpunkte aufzubauen und letztlich auch blutige Kriege durchzuführen? Es ist jedenfalls naheliegend, dass sich der für die Weltwirtschaft sehr wichtige Energiesektor besonders dazu eignet, für Hegemonialzwecke instrumentalisiert zu werden. Tatsächlich verfügen die USA durch die Kontrolle des Ölsektors über einen unsichtbaren, jedoch äußerst wirkungsvollen Hebel, andere Staaten von ihrem Willen abhängig zu machen und mit ihnen im eigenen nationalen Interesse ökonomische wie militärische Bündnisse zu schließen.

In diesem Kapitel soll genau die Genese eines innerwestlichen Abhängigkeitsverhältnisses herausgearbeitet werden, das die Vereinigten Staaten nach dem Zweiten Weltkrieg etabliert und in den Dienst ihrer Hegemonie gestellt haben. Der historische Kontext dieser Analyse ist die neokolonialistische Weltarbeitsteilung, deren Gegenstand der Austausch von »billigen Rohstoffen gegen Fertigprodukte« ist. Die globale Energieversorgung nimmt bei dieser Weltarbeitsteilung einen zentralen Platz ein. Die Vereinigten Staaten machen sich zwei Sachverhalte, die globale Energieversorgung und die neokolonialistische Weltarbeitsteilung, als unsichtbare Machtressource ihrer Hegemonie nutzbar. Tatsächlich können die geopolitischen Ereignisse der letzten hundert Jahre, einschließlich der folgenreichen Kriege, Regimewechsel und Millionen von Toten im Globalen Süden, ohne Kenntnis dieser Zusammenhänge nicht verstanden werden. Hinzu kommt ein anderes sehr wichtiges globales Problem, das mit der US-Hegemonie verwoben ist: die Klimakrise. Für die analytische Darlegung und die Entschlüsselung der Hintergründe der hier aufgezählten folgenreichen Entwicklungen bedarf es zunächst einmal der Zuhilfenahme von politökonomischen Theorien und deren geopolitischer Einordnung.

Neokolonialistische Ölversorgung als Grundstein für die Klimakrise

Für eine gründliche und umfassende ökonomische Analyse des globalen Energiesektors muss auf die marxistische Rententheorie, die fundierteste Theorie zur Erforschung der Ökonomie der natürlichen Reichtümer, zurückgegriffen werden. Demnach entsteht bei der Nutzung natürlicher Reichtümer (Grund und Boden in der Landwirtschaft, mineralische Rohstoffe und fossile Energiequellen) unter der Bedingung von funktionierenden Märkten in der Regel eine Grundrente, die den Eigentümern dieser Reichtümer zufällt. Sie ist im Grunde der Monopolprofit, der sich allein durch das Eigentumsmonopol an einem Stück der Natur von einem Privateigentümer oder einem Eigentümerstaat angeeignet wird.[19] Allerdings hängt die Höhe der Grundrente von der realen Marktmacht der Eigentümer ab, also davon, ob sie in der Lage sind, den Preis für ihren Rohstoff wie bei allen Monopolen auf ein möglichst hohes Niveau zu treiben und ihren Nutzen zu maximieren. Untersucht man jedoch die konkreten Bedingungen, wie fossile Rohstoffe des Globalen Südens historisch in den Dienst der Energieversorgung westlicher Industriestaaten gestellt wurden, so stellt man fest, dass den Öleigentümerstaaten des Globalen Südens in keiner Weise eine monopolistische Marktmacht und überhaupt eine Marktmacht zugestanden wurde.

So erwarb William Knox D'Arcy, ein britischer Unternehmer, 1901 im Vertrag mit dem iranischen Qajar-König Musaffar al-Din Schah[20] die Nutzungsrechte von drei Vierteln des iranischen Staatsterritoriums für einen Zeitraum von 60 Jahren gegen eine beinahe vernachlässigbare Pachtgebühr von einer Einmalzahlung von 20.000 Pfund in bar, weitere 20.000 Pfund in

19 Bei einer differenzierten Betrachtung setzt sich die Grundrente aus einer absoluten Rente und einer Differentialrente zusammen. Die absolute Grundrente entsteht bei der ökonomisch ungünstigsten Rohstoffquelle. Die Differentialrente entsteht aufgrund der besseren natürlichen Bodenqualität in der Landwirtschaft oder höheren natürlichen Produktivität der Rohstoffquellen. Vgl. dazu Karl Marx, Das Kapital, Band III, sechster Abschnitt.

20 Siehe unten unter »CIA-Putsch gegen Mossadegh«

Aktien sowie 16 Prozent des jährlichen Nettogewinns.[21] D'Arcy war ein finanzschwacher Unternehmer, er geriet bald in finanzielle Schwierigkeiten, beantragte bei der *Bank of England* Kredite und bemühte sich um die Unterstützung der britischen Regierung. Schließlich entstand 1909 aus D'Arcys Bemühungen die inzwischen mit der britischen Regierung verwobene *Anglo-Persian Oil Company*,[22] nachdem in Masdsched Suleiman, einer südwestiranischen Region, eine große Ölquelle entdeckt worden war. Aus dieser Oil Company ging später der Ölkonzern *British Petroleum* (*BP*) hervor.

Zu nennen ist auch das Abkommen von *Standard Oil of California* von 1933 mit *Ibn Saud*, dem König von Saudi-Arabien. Demnach erhielt dieser US-Ölkonzern die Nutzungsrechte für ein Gebiet, das 500.000 qkm umfasst, für ebenfalls 60 Jahre gegen eine Einmalzahlung von 35.000 Pfund Sterling in Gold, 30.000 Pfund als Darlehen und 5000 Pfund als Förderzins für das erste Jahr.[23] Ähnliche Abkommen wurden mit den herrschenden Machthabern in Kuwait, Irak und anderen Ölstaaten abgeschlossen. Durch solche Verträge hatten diese Konzerne freie Hand, nein sogar den ökonomischen Anreiz, so viel Öl wie möglich im kürzesten Zeitraum bei vertraglich vereinbarter konstanter Grundrente aus dem Boden herauszuholen.

Folgenreiche Intervention in den globalen Ölsektor

Nicht also die produzierten Ölmengen, sondern die Nutzflächen waren Gegenstand der Verträge. Aus politökonomischer Perspektive wurde den Öleigentümerstaaten die Souveränität über ihre Ölquellen genommen und stattdessen den Ölkonzernen die Entscheidungsgewalt in die Hand gegeben, zu bestimmen, wie viel Öl produziert wird. Damit wurden entscheidende Marktregularien für erschöpfbare Ressourcen in ihr Gegenteil verkehrt. Denn Eigentümer erschöpfbarer Ressourcen haben bei funktionierenden, d. h. bei nicht durch Machtungleichheit verfälschten, Märkten gemäß ihrem Monopol an Ölquellen das Interesse, die Produktion möglichst zu verlangsamen, um durch Verknappung des Angebots die Preise zu optimieren bzw. in die Höhe treiben zu können. So verfuhren Öleigentümer Ende des 19. und

21 Daniel Yergin, Der Preis. Die Jagd nach Öl, Geld und Macht, 1991, Frankfurt am Main, S. 177f.

22 Ebenda, S. 179ff.

23 Ebenda, S. 380.

Anfang des 20. Jahrhunderts in Texas, dem ölreichsten Staat der USA, weshalb der Ölpreis auf dem US-Ölmarkt bis zu 100 Dollar je Barrel ansteigen konnte.

Das Eigentumsmonopol an nicht reproduzierbaren Ressourcen hat im Kapitalismus tatsächlich deshalb auch eine ökologische Schutzfunktion, da es die Ausbeutung von Ressourcen wirksam bremst. Die Aushebelung dieser Schutzfunktion des Eigentumsmonopols bei den Ölquellen und die Schaffung der Möglichkeit für die Ölkonzerne, die Ölproduktion unbegrenzt ausdehnen zu können, was durch die oben genannten neokolonialistischen Ölausbeutungsverträge mit den Öleigentümerstaaten des Globalen Südens auch tatsächlich erfolgte, leitete eine neue für die gesamte Menschheit schicksalhafte Ära ein, die sich, wie wir nun erleben, ein Jahrhundert später in der globalen Klimakrise widerspiegelt.

Die USA waren schon seit Beginn der industriellen Revolution – und sind es heute noch – der größte Öl- und fossile Energieproduzent der Welt. Gemäß Knappheitsgesetzen in der Ökonomie bewegte sich der für den gesamten Energiesektor regulativ wirkende Ölpreis bis zum Anfang des 20. Jahrhunderts inflationsbereinigt auf hohem Niveau (um 100 US-Dollar je Barrel).[24] Durch die Entdeckung von umfangreichen Ölquellen im Globalen Süden erhielten die multinationalen Ölkonzerne jedoch die Option, sich von den in den USA herrschenden Marktzwängen und mächtigen Öleigentümern zu befreien und stattdessen mit machtlosen Öleigentümern im Globalen Süden Ölausbeutungsverträge zu schließen.

Man müsste diesen Wendepunkt im Ölsektor als ein herausragendes epochales Ereignis ansehen, weil er nicht nur für die Öleigentümerstaaten des Globalen Südens den Beginn von neuartigen, eben neokolonialistischen, Beziehungen markierte, sondern weil er auch den Grundstein für eine für die gesamte Menschheit schicksalhafte Klimakrise legte.

Dieser epochale Wendepunkt im internationalen Ölsektor verkörpert im Prinzip auch global ungleiche Machtverhältnisse. Die Öleigentümer in Texas waren im 19. Jahrhundert mächtig, sie handelten als souveräne Marktteilnehmer und setzten ihr Monopol durch, indem sie durch Verknappung ihre Öl-Renten in die Höhe trieben. Dadurch bewegten sich die Ölpreise,

24 Vgl. dazu die langfristige Öl-Preisentwicklung in BP Statistical Review of World Energy und die ausführlich kommentierte Grafik in Mohssen Massarrat, Naft wa Hegemonisme Amrika (in Persisch), Teheran 2017

wie bereits erwähnt, auch auf sehr hohem Niveau. Die Ölkonzerne suchten daher ohnmächtige Vertragspartner wie die Öleigentümermonarchien im Mittleren Osten, die bereit waren, mit ihnen neokolonialistische Nutzungsverträge abzuschließen.

Diese Nutzungsverträge waren aus drei Gründen neokolonialistische Verträge: *Erstens* sind Gegenstand dieser Verträge nicht die Ölmengen, sondern die Landflächen. Dadurch sichern sich die Konzerne die Option, so viel wie möglich Öl aus dem Gebiet, das sie gepachtet hatten, herauszuholen, was unter den kapitalistischen Bedingungen wie in den USA im 19. Jahrhundert ein Ding der Unmöglichkeit gewesen wäre. *Zweitens* geht es um die Langfristigkeit dieser Verträge, die verhindert, dass die Eigentümer als Marktakteure auf die Marktentwicklungen nach dem Nutzenmaximierungsprinzip reagieren können. Und *drittens* sind Pachtgebühren viel zu gering und unabhängig von Marktbedingungen langfristig festgelegt.

Um es noch deutlicher hervorzuheben: Die Öleigentümer aus dem Globalen Süden übten als Anbieter praktisch keine Marktfunktionen mehr aus, sie verloren die Souveränität über ihre Ölreichtümer, d. h. sie gaben sämtliche Machthebel zur Optimierung ihrer Einnahmen für die Dauer von langen Pacht- und Ausbeutungsverträgen aus der Hand und überließen damit diese Machthebel den internationalen Ölkonzernen, also der Nachfrageseite. Dadurch entstand eine strukturelle und permanent über mehrere Jahrzehnte andauernde Überproduktion und Preissenkung auf den globalen Ölmärkten.

Auf diese Weise entstand ein globaler Energiesektor, in dem Länder des Globalen Südens (Iran, Saudi-Arabien, Kuwait und andere Ölstaaten am Persischen Golf, sowie die Republik Aserbaidschan am Kaspischen Meer, Mexiko und Venezuela in Südamerika) im Rahmen einer neokolonialistischen Weltarbeitsteilung zu wichtigen Ölproduzenten wurden. Im Rahmen dieser Weltarbeitsteilung sank der Ölpreis von 100 Dollar je Barrel in den 1920er Jahren auf sage und schreibe ca. 2 Dollar je Barrel[25] herab, weil die bis dato vorherrschende Knappheit gewaltsam aufgehoben, richtiger: in die Zukunft aufgeschoben wurde, und weil die Ölkonzerne als mächtige Marktakteure innerhalb von wenigen Jahren in die neue Position versetzt wurden, die im US-Binnenmarkt noch wirksamen Knappheitsgesetze durch die unbegrenzte

25 Vgl. BP Statistical Review of World Energy.

Ölausbeutung im Globalen Süden aushebeln zu können. Hinzu kommt der Umstand höherer natürlicher Produktivität der Ölquellen in den Ländern des Mittleren Ostens und dadurch vergleichsweise sehr niedrige Produktionskosten. Die Ölkonzerne waren dadurch in der Lage, trotz niedriger Ölpreise sehr hohe Profite zu erzielen und zu äußerst finanzkräftigen Konzernen der Welt aufzusteigen. Die obige Analyse legt den hochkomplexen und unsichtbaren Umbruch von historischer Relevanz im globalen Ölsektor offen. Ihre Details sollen daher in aller Kürze und trotz Wiederholungsgefahr systematisch und pointiert im Folgenden zusammengefasst werden:[26]

Erstens werden die neu entdeckten fossilen Energiequellen des Mittleren Ostens neokolonialistisch in den Weltmarkt integriert. Neokolonialistisch bedeutet hier, dass den Eigentümern des Globalen Südens wie im Zeitalter des Kolonialismus die Marktmacht vorenthalten und der Willkür der Ölkonzerne geopfert wird. Dadurch wird den Öleigentümern die Souveränität über ihre Ölquellen und ökonomisch gesehen die Möglichkeit der Maximierung von Ölrenteneinnahmen geraubt.

Zweitens wird dadurch das Gleichgewicht zwischen Angebot und Nachfrage und damit die Marktfunktion der Anbieter für die Entstehung eines Gleichgewichtspreises, d. h. eines realen Marktpreises, ausgehebelt.

Drittens folgt daraus, dass der Preis für Öl von hohem Niveau um 100 auf 2 Dollar je Barrel drastisch abstürzt. Bei dem sehr niedrigen Ölpreis handelt es sich um einen ungleichgewichtigen Marktpreis bzw. um einen unter dem »richtigen« Marktpreis liegenden Dumpingpreis, weil ein wichtiges Preiselement, nämlich die Grundrente der Öleigentümerstaaten, auf ein Minimum reduziert wurde. Durch Reduzierung der Grundrente auf ein sehr niedriges Niveau wurden die Produktionskosten des Öls im Mittleren Osten zum entscheidenden preisregulierenden Faktor, zumal die multinationalen Ölkonzerne stark untereinander konkurrierten. Die Produktionskosten der Ölförderung im Mittleren Osten sind im Vergleich zu den Ölproduktionskosten in Nordamerika sehr niedrig.

Viertens bewirkten zwei wichtige Faktoren eine chronische Öl-Überproduktion auf dem Weltmarkt: zum einen die freie Konkurrenz der

26 Es handelt sich bei der obigen politökonomischen Analyse um das zusammenfassende Ergebnis der Forschungen des Verfassers seit den 1970er Jahren

multinationalen amerikanisch-europäischen Ölkonzerne und zum anderen der durch die Pachtverträge mit den Ölstaaten des globalen Südens entstandene Anreiz, die Ölausbeutung nachhaltig zu beschleunigen. Diese Überproduktion entwickelte sich zum wirksamen Hebel der Preissenkung und zwar in einem sehr langen Zeitrahmen von den 1920er Jahren bis zur ersten Ölkrise 1973/74, und das trotz sprunghaft ansteigender Weltnachfrage in diesem Zeitrahmen.

Fünftens werden fortan in diesem Zeitrahmen sämtliche fossile Energieträger auf dem Weltmarkt zu Dumpingpreisen veräußert, da der Ölpreis den Preis für alle fossilen Energieträger regulierte. Das Öl verdrängt in dieser Epoche teure fossile Energieträger wie beispielsweise die Kohle weitgehend vom Energiemarkt in den westlichen Staaten. Millionen Arbeitsplätze in den westlichen Industriestaaten fallen hier dem Verdrängungsprozess zum Opfer.

Sechstens erzielen die globalen Ölkonzerne trotz niedriger Ölpreise wegen sehr niedriger Produktionskosten im Mittleren Osten und trotz Konkurrenz untereinander sehr hohe Profite.

Siebtens sind die Nutznießer von Dumpingpreisen für Öl die Hauptölverbraucher, d. h. die Ökonomien der entwickelten kapitalistischen Staaten, bis Anfang des 21. Jahrhunderts. Die Verlierer dieses gigantischen globalen Geschäfts sind – ökonomisch gesehen – die Öleigentümerstaaten, weil die entwickelten kapitalistischen Staaten dank ihrer neokolonialen Machtüberlegenheit die diesen Staaten zustehende – wahrscheinlich mehrere Billionen Dollar – Grundrente vorenthalten konnten. Zudem wurden die Ölstaaten zur geopolitischen Zielscheibe des Westens, vor allem der Hegemonialmacht USA, und ein Schlachtfeld für subversive Interventionen und Kriege, die bis heute fortlaufend stattfinden, damit die vorliegenden neokolonialistischen Verhältnisse für alle Zeiten bestehen bleiben. Überdies gibt es auch ökologische Verlierer der Öldumpingpreise: die gesamte Menschheit, weil, wie unten näher begründet wird, sehr niedrige Ölpreise die gegenwärtige Klimakrise hervorgerufen haben.

Achtens verbergen sich bei genauer Betrachtung hinter Öl-Dumpingpreisen und der neokolonialistischen Weltarbeitsteilung global ungleiche Machtverhältnisse, die durchaus mit den Machtverhältnissen im Kolonialismus vergleichbar sind. Wegen ihrer Bedeutung für die Nord-Süd-Beziehungen in ihrer Gesamtheit und ihrer Unterordnung unter die US-Hegemonie werden im Kapitel 3 die Mechanismen der neokolonialen Weltarbeitsteilung ausführlicher herausgearbeitet.

Neuntens wurde somit das mittelöstliche Öl zu Dumpingpreisen das ökonomische Fundament eines energieintensiven Industrie- und Konsummusters, das einen klimaschädlichen Verkehrssektor hervorbrachte und darüber hinaus auch alle Industriezweige und Lebensbereiche von intensivem Energiekonsum abhängig machte. Billigöl wurde auch die Basis von hohen Wachstumsraten und steigendem Wohlstand in den westlichen Industrieländern. Für die bevölkerungsreichen Öleigentümerstaaten wie den Iran, Indonesien, Mexiko und Venezuela bedeuteten jedoch Öldumpingpreise niedrige Pro-Kopf-Öleinnahmen und Wohlstandsverluste in unvorstellbarem Ausmaß, während dadurch westliche Industriestaaten ihren Wohlstand weit über die eigene Leistung hinaus steigern konnten. Die bevölkerungsarmen Öleigentümerstaaten mit sehr hohem Ölreichtum wie Saudi-Arabien, Kuwait, Vereinigte Arabische Staaten etc. am Persischen Golf konnten demgegenüber trotz des Verlusts von Grundrenten enormen Wohlstand erzielen.

Zehntens entstand bei westlichen Staaten, durch die oben erwähnten ökonomischen Vorteile von niedrigen Ölpreisen, der Anreiz, das System der neokolonialen Preisbildung aufrechtzuerhalten, und dieses notfalls, wie unten exemplarisch dargestellt wird, auch gewaltsam zu verteidigen.

Abwehr der Gegenkräfte: CIA-Putsch gegen Irans demokratische Regierung Mossadegh

Die erste US-Intervention zur Aufrechterhaltung der neokolonialistischen Arbeitsteilung auf dem Energiesektor fand 1953 im Iran statt. Der Iran war dank der Entdeckung von umfangreichen Ölquellen im Süden des Landes bereits in den 1940er Jahren ein wichtiger Erdölexportstaat. Die Erdölraffinerie in der südiranischen Stadt Abadan am Persischen Golf war zu diesem Zeitpunkt die größte Ölraffinerie der Welt. Doch nicht der iranische Staat, sondern die damalige Hegemonialmacht Großbritannien verfügte indirekt über die Souveränität des gesamten iranischen Ölsektors. Die britische Infiltration beruhte, wie oben bereits erwähnt, auf einem Vertrag des britischen Unternehmers William Knox D'Arcy, der 1901 mit dem Schah der

Qajar-Dynastie einen neokolonialistischen und im wahrsten Sinne des Wortes Knebelvertrag geschlossen hatte.

War es dem korrupten iranischen Herrscher offensichtlich unbewusst, auf welchen ausbeuterischen Deal er sich mit dem Briten eingelassen hatte, so entdeckten die inzwischen in Europa ausgebildeten iranischen Intellektuellen und Politiker, allen voran *Mohammad Mossadegh*, in den 1940er Jahren den neokolonialistischen Charakter jenes Vertrages. Sie begannen als Volksvertreter im iranischen Parlament, das dank der Revolution für die konstitutionelle Monarchie von 1905 entstanden war, eine Gegenstrategie zu entwickeln, um schließlich das neokolonialistische Abkommen aufzukündigen.

Der Vorstoß Mossadeghs im Parlament rief eine außerparlamentarische und alsbald eine ernst zu nehmende antikolonialistische Bewegung hervor, die schließlich in eine historisch bedeutsame Veränderung der innergesellschaftlichen Kräfteverhältnisse einmündete. Zum ersten Mal in der iranischen Geschichte fand zu jener Zeit eine demokratische Wahl statt, zum ersten Mal meldeten sich neue gesellschaftliche Kräfte zu Wort, die die absolute Herrschaft der Jahrhunderte währenden Monarchie in Frage stellten. Ausdruck der neuen Machtkonstellation war der Sieg der sämtliche bürgerlichen Parteien umfassenden *Nationalen Front* unter der Führung des legendären Politikers Mossadegh, der im März 1951 durch das Parlament zum ersten demokratisch gewählten Ministerpräsidenten Irans bestimmt wurde.

Dieser Machtwechsel war in zweierlei Hinsicht historisch und sogar revolutionär:

Erstens wurde er nach innen von breiten gesellschaftlichen Schichten gegen die absolute Herrschaft einer dünnen Schicht von Großgrundbesitzern, Militärs und Bürokraten (die soziale Basis der Monarchie) getragen und stellte erstmals in der iranischen Geschichte die Volkssouveränität her. Und *zweitens* bedeutete dieser Machtwechsel auch nach außen ein neues globales Machtgleichgewicht im Verhältnis zu der alten Hegemonialmacht Großbritannien und zum Westen insgesamt. Statt der machtpolitisch schwachen Monarchie stand dem Westen nunmehr eine politische Kraft gegenüber, die sich der Macht des Volkes erfreute und in der Lage war, mit einem neuen Selbstbewusstsein die neokolonialistischen Beziehungen herauszufordern. So gesehen signalisierte der Sieg von Mossadeghs Volksbewegung im Iran das Ende des Neokolonialismus insgesamt. Dieser Sieg hat im welthistorischen Kontext daher eine ähnliche Bedeutung wie Gandhis antikolonialistischer Erfolg in Indien. Tatsächlich rief Mossadeghs Volksbewegung im Iran auch tektonische Erschütterungen im gesamten Mittleren Osten hervor: So stürzten nationalistische Offiziere unter der Führung von Jamal Abdel Nasser 1952 den ägyptischen König Faruk und nationalisierten einige Jahre später erfolgreich den Suez Kanal, und so stürzten ebenfalls nationalistische Militärs im Irak 1958 den pro-britischen König Faisal und leiteten eine neue politische Entwicklung ein.

Ganz im Sinne der dargestellten historischen Veränderung im Iran beschloss das neue Parlament im März 1951 die Nationalisierung von NIOC, der britischen Oil Company im Iran, und kündigte damit den Ölausbeutungsvertrag von 1901 auf. Dieser Akt der Nationalisierung der Ölindustrie bedeutete die Wiederherstellung jener nationalen Souveränität des iranischen Staates über die eigenen Ölreichtümer, die der Qajar-König ein halbes Jahrhundert zuvor mit dem D'Arcy-Vertrag aus der Hand gegeben hatte. Damit wurde der iranische Staat in die Lage versetzt, fortan – wie die Öleigentümer in Texas im 19. Jahrhundert – selbst zu bestimmen, wie viel Öl im Jahr zu produzieren und zu exportieren ist. Mossadeghs Strategie der Nationalisierung der iranischen Ölindustrie verkörperte auf jeden Fall ein immenses Nachahmungspotenzial und war im Begriff, zu einem antikolonialen Handlungsmuster für den Ölsektor und alle übrigen Rohstoffsektoren des Globalen Südens zu werden. Dieser ernsthaften Bedrohung für das gesamte neokolonialistische System in der Weltwirtschaft musste daher aus der Sicht der alten und der neuen Hegemonialmacht Großbritannien und der USA so schnell wie möglich ein Riegel vorgeschoben werden.

Damit hatte die Stunde der britischen Regierung unter Winston Churchill, also der Regierung der alten Hegemonialmacht, geschlagen. Auf deren Initiative hin wurde das komplette Regime-Change-Programm in Gang gesetzt: Zunächst rief die britische Regierung im Oktober 1951 den UN-Sicherheitsrat an und brachte gleichzeitig auch eine Klage gegen den Iran beim UN-Gerichtshof in Den Haag ein.[27] Im UN-Sicherheitsrat erklärte der britische Vertreter am 13. Oktober 1951: »Öl ist nicht allein eine Angelegenheit

27 Mohammad Mossadegh, Khaterat wa Taalomat, persisch (Memoiren und Gedanken), Teheran 1365 (1986), S. 241ff.

des Irans, es ist ein öffentliches Gut und daher eine Angelegenheit der gesamten Welt.« Mossadegh antwortete auf diese offen imperialistische Äußerung mit dem Recht und Gesetz verkörpernden Satz: »Öl ist eine Ware und eine innere Angelegenheit, daher kein Thema für den UN-Sicherheitsrat. Die Menschen in Khusistan (ölreiche Provinz im Iran, d. A.) legen sich mit hungrigen Mägen auf ihren Ölquellen zum Schlafen hin.« Mossadegh, der selbst Jurist war, vertrat im Juni 1952 im Haager Gerichtshof persönlich den Iran und überzeugte, zur Überraschung der Weltöffentlichkeit, das Gericht von der Rechtmäßigkeit der Nationalisierung der iranischen Ölindustrie durch das iranische Parlament. Das UN-Gericht wies die Klage Großbritanniens ab. Damit errang zum ersten Mal ein Land des Globalen Südens vor einem UN-Gericht einen signifikanten Sieg. Durch diesen Präzedenzfall erhielt somit die Aufkündigung von neokolonialistischen Verträgen zur Ausbeutung der Rohstoffe in den Ländern des Globalen Südens fortan den Status des Völkerrechts.

Nach der juristischen Niederlage in den UN-Gremien leitete Großbritannien die nächste Eskalationsstufe ein und brachte 1952 alle großen Industriestaaten des Westens dazu, gegen den Iran ein Erdölembargo zu verhängen. Auf diese Weise sollte die neue iranische Regierung von Öleinnahmen vollständig abgeschnitten und die Regierung Mossadegh in eine Finanzkrise gestürzt werden. Doch gelang es Mossadegh, die Intervention abzuwehren, indem er u. a. mit Hilfe einer Volksaktie das Jahresbudget ausgleichen und die Finanzkrise vermeiden konnte.

Umso entschlossener reagierte jedoch Großbritannien auf seine Niederlagen und entschied sich für eine weitere Eskalationsstufe: die Anwendung subversiver Gewalt – es verfolgte nunmehr das Ziel, Mossadeghs Regierung zu stürzen. Dazu gelang es der britischen Regierung, die neue Hegemonialmacht USA für einen gemeinsamen Putsch gegen Irans demokratische Regierung zu gewinnen. Nach anfänglichem Zögern ließen sich die Vereinigten Staaten auf diese folgenreiche Subversion ein und stürzten mit Hilfe der CIA im August 1953 die Regierung Mossadegh.[28] Die britische Regierung hatte die USA mit dem Argument für diese Epoche machende Intervention

28 Ausführlich zu diesem CIA-Putsch vgl. Ervand Abrahamian, a. a. O.; Tim Weiner: CIA: Die ganze Geschichte. S. Fischer Verlag, Frankfurt am Main 2008, (englisch: Legacy of Ashes. The History of the CIA. New York 2007.).

überzeugt, das Beispiel des iranischen Vorstoßes könne bei sämtlichen Ölstaaten des Globalen Südens Schule machen und den Ölsektor zu Lasten des Westens grundlegend umkrempeln, d. h. die Öleigentümerstaaten des Globalen Südens in die Lage versetzen, die Ölproduktion – wie die Öleigentümer in Texas – zu bremsen, um die eigenen Öl-Renten maximieren zu können. Damit wäre also auch das Ende der ungebremsten Ölproduktion zu Dumpingpreisen eingeläutet worden. Der CIA-Putsch war erfolgreich, Mossadegh wurde abgesetzt, das Projekt des Irans gegen die neokolonialistische Ölausbeutung zu Fall gebracht. Erst durch den Erdölboykott arabischer OPEC-Staaten anlässlich des Jom-Kippur-Krieges im November 1973 und die Folgen der vorübergehenden Ölverknappung und des ersten Ölpreissprungs von 2 auf 10 Dollar je Barrel auf dem Weltmarkt[29] begann eine Ära der Zurückgewinnung der Souveränität über das Eigentum an eigenen Ölressourcen, die allerdings nach einem halben Jahrhundert immer noch nicht vollendet ist.

Ölsektor als unsichtbare Machtressource der US-Hegemonie

Die US-Intervention im Iran muss aus mehreren Gründen als epochal angesehen werden: *Zum einen* haben die Vereinigten Staaten ihre Unschuld als Hegemonialmacht mit positivem Antlitz endgültig verloren und damit den Grundstein für einen nachhaltigen und bis heute andauernden Antiamerikanismus, vor allem im Mittleren Osten, gelegt, dessen Spuren bei nahezu allen Ereignissen der letzten Jahrzehnte in dieser Region und weit darüber hinaus zu finden sind. Und *zum anderen* haben die Vereinigten Staaten allen ihren westlichen Verbündeten praktisch vor Augen geführt, dass nur sie in der Lage sind, die Ölstaaten des Globalen Südens in Schach zu halten und die Versorgung der Wirtschaft aller westlichen Staaten mit einem begrenzt verfügbaren Rohstoff zu Dumpingpreisen, damit gegen die ökonomische Logik einer Weltwirtschaft unter den Bedingungen des Freihandels, sicherzustellen. Tatsächlich konnten auch die USA durch die vollständige Kontrolle der Ölstaaten des Globalen Südens und deren Ölpolitik dafür sorgen, dass

29 Zur werttheoretischen Analyse des ersten Ölpreissprungs vgl. Mohssen Massarrat, Ölkrise oder Krise des Kapitalismus, in: Probleme des Klassenkampfes 11/12, 1974

ein störungsfreier Fluss von Öl zu Dumpingpreisen in westliche Industriestaaten dauerhaft gesichert ist. Das Billigöl aus dem Globalen Süden wurde nach dem Zweiten Weltkrieg zu einem der Schlüsselfaktoren des florierenden Wachstumsmodells und dem steigenden Wohlstand in den westlich-kapitalistischen Staaten.

Seitdem und im Grunde fortdauernd bis heute verfügen die USA außer ihrer militärischen Stärke zusätzlich über einen sehr wirksamen geopolitischen Hebel, um den globalen Energiesektor in ihren hegemonialpolitischen Dienst zu stellen und ihren westlichen – in den OECD-Staaten zusammengeschlossenen – Verbündeten glaubwürdig zu demonstrieren, dass es sich lohnt, die US-Hegemonie zu akzeptieren und die Vorteile von langfristigen Öldumpingpreisen, somit die langfristige »*Energiesicherheit*« für ihre Ökonomien zu nutzen. Außer der *militärischen Sicherheit*, die die USA ihren westlichen Verbündeten in der Ära des Kalten Kriegs durch die NATO gewährten, entwickelte sich das Billig-Öl, wie unten näher ausgeführt wird, unter dem Label der Energiesicherheit zu einem Schmierstoff, der die EU-Staaten und Japan unter der Hegemonie der USA zusammenschloss und diese Staaten in die Abhängigkeit und zuweilen auch bedingungslose Gefolgschaft der USA bei beinahe allen sicherheitspolitischen Anliegen und den zahlreichen Kriegen gebracht hat.

Sicherheit statt Freihandel

Die Ölüberproduktion zu Dumpingpreisen bescherte den USA nicht nur Wohlstand und den darauf beruhenden American Way of Life, sondern sie verlieh ihnen auch einen der wichtigsten machtpolitischen, jedoch unsichtbaren Hebel ihrer globalen Hegemonie, die heute zur Hauptgefahr für den Weltfrieden geworden ist. Alle US-Regierungen handelten nach der strategischen Maxime, sämtliche stark von Ölimporten abhängigen Verbündeten ihrer Hegemonialmacht unterzuordnen und zu ihren Vasallen zu machen. Dazu bedurfte es der umfassenden Kontrolle der Ölstaaten wie z.B. Saudi-Arabien.

Der Schlüsselbegriff für die Hegemonialstrategie lautete Energiesicherheit, der zu einem der wichtigsten Begriffe der US-Außenpolitik geworden ist. In Wikipedia wird Energiesicherheit, die dort mit der Ölkrise 1973/74 in

Verbindung gebracht wird,[30] als Energieversorgungssicherheit definiert. Tatsächlich war Öl, seit es im Globalen Süden entdeckt und gefördert wurde, nicht mehr ein Rohstoff wie jeder andere, der frei auf dem Weltmarkt gehandelt wird. Öl, dieser als schwarzes Gold mystifizierte Rohstoff, erhielt in der Weltwirtschaft einen Sonderstatus, es wurde de facto als ein strategischer Rohstoff definiert, dessen Produktion und weltweiter Transport angeblich eines besonderen Schutzes bedürfen sollte.

Was bedeutet aber der Sonderstatus für Öl im internationalen Handel? In der Regel ist die Voraussetzung des internationalen Handels die zahlungsfähige Nachfrage und die Bereitschaft der Anbieter, ihre Waren zu einem fairen Preis zu veräußern. Beide Seiten haben somit ein materielles Motiv zum Warenaustausch, weshalb auch der freie Handel von Waren auf dem Weltmarkt zustande kommt. Im Sinne des Freihandels würde es keinen Sinn machen, international gehandelte Waren unter einen besonderen Schutz zu stellen. Es wäre geradezu absurd, beispielsweise von Weizensicherheit, von Autosicherheit, von Sicherheit von diesem und jenem Rohstoff zu sprechen, solange kein Staat gegen die allgemeinen Regeln des Welthandels verstößt und solange auch kein Staat die Produktion und den Transport der Waren mutwillig beeinträchtigt. Unabhängig von dem US-Narrativ Energiesicherheit sind Ölquellen und darüber hinaus sämtliche Rohstoffe – wegen ihrer Erschöpfbarkeit – besonderen Marktregeln unterworfen:

1. Ölquellen sind Eigentum von Privatpersonen wie in den Vereinigten Staaten oder von Staaten wie bei nahezu allen Staaten im Globalen Süden sowie im Falle von Russland. Wegen dessen Nichtreproduzierbarkeit und eigentumsrechtlicher Verfügbarkeit ist Öl monopolisierbar. Nach den Regeln des Freihandels wäre deshalb der Monopolpreis der Preisregulator für Angebot und Nachfrage.

2. Wegen der Erschöpfbarkeit würde unter den Bedingungen des Freihandels der Ölpreis bei steigender Nachfrage überproportional ansteigen, da die Eigentümer der Nutzenmaximierung folgend ein Interesse daran

30 Die Ölkrise von 1973/74 erfolgte tatsächlich durch eine Intervention der OPEC. Dies war jedoch nach der Nationalisierung des Ölsektors im Iran die zweite Reaktion der Ölstaaten des Globalen Südens gegen die bestehende neokolonialistische Weltarbeitsteilung im Ölsektor. Diese Intervention, die zum ersten Mal die Ölpreise in Richtung realer Weltmarktpreise veränderte, muss jedoch als ein Schritt zur Herstellung der marktmäßigen Energiepreise auf dem Energiemarkt gesehen werden, die eben durch Freihandel und ohne Politisierung und Militarisierung hätte entstehen können.

haben, das Angebot zu verknappen und weil sie durch ihr Eigentumsrecht die Macht dazu haben. Dies gilt unter den freien Marktbedingungen im nationalen Rahmen wie grundsätzlich auch global.

Die Behauptung, der Ölsektor (Produktion und Transport) bedürfe eines besonderen Schutzes, entbehrt somit jeder ökonomischen Grundlage. Sie entspringt vielmehr einer Konstruktion, die offensichtlich dazu dient, die marktmäßige Preisbildung außer Kraft zu setzen und den Ölsektor nach hegemonialpolitischen Erwägungen zu formen, vor allem den Ölpreis im Interesse der Verbündeten der Hegemonialmacht auf einem möglichst niedrigen Niveau zu stabilisieren.

Tatsächlich haben die Vereinigten Staaten es mit der Konstruktion des Begriffs Energiesicherheit fertiggebracht, diese Idee zu einem Allgemeinwissen zu machen, dass das Öl auf dem Weltmarkt eine Sonderstellung hätte und daher die Produktion und Vermarktung militärischen Schutzes bedürfe. Mit Energiesicherheit meinten die USA die Sicherstellung des störungsfreien Flusses von Öl zu akzeptablen – sprich möglichst niedrigen – Preisen. Beide Ziele können jedoch durch umfassende Kontrolle von möglichst vielen Ölstaaten des Globalen Südens, vor allem von Ländern wie Saudi-Arabien, Iran, Irak, Kuwait im Mittleren Osten bis Venezuela in Südamerika, erreicht werden. Die so verstandene Energiesicherheit wurde seit mehreren Jahrzehnten zu einem der wichtigsten sicherheits- und außenpolitischen Ziele der USA und der Nato.[31] Die Carter-Doktrin ist beispielsweise ein wichtiger Beleg für den Anspruch der USA, die Energiesicherheit der westlichen Staaten für alle Zeiten gewährleisten zu wollen. Der damals amtierende Präsident der USA, Jimmy Carter, verkündete im Januar 1980, wenige Monate nach dem Sturz des von den USA abhängigen Schah-Regimes im Iran, in seiner Rede an die amerikanische Nation: »Um unsere Position absolut klarzustellen: Jeder Versuch einer anderen Macht, Kontrolle über den Persischen Golf zu gewinnen, wird von uns als Angriff auf die lebenswichtigen Interessen der USA angesehen. Ein solcher Angriff wird mit allen erforderlichen Mitteln, einschließlich militärischer Gewalt, abgewehrt werden.«

31 Zur Rechtfertigung der Energiesicherheit bedienten sich in der Kalten-Kriegs-Ära sicherheitspolitische Experten der USA sogar des Mantras, die Sowjetunion plane eine militärische Besetzung der Ölfelder am Persischen Golf, um die Wirtschaft des Westens zu strangulieren.

Unter den Verbündeten der USA bestand dabei nie Zweifel darüber, dass es die Vereinigten Staaten sind, die die angeblich so fundamentale Energiesicherheit für ihre Ökonomien gewährleisten können. Für sämtliche westliche Ölverbraucherstaaten wie die Bundesrepublik Deutschland, Großbritannien, Frankreich etc. in Europa und Japan in Asien, selbst ihrem Wesen nach imperialistische Staaten, wurde es zu einer Selbstverständlichkeit, es sei in ihrem ureigenen Interesse, dass die USA eine Sonderrolle, eine superimperialistische Position einnehmen, der sie sich freiwillig unterwerfen müssten.

Neben der Herstellung der militärischen Sicherheit während der Blockkonfrontation in der Kalten-Kriegs-Ära wurde so die Herstellung der »Energiesicherheit« das wichtigste Fundament und ein fester, jedoch unsichtbarer Bestandteil der US-Hegemonie. In Wirklichkeit bedurfte weder der Freihandel für Öl noch für andere Waren eines militärischen Schutzes.

Unter der Bedingung des Freihandels und der fairen Preise für sämtliche Waren in der Weltwirtschaft, also bei dieser rein hypothetischen Betrachtung, wäre zwar die Welt nicht per se ein Paradies geworden, der Menschheit wären aller Wahrscheinlichkeit nach jedoch (durch eine freie Weltwirtschaft ohne Kolonialismus und Imperialismus) die vielen Unglücke und Katastrophen, wie beispielsweise die zwei Weltkriege, der Faschismus, der Holocaust, die Blockkonfrontation, die ganzen Kriege und Interventionen wie der Vietnamkrieg, die Kriege im Mittleren Osten usw., erspart geblieben. Denn die Hauptursache der globalen Konflikte ist die tatsächliche oder gefühlte Ungerechtigkeit und das erlebte Ohnmachtsgefühl angesichts bestehender Machtungleichheiten in den zwischenstaatlichen Beziehungen. Kolonialismus und Imperialismus sind letztendlich der historische Rahmen für die gewaltsame Durchsetzung der Ungleichheit bei der Nutzung und Verteilung von Ressourcen und Einkommen.

Kolonialismus und Imperialismus haben demgegenüber, wie am Beispiel vom Energiesektor oben begründet, niemals einen Freihandel zu fairen Preisen zugelassen. Die unfairen Öldumpingpreise im Energiesektor seit den letzten sieben Dekaden haben jedoch nicht nur den Öleigentümern des Globalen Südens geschadet, sondern der gesamten Menschheit auch die Klimakrise beschert, ein Aspekt, der in der Forschung wie in den öffentlichen Debatten bedauerlicherweise bisher beinahe vollständig ausgeblendet worden ist. Denn das unsägliche Interesse der USA an der Kontrolle des Mittleren Ostens beruhte ja nachweislich kaum auf den Ölimporten aus dieser Region für die eigene Wirtschaft, sondern auf den Machtmitteln, die die Kontrolle der Ölstaaten für ihre Hegemonie implizierte. Tatsächlich haben die USA ihren Ölbedarf in der Regel aus eigenen Ölquellen und in wenigen Jahren der Ölknappheit durch Importe aus Mexiko und nur zu einem geringen Teil aus dem Mittleren Osten, vor allem aus Kuwait und Saudi-Arabien, gedeckt.

Die Klimakrise ist auch das Resultat der US-Hegemonialpolitik

Worin besteht aber die Verantwortung der USA, wie hier hervorgehoben wird, für die Klimakrise? Die USA sind mit 115 Milliarden Tonnen und 24 Prozent Weltanteil an dem seit 1850 bis 2021 kumulativ entstandenen CO_2-Mengen der größte Emittent von Treibhausgasen.

Das Hauptinteresse der USA an den Ölquellen des Mittleren Ostens galt, wie oben dargelegt, durch die Kontrolle der Ölstaaten des Globalen Südens für Öl-Überproduktion und Dumpingpreise zu sorgen, die bis zur Ölkrise 1973/74 über ein halbes Jahrhundert auf dem Niveau von 2 Dollar je Barrel auch trotz rapid steigender Nachfrage tatsächlich stabil blieben, um ihren Verbündeten die eigene Hegemonie nachvollziehbar zu machen. In diesem Kontext hatte die politische Kontrolle Saudi-Arabiens und anderer kleinerer Ölstaaten am Persischen Golf mit ihren riesigen Ölreichtümern und einem Anteil von 20 Prozent Exporten auf dem Weltmarkt eine herausragende Rolle. Ein Anruf der US-Präsidenten bei König Saud hätte in der Regel gereicht, um Saudi-Arabien bei drohender Ölknappheit zur Erhöhung der Ölproduktion zu veranlassen.[32] Dadurch wurde dieses Land zu einer faktischen Kolonie der USA, ohne im klassischen Sinne deren Kolonie zu sein. Dafür haben die Vereinigten Staaten der saudischen Herrscherfamilie eine Schutzgarantie gewährt. Dazu diente im Übrigen auch die oben erwähnte Carter-Doktrin von Januar 1980.

32 Das hat sich mittlerweile dramatisch geändert. Um Saudi-Arabien zur Erhöhung von Ölproduktion und Ölexporten zu bewegen, musste Joe Biden Anfang 2023 persönlich nach Saudi-Arabien fliegen, ohne allerdings sein Ziel zu erreichen.

Aber genau deshalb, weil die USA aus hegemonialpolitischen Erwägungen dafür sorgten, dass über ein halbes Jahrhundert das Billig-Öl zum Wachstumsmotor der westlichen Welt werden konnte, wurde das System der Öl-Überproduktion und der Öl-Dumpingpreise zu einem entscheidenden Faktor der Entstehung von hoch energieintensiven und fossil-basierten Industrialisierungsmustern in allen kapitalistischen Staaten und vor allem in den USA selbst. Dieses Modell hat zwar in den Vereinigten Staaten und den anderen westlich-kapitalistischen Staaten teilweise sogar zweistellige Wachstumsraten und unglaublich raschen Wohlstand ermöglicht und dadurch auch die Entwicklung der Demokratie durch mehr Verteilungsgerechtigkeit positiv beflügelt. Bekanntlich wurde der Grundstein der Autoindustrie, des Symbols dieses Wohlstandsmodells und des *American Way of Life* in den USA, in Europa und Japan vor allem in der ersten Hälfte des 20. Jahrhunderts, also in der Öl-Dumpingpreis-Ära, gelegt und dadurch ein Industrialisierungsmuster geschaffen, das dem Individual-Verkehrssystem, dem Autobahnbau und generell der energieintensiven Konsumindustrie, also einem auf fossiler Basis geschaffenem Wohlstandsmodell, den Weg ebnete.

Deshalb tragen die Vereinigten Staaten für die seit beinahe einem Jahrhundert kumulativ angehäuften Treibhausgase die Hauptverantwortung. Sie hatten und haben immer noch aus hegemonialpolitischen Erwägungen ein besonderes Interesse daran, die fossil-basierte Hegemonialfunktion beizubehalten. Die neokonservative US-Regierung Bush Junior versuchte beispielsweise, die nachweislich klimaschädliche US-Kohleindustrie und die Fracking-Industrie durch Subventionierung massiv auszubauen, während gleichzeitig der Ausbau von regenerativen Energietechnologien auf Eis gelegt und damit eine längst fällige Energiewende und klimafreundliche Strategie gezielt blockiert wurde.

Auch der US-Präsident Joe Biden hat an dieser klimaschädlichen fossilen Strategie festgehalten, indem er, entgegen seinem Wahlversprechen, das Ziel verfolgte, in der Arktis nach Öl bohren zu lassen, um in den nächsten 30 Jahren 600 Millionen Barrel Öl dort aus dem Boden zu holen. Dadurch konnte und kann weiterhin sichergestellt werden, dass das fossil-basierte Wirtschaftssystem und die darauf beruhenden Hegemonialinteressen der USA weiterhin unangetastet bleiben. Bei einem Energieversorgungssystem auf der Basis von regenerativen Energien würden nämlich die USA sämtliche fossilen Hebel aus der Hand geben, die es ihnen ermöglichten, der Welt und vor allem ihren eigenen westlichen Bündnispartnern ihre Hegemonie aufzuerlegen. In einem auf regenerativen Energien basierten Wirtschaftssystem wären beinahe alle Staaten Energieselbstversorger. Auch die vermeintliche Energiesicherheit und die USA als deren Garant, hätten keinen Stellenwert mehr.

Resümierend kann auf der Basis obiger Analyse also festgestellt werden, dass ohne das System der Öldumping-Preise über den langen Zeitraum von mehreren Dekaden die Industrialisierung im letzten Jahrhundert sicherlich einen anderen Verlauf genommen hätte: Generell wären flächendeckend energiesparende Technologien angewandt worden, die eine sukzessive Akkumulation von Treibhausgasen und im Klartext damit die gegenwärtige Klimakrise verhindert hätten. Faire, d. h. allein durch Freihandel und Marktgesetze geregelte Energiepreise schon in der ersten Hälfte des 20. Jahrhunderts hätten dazu geführt, dass regenerative Energietechnologien mindestens ein halbes Jahrhundert früher massenhaft zum Einsatz gekommen wären. In diesem Kontext erscheint die Aufkündigung des neokolonialistischen Ölausbeutungsvertrages durch Mossadeghs Volksbewegung und der CIA-Putsch gegen Mossadeghs Regierung 1953 auch hinsichtlich der Klimakrise in einem neuen Licht.

Kapitel 3: Unsichtbare Machtressource: Neokolonialistische Weltarbeitsteilung

Die Vereinigten Staaten erlangten nach dem Zweiten Weltkrieg gigantische Machtressourcen, um die Weltwirtschaft hegemonial zu dominieren, nicht nur durch die Kontrolle des globalen Energiesektors, sondern auch durch die Kontrolle und Steuerung der neokolonialistischen Weltarbeitsteilung. Deshalb soll in diesem Kapitel zunächst das Wesen der gegenwärtig vorherrschenden Weltarbeitsteilung herausgearbeitet und gezeigt werden, warum es sich um eine *neokolonialistische Weltarbeitsteilung* handelt. Dieser analytische Schritt ermöglicht die Begründung, dass *erstens* die USA für die Fortexistenz der neokolonialistischen Weltarbeitsteilung und die Blockade der Industrialisierung des Globalen Südens mitverantwortlich sind und dass *zweitens* sie neben der Kontrolle des globalen Energiesektors auch die neokolonialistische Weltarbeitsteilung insgesamt in den Dienst ihrer Hegemonie gestellt haben. Es geht also hier um nichts weniger als um den Versuch der Tiefenanalyse eines gigantischen Komplexes der Entwicklung im Globalen Norden bzw. der Nichtentwicklung im Globalen Süden sowie um die strukturellen Beziehungen zwischen beiden Teilen der Welt und wie es den Vereinigten Staaten gelingt, diese Beziehungen als unsichtbare Machtressource den eigenen nationalen Interessen unterzuordnen. Diese originäre Analyse liefert buchstäblich den Schlüssel dafür, zu verstehen, wie das gegenwärtige Hegemonialsystem der USA in seiner Gesamtheit funktioniert. Ein nicht unwichtiges Nebenprodukt dieser Analyse ist dabei – wie noch gezeigt werden soll – eine neue, auf Machtverhältnissen beruhende Entwicklungstheorie.

Im Kolonialsystem waren die Machtverhältnisse klar erkennbar. Der Kolonialstaat errichtete gewaltsam ein System der Unterdrückung und Entwürdigung der Bevölkerung in der Kolonie, um diese zu zwingen, dauerhaft für den Kolonialstaat mineralische und fossile Rohstoffe sowie Agrarprodukte so billig wie möglich für die Wirtschaft des Globalen Nordens bereitzustellen. Zu diesem Zweck wurden Menschen entweder massenhaft versklavt oder in den Minen und Plantagen unter menschenunwürdigen Arbeitsbedingungen (Arbeitszeiten bis zu 16 Stunden ohne Feiertage, ohne Urlaub und quasi schutzlos) zu Hungerlöhnen ausgebeutet. Es entstand dadurch historisch eine kolonialistische Weltarbeitsteilung zwischen dem Globalen Süden, der Rohstoffe zu Niedrigstpreisen lieferte, und den Kolonialstaaten, die Fertigwaren zu Monopolpreisen[33] in die Kolonien exportierten. Dreh- und Angelpunkt der kolonialistischen Weltarbeitsteilung war *der Merkantilismus*, eine bisher kaum beachtete *Gesellschaftsformation*, die auch heute die Weltarbeitsteilung maßgeblich determiniert[34] und im Folgenden deshalb in aller Kürze und – soweit für die Analyse der US-Hegemonie erforderlich – genauer rekonstruiert wird:

Exkurs: Globaler Merkantilismus: Kolonialismus- und Entwicklungstheorien im neuen Licht

Die Wurzeln der merkantilistischen Formation findet man bereits im europäischen Spätmittelalter in der Übergangsperiode zwischen Feudalismus und Kapitalismus. In dieser Übergangsepoche zwischen dem 12. und 19. Jahrhundert bildet sich beinahe in allen europäischen Ländern allmählich eine neue Klassenallianz zwischen den Großhändlern und den feudalistischen Königshäusern und dem Adel heraus. Die ökonomische Grundlage dieser Allianz ist der gegenseitige Nutzen: Die Großhändler erhalten die Lizenz für Handelsmonopole, die ihnen samt politisch-militärischem Beistand von den Königen gewährt wurde. Und die Könige erfreuten sich der wachsenden Steuereinnahmen, die ihnen der florierende Handel bescherte und die Fortsetzung ihrer Herrschaft ermöglichte. Diese Allianz ist es auch, die später den europäischen Kolonialismus und die kolonialistische Weltarbeitsteilung hervorbringt.

In den Kolonien ist es die Allianz der lokalen Händler mit den Großgrundbesitzern, die als verlängerter Arm der Kolonialstaaten die sozialen Träger der herrschenden Klasse bilden und unter der kolonialen

33 Man kann unterstellen, dass die Preise für Fertigwaren in dieser Ära Monopolpreise waren, weil sich im Zeitalter des Kolonialismus noch keine entwickelte freie Konkurrenz für Fertigwaren auf dem Weltmarkt herausgebildet hatte.

34 Dieses Phänomen ist für das Verständnis der weltwirtschaftlichen Entwicklung, der Nord-Süd-Beziehungen, der Entwicklungsblockaden und Sozialstrukturen in den Ländern des Globalen Südens so wichtig, dass es einer umfassenderen Untersuchung bedarf, die allerdings hier nicht erfolgen kann. Sie ist einem weiteren Forschungsvorhaben vorbehalten, dessen bisherige Ergebnisse dem Verfasser erlauben, von der Existenz einer eigenständigen merkantilistischen Gesellschaftsformation zwischen dem Feudalismus und dem Kapitalismus im europäischen Spätmittelalter auszugehen.

Gewaltherrschaft ihr Dasein fristen. Diese transnationale Verschmelzung von merkantilen Klassen im Globalen Norden wie im Globalen Süden reproduziert sich in immer neuen Formen auch in der postkolonialen Epoche. Insofern kann die grenzüberschreitende, global agierende merkantilistische Allianz im Norden wie im Süden als das sozialökonomische Rückgrat des gesamten Kolonialsystems betrachtet werden.

Diese Betrachtungsweise stellt das Kolonialsystem in einem neuen Licht dar, da die grenzüberschreitende Allianz von zwei empirisch beobachtbaren Klassenbündnissen in den Kolonialstaaten wie in den Kolonien die Möglichkeit eröffnet, die historischen Abläufe in beiden Teilen der Welt realitätsnah und differenziert zu untersuchen: die kapitalistische Entwicklung und die Industrialisierung im Globalen Norden wie die Entwicklungsblockaden und Stagnation im Globalen Süden. Demgegenüber liegt der herkömmlichen Entwicklungsländer-Forschung fast immer ein Dichotomie-Ansatz zugrunde, der durch methodische Zweiteilung eines zusammenhängenden Ganzen wie Kolonialstaat und Kolonie oder Industrieländer und Entwicklungsländer oder entwickelte und unterentwickelte Länder, Industrie- und Entwicklungsländer etc. die organische Verbindung zwischen ihnen ausblendet und dadurch Untersuchungsergebnisse zu Fragen der Entwicklung bzw. Nichtentwicklung verfälscht. Die Kategorie *Merkantilismus* eröffnet die Möglichkeit, diese Zusammenhänge in den analytischen Rahmen von Klasseninteressen und Machtbeziehungen, wo sie auch hingehören, zu stellen.

In nahezu allen ehemaligen Kolonien und Halbkolonien[35] des Globalen Südens, um das Analyse-Konzept zu präzisieren, bilden sich in der postkolonialen Ära, in Abhängigkeit von ihren jeweils historischen, geografischen und kulturellen Verschiedenheiten in unterschiedlichen Formen merkantilistische Klassenstrukturen heraus. Das historisch in allen postkolonialen Staaten präsente Handelskapital geht mit den Regierungen der selbstständig gewordenen nachkolonialen Staaten eine politische Allianz ein. Diese Regierungen sind in der Regel diktatorisch bzw. autoritär. Es entstehen also auch in den Ländern des Globalen Südens im Prinzip ähnliche Klassenallianzen

35 Mit Halbkolonien sind jene Staaten gemeint, die zwar politisch souverän sind, jedoch ähnliche Abhängigkeitsstrukturen wie Kolonien aufweisen. Zu diesen Staaten gehören beispielsweise China, Iran, das Osmanische Reich etc. im 19. und teilweise auch in der zweiten Hälfte des 20. Jahrhunderts.

und Herrschaftsstrukturen wie im vorkapitalistischen Europa. In beiden Fällen dominiert das Handelskapital in der Gesellschaft und im Staat. An die Stelle von feudalistischen europäischen Königshäusern treten in den nachkolonialen Ländern des Globalen Südens jedoch Militärdiktaturen oder autoritäre Regime.[36] Im vorkapitalistischen Europa korrespondieren die merkantilistischen Klassenformationen mit der aufsteigenden, machtvollen Bourgeoisie und müssen sich dieser schließlich unterordnen. Das Handelskapital bleibt hier fortan eine funktional unverzichtbare, jedoch nicht länger dominante Formation im System. Ganz anders in postkolonialen Staaten des Globalen Südens:

In den ehemaligen afrikanischen Kolonien entstehen, nach Erreichen nationaler und staatlicher Souveränität, alsbald Militärdiktaturen, zumal sich während des Prozesses der antikolonialen Befreiung oft militärische Herrschaftsstrukturen herausbilden. Die neuen Herrscher beziehen ihre Legitimation aus ihrem historischen Auftrag der Befreiung vom Kolonialstaat. Sie verhindern in der Regel also demokratische Strukturen und regieren diktatorisch oder autoritär. In den westasiatischen Staaten bleiben überwiegend aus Stammesstrukturen hervorgegangene Herrscher weiterhin auch in der neuen postkolonialen Ära, wie beispielsweise in den meisten Staaten am Persischen Golf, an der Macht oder es entstehen Militärdiktaturen wie im Irak und Syrien. Einzig im Iran wird die herrschende Monarchie durch eine Islamische Revolution hinweggefegt. Selbst in Indien, der einzigen ehemaligen Kolonie, in der sich nach der antikolonialen Befreiung die parlamentarische Demokratie durchsetzt, dominiert für lange Zeit die Allianz von traditionellen Händlern mit Großgrundbesitzern und reicher Elite im Staat. Auch im nach-revolutionären Iran dominiert ein Bündnis von traditionell einflussreichen Großhändlern mit der islamischen Theokratie. In Südamerika übernehmen nach dem Ende der kolonialen Abhängigkeit von Spanien, Portugal und den USA die Großgrund- und Plantagenbesitzer die Herrschaft, verbünden sich ökonomisch und politisch mit den lokalen

36 In der Literatur der Entwicklungsforschung, vor allem der lateinamerikanischen, wird diese Allianz als Kompradoren-Bourgeoisie bezeichnet. Diese Bezeichnung ist m. E. zu unspezifisch, weil sie die dahinterstehenden sozialen Schichten und ihre Interessen eher mystifiziert als offenlegt. Diese Kategorie ist für analytische Zwecke unbrauchbar, weil sie die dahinterstehenden konkreten Klasseninteressen – und damit die wichtigen Fragen nach warum und wie sich diese Bourgeoisie mit internationalen Konzernen und westlich-imperialistischen Staaten verbünden – eher zudeckt.

Großhändlern und errichten Militärdiktaturen, die mit wenigen Ausnahmen bis heute fortbestehen.

Diesem Überblick zufolge mögen sich in den Ländern des Globalen Südens in der neuen postkolonialen Epoche ganz unterschiedliche Herrschaftsformen durchgesetzt haben, sodass rein äußerlich gänzlich unterschiedliche Gesellschaftsformationen in Erscheinung treten. Allen diesen Staaten ist jedoch gemein, dass sich überall die traditionellen Großhändler mit mächtigen Militärs verbünden und damit einen *merkantilistischen Kapitalismus* hervorbringen, der in der Regel die ökonomische Entwicklung und die Industrialisierung blockiert. Denn das Handelskapital gewinnt durch seine Funktion, agrarische und mineralisch-fossile Rohstoffe in den Weltmarkt zu exportieren und Fertigwaren aus dem Globalen Norden zu importieren, eine starke Machtposition und ist generell in der Lage, sich die traditionell schwachen nationalen Bourgeoisien in den produzierenden Sektoren – ganz im Gegensatz zur Entwicklung in Europa der vergangenen Jahrhunderte – ökonomisch und politisch zu unterwerfen.

Die Theorie des *merkantilistischen Kapitalismus* liefert bei genauer Betrachtung die Antwort auf die Jahrhundertfrage der *Unterentwicklung*, die durch die herrschenden Theorien, wenn überhaupt, nur unzureichend beantwortet wurde. Zu diesen Theorien zählen die die gesamte Entwicklungsländerforschung dominierenden Kapitalismus bejahenden *Modernisierungstheorien* sowie die kapitalismuskritischen *Dependenztheorien.* Die Modernisierungstheorien führen die Unterentwicklung hauptsächlich auf endogene Faktoren wie wachsende Bevölkerungszahl, Kapitalmangel, Bildungsdefizite, Korruption, falsche Regierungsführung etc. zurück. Demgegenüber sind nach Dependenztheorien die exogenen Faktoren wie die kolonialistischen und imperialistischen Abhängigkeiten für Entwicklungs- bzw. Industrialisierungsblockaden in den Ländern des Globalen Südens verantwortlich.

Im Unterschied zu diesen Theoriesträngen eröffnet der merkantilistische Ansatz die Perspektive einer ganzheitlichen, global zusammenhängenden Theorie. Mit der Einführung der Kategorie der merkantilistischen Klassenallianz von Handelskapital, Grundeigentümern und herrschenden Königshäusern in Europa bzw. Militärbürokratien in den Ländern des Südens kann dieser Theorieansatz erklären, weshalb die Entwicklung durch Industrialisierung im Globalen Norden möglich war und weshalb gerade die Dominanz dieser Klassenallianz im Globalen Süden die Entwicklung durch Industrialisierung blockierte.

Der europäische Merkantilismus als Klassenallianz von Handelskapital, feudalen Grundeigentümern und Königshäusern musste sich dem aufkommenden starken Bürgertum fügen und den Weg für die gesellschaftliche Entwicklung durch Industrialisierung und kapitalistische Entwicklung freilegen. Der aufsteigende Industriekapitalismus in Europa bediente sich des bereits vorhandenen Kolonialsystems und überführte es samt der kolonialistischen Weltarbeitsteilung in die neokolonialistische Weltarbeitsteilung. Das nationale Bürgertum der Länder des Globalen Südens in der nachkolonialen Epoche war demgegenüber nie stark genug und ist immer noch viel zu schwach, um sich gegen die einheimischen starken merkantilistischen Klassenallianzen durchzusetzen. Diese sich aus nationalen Großhändlern und Militärbürokraten zusammensetzende Allianz etablierte sich jedoch als Anhängsel der globalen Handelskonzerne und blockierte die Entwicklung durch Industrialisierung in den Ländern des Globalen Südens. Diese neue merkantilistische Nord-Süd-Allianz verwandelte sich in ein strukturelles Bindeglied der neokolonialen Weltarbeitsteilung, die bis heute existiert.

Die Theorie des merkantilistischen Kapitalismus schafft nach obigen Ausführungen ein neues Verständnis für Entwicklung und Unterentwicklung. Sie führt diese Themen auf ihren sozialen Kern, nämlich auf die sozialen Träger und deren machtpolitische Stärke, zurück. In Europa, dem historischen Globalen Norden, waren die sozialen Träger des Kapitalismus stark genug, um die Entwicklung durch Industrialisierung durchzusetzen. In den Ländern des Globalen Südens etablierte sich die merkantilistische Allianz, die dank der Schwäche der nationalen Bourgeoisien dieser Länder als Profiteur des Imports von Fertigprodukten aus dem Globalen Norden und des Exports von Rohstoffen und agrarischen Produkten des Globalen Südens keinen Anreiz hat, die Entwicklung durch Industrialisierung überhaupt zuzulassen. Vielmehr besitzt diese Klassenallianz ein dezidiertes Interesse daran, die nationale Industriebourgeoisie als politischen Rivalen und sogleich auch die Industrialisierung zu verhindern. Dabei wurde und wird sie in dieser Funktion zur Zementierung der neokolonialistischen Weltarbeitsteilung immer noch auch von den internationalen Handelskonzernen und dem Globalen Norden insgesamt massiv unterstützt.

Es stellt sich an diesem Punkt, bevor der Themenkomplex Entwicklung und Unterentwicklung vertiefend erweitert wird, die wichtige Frage, weshalb sich die Bourgeoisien gegen die merkantilistischen Klassenallianzen in Europa durchsetzen konnten, in den Ländern des Globalen Südens jedoch nicht. Damit gesellt sich zu der Jahrhundertfrage im Prozess der Globalisierung die auf die Vorgeschichte des Kapitalismus bezogene Jahrhundertfrage hinzu, weshalb sich historisch die kapitalistische Entwicklung und die Industrialisierung in Europa und nicht in den asiatischen, orientalischen und südamerikanischen Ländern durchsetzen konnten. Oder weshalb hat Europa, lässt sich des Weiteren fragen, einen Großteil des Globalen Südens kolonisieren können und nicht umgekehrt. Die sehr kurze Antwort auf diese Frage an dieser Stelle lautet, beruhend auf den eigenen Forschungsergebnissen, dass dezentrale feudalistische Herrschaftsstrukturen in Europa die Entstehung von autonomen Handelskapitalen und Industriekapitalen begünstigten, während die zentralistischen Herrschaftsstrukturen in den meisten Staaten des Globalen Südens die Entstehung von autonomen Händlerklassen und erst recht von nationalen Bourgeoisien als soziale Träger der Industrialisierung konsequent verhinderten.[37] Die aus dem Zentralismus gespeiste Macht als Quelle von antiken Zivilisationen in Asien, Afrika und Lateinamerika hat sich historisch gegenüber der kapitalistischen Expansion in Europa als entscheidende Schwäche erwiesen. Diese Schwäche hat letztlich auch die Länder des Globalen Südens zur leichten Beute der kolonialen Expansion Europas gemacht.

Die Theorie des merkantilistischen Kapitalismus, um an die oben geführte Diskussion anzuknüpfen, erlaubt den Wechsel weg von der Ebene der quantitativen Betrachtung der Modernisierungstheorie und der selektiven Methode von indogenen versus exogenen Faktoren der Dependenztheorie hin zur soziologischen Analyseebene von Kräfteverhältnissen der konkurrierenden Klassen und Klassenallianzen. Die Unterentwicklung in den Ländern des Globalen Südens resultiert demnach daraus, dass die

37 Ausführlicher dazu vgl.: Mohssen Massarrat, Hauptstadien der kapitalistischen Weltwirtschaft, Lollar, 1976; und vor allem derselbe, Aufstieg des Okzidents und Fall des Orients, in derselbe (Hg.): Mittlerer und Naher Osten. Geschichte und Gegenwart, Münster 1996. Mit der Theorie des merkantilistischen Kapitalismus legt der Verfasser ein neues Analysekonzept der gegenwärtigen Industrialisierungsblockade im Globalen Süden vor, das sein ursprüngliches Analysekonzept der historischen Entwicklungsblockade in den drei Kontinenten ergänzt und damit die bisher offene Lücke seiner ganzheitlichen Entwicklungstheorie schließt, die ihn seit den 1970er Jahren in zahlreichen Veröffentlichungen beschäftigt.

merkantilistischen Klassenallianzen viel stärker als die nationalen Bourgeoisien dieser Länder sind. Die Machtüberlegenheit der merkantilistischen Klassenallianzen beruht in der vorkapitalistisch-kolonialen Epoche auf ihren traditionellen Machtressourcen, die sie historisch als Handelskapitale und Großgrundbesitzer akkumuliert hatten. In der gegenwärtigen postkolonialen Epoche beruht diese Machtüberlegenheit auf der Unterstützung, die ihnen die internationalen Handelskonzerne zukommen lassen. Denn internationale Handelskonzerne haben ihrerseits ein dezidiertes Interesse daran, die merkantilistischen Klassenallianzen der Länder des Globalen Südens in der neokolonialistischen Weltarbeitsteilung fest einzubinden.

Wir haben es also in der postkolonialen Ära im Lichte obiger Betrachtung – um weitere Elemente der Theorie des merkantilistischen Kapitalismus zu nennen – mit einem globalen Merkantilismus zu tun, der sich historisch in Europa entwickelt und das Fundament des europäischen Kolonialismus bildet. Dieser globale Merkantilismus reproduziert sich in der nachkolonialen imperialistischen Epoche durch die Verschmelzung mit den merkantilistischen Klassenallianzen in den Ländern des Globalen Südens und wird in der neuen Ära zu einem organischen, jedoch untergeordneten Bestandteil des Imperialismus des Globalen Nordens, auch während der gegenwärtigen Globalisierung.

Die imperialistische Rohstoffausbeutung durch selektive Direktinvestitionen im Bergbau und in den agrarischen Plantagen des Globalen Südens[38] ergänzt sich mit den merkantilistischen Waren- und Handelsstrukturen des Globalen Nordens wie der Deckel zum Topf eines globalen Kreislaufs von Kapital und Warenverkehr, bei dem die reale Wertschöpfung hauptsächlich in den entwickelten kapitalistischen Staaten stattfindet, während im Globalen Süden jegliche Entwicklung von nachhaltiger Akkumulation der Wertschöpfung, von Beschäftigungszunahme und von steigendem Wohlstand systematisch blockiert wird. Damit nähern wir uns analytisch dem Wesen der postkolonialen Weltarbeitsteilung ein Stück weiter an. In diesem globalen System ist der zu internationalen Handelskonzernen avancierte europäische Merkantilismus ein untergeordnetes Bindeglied des Imperialismus und des

38 Analytisch ist es angebracht, schon an dieser Stelle von imperialistischer Rohstoffausbeutung zu sprechen, weil die Rohstoffkonzerne, wie noch präziser zu zeigen sein wird, an der Gestaltung der einseitig den Globalen Norden begünstigenden neokolonialen Weltarbeitsteilung aktiv beteiligt sind.

Finanzkapitals, während im Globalen Süden der Merkantilismus zum sozialen Träger oder zum Bindeglied der postkolonialen Weltarbeitsteilung (billige Rohstoffe und Agrarprodukte gegen Fertigprodukte) degradiert wird.

Die Theorie des merkantilistischen Kapitalismus, die aus der Sicht des Verfassers besser geeignet ist, das Thema Entwicklung und Unterentwicklung im internationalen System ganzheitlich, d. h. im globalen Kontext und aus den sozialen Realitäten der Klassen- und Machtverhältnisse, abzuleiten, liefert auch eine plausiblere Erklärung dafür, wie die Lösung und Befreiung aus diesen für Unterentwicklung, Armut und Elend im Globalen Süden verantwortlichen Verhältnissen aussehen könnte. Sie zeigt schließlich auch, wie die Entwicklung durch eine Überwindung der Dominanz der merkantilistischen Klassenallianz in den Ländern des Globalen Südens eingeleitet werden könnte, eben durch die Veränderung der Kräfteverhältnisse, also durch Revolutionen oder soziale Reformen, so wie sie sich tatsächlich in den letzten Jahrzehnten historisch auch abgespielt haben:

In China, Vietnam und Kuba beispielsweise gelang es, die jeweiligen Gesellschaften von den Fesseln merkantilistischer Klassenallianzen durch soziale Revolutionen zu befreien. Dagegen waren in Südkorea, Malaysia, Indien und Indonesien die nationalen Bourgeoisien stark genug, um durch Reformen die Entwicklung der Industrialisierung einzuleiten. In der VR China war es beispielsweise die klassenübergreifende Bewegung von Bauern, Handwerkern, Arbeitern und die starke kommunistische Partei, die nach der Revolution und trotz anfänglicher Irrwege schließlich die gesellschaftliche Entwicklung durch systematische Industrialisierung durchsetzten. Der Volksrepublik China kommt der historische Verdienst zu, sich von der neokolonialistischen Weltarbeitsteilung befreit und das Land in denkbar kürzester Zeit industrialisiert und bisher über 700 Millionen Chinesen aus der Armut herausgeholt zu haben. Diese historische Leistung kann nicht genug hervorgehoben werden.

In Südkorea beflügelte das Zusammenspiel von zwei Faktoren die rasche Industrialisierung: das starke nationale Bürgertum einerseits und die Unterstützung der USA nach dem Koreakrieg andererseits, um mit einem durchindustrialisierten Südkorea einen ökonomisch starken Verbündeten in Ostasien zu etablieren und übrigens auch dadurch die Überlegenheit des westlichen Kapitalismus gegenüber dem unterentwickelten kommunistischen Nordkorea propagandistisch zu demonstrieren. Eine ähnliche, mit hegemonialen

Intentionen durch die USA gewährte Unterstützung erhielten die asiatischen Inselstaaten Singapur, Hongkong und Taiwan. Diesen Staaten gereichte es zum Vorteil, dass eine sich anbahnende Differenzierung innerhalb der neokolonialen Weltarbeitsteilung die Verlagerung der arbeitsintensiven Sektoren aus dem Globalen Norden in bevölkerungsreiche Billiglohnstandorte, wie in einer umfassenderen Studie nachgewiesen wurde, erforderlich machte.[39]

In anderen Staaten wie in Südafrika, dank der Kooperation der multinationalen Rohstoffkonzerne mit dem südafrikanischen Apartheid-Regime in der zweiten Hälfte des 20. Jahrhunderts, in Malaysia in den 1970er Jahren, in Indonesien, Indien sowie in den lateinamerikanischen Staaten Brasilien und Mexiko wurde dank des Aufstiegs nationaler Bourgeoisien und der Zurückdrängung der merkantilistischen Allianzen seit dem Beginn des 21. Jahrhunderts inzwischen eine flächendeckende kapitalistische Industrialisierung in Gang gesetzt, die sie aller Wahrscheinlichkeit nach alsbald aus der neokolonialistischen Weltarbeitsteilung herauslösen dürfte.

Der oben in aller Kürze entwickelte Ansatz, dessen umfassende historische Wurzeln und gegenwärtige Bedeutung einer gesonderten Untersuchung vorbehalten bleiben muss, erweist sich für die Analyse der gegenwärtigen Verschiebung der globalen Kräfteverhältnisse, angesichts des begonnenen Niedergangs der US-Hegemonie und der Transformation der unipolaren in die multipolare Weltordnung, auch aus folgenden weiteren Erwägungen als geeignet, fundamental und zielführend:

1. Dieser Ansatz eröffnet die Möglichkeit, begriffliche Unklarheiten, die in der Entwicklungsländerforschung eher den Blick für die Wurzeln der Nichtentwicklung verdecken, zu überwinden. Gegenüber dem diffusen wie unspezifischen Begriff der *Kompradoren*-Bourgeoisie, der in der entwicklungspolitischen Debatte mangels Alternativen oft für die herrschenden Klassenstrukturen in den Ländern des Globalen Südens verwendet wird, bietet sich für die empirische Erfassung der realen Klassen- und Machtverhältnisse in den Ländern des Globalen Südens die besser geeignete Kategorie *merkantilistische Klassenallianz* an. Die Hervorhebung der gegenseitigen Interessen der Allianz von lokalen Großhändlern, Großgrundbesitzern und Militärs

39 Folker Fröbel/Jürgen Heinrichs/Otto Kreye, Die neue internationale Arbeitsteilung – Strukturelle Arbeitslosigkeit in den Industrieländern und die Industrialisierung der Entwicklungsländer, 1977 Hamburg.

offenbart nachvollziehbar, warum die Staaten des Globalen Südens in der neokolonialistischen Arbeitsteilung verharren: Die nationalen Handelskapitale und Militärbürokratien sind Hauptprofiteure des merkantilen Kapitalismus, sie blockieren daher die Transformation des merkantilen in einen Industrie-basierten Kapitalismus.[40]

2. Die merkantilistischen Klassenallianzen tragen sowohl im Globalen Norden als auch im Globalen Süden die moralische Verantwortung für die Misere der Entwicklungs- und Industrialisierungsblockade in den Ländern des Südens. Deshalb bedeutet dieser Ansatz analytisch gegenüber den dichotomisch die Welt aufteilenden Entwicklungstheorien einen substanziellen Fortschritt. Die Aufteilung der Welt in entwickelte und unterentwickelte Länder, in Unterdrücker- und unterdrückte Nationen, in Gut und Böse, erzeugt unweigerlich moralische Vorurteile und verfälscht dadurch wissenschaftliche Analysen. Insofern steht dieser Ansatz bei der Theoriebildung den eurozentrischen und rassistischen Voreingenommenheiten im Globalen Norden einerseits und nationalistischen Reaktionen im Globalen Süden andererseits diametral entgegen.

3. Die gängigen Entwicklungstheorien leiden massiv unter der Vernachlässigung der Ungleichheit der Kräfteverhältnisse in der Entwicklungsgeschichte des globalen Kapitalismus und der Weltarbeitsteilung. Dadurch wird ein entscheidender Analysefaktor, nämlich *Macht und Machtungleichheit*,[41] ausgeblendet und das Problem der Entwicklung bzw. Nichtentwicklung ausschließlich auf rein quantitative ökonomische Faktoren reduziert. Das Konzept des merkantilistischen Kapitalismus legt dagegen offen, dass gerade die machtpolitische Schwäche der merkantilistischen Klassenallianz

40 Diese allgemeine Erklärung für herrschende Klassenallianzen fußt auf einer empirisch belegten Analyse des Iran vor und nach der Islamischen Revolution. Der soziale Träger der Pahlevi-Monarchie war die Klassenallianz, die sich aus der Monarchie und dem international vernetzten Handelskapital zusammensetzte. Nach der Islamischen Revolution setzte sich der schiitische Klerus nach und nach an die Stelle der Monarchie. Aus diesem Blickwinkel besteht die Herrschaft der merkantilistischen Klassenallianz bis heute fort. Vgl. dazu Mohssen Massarrat, Sarmayedarie kommunisti dar Chin va Sarmayedarie merkantilisti dar Iran, (in Persisch), Teheran 1401 (2022)

41 Grundsätzlich gilt nach meiner Überzeugung, dass ohne die Einbeziehung der Kategorien Macht und Machtungleichheit weder historische Gesellschaftsformationen einschließlich des Kapitalismus noch dessen Modifikationen wie der Kolonialismus, der Imperialismus, der Finanzmarktkapitalismus etc. noch Kriege und Hegemonialstrukturen verstanden werden können. Selbst hinter den Alltagsphänomenen im Kapitalismus wie Inflation, Arbeitslosigkeit oder Konjunktur verbergen sich veränderte Machtverhältnisse. Ausführlicher dazu vgl. Mohssen Massarrat, Braucht die Welt den Finanzsektor? Hamburg 2017, Kapitel 2,3 und 4.

gegenüber der aufsteigenden Bourgeoisie im Globalen Norden die Industrialisierung und Entwicklung beflügelte, wie umgekehrt die Dominanz der merkantilistischen Klassenallianzen gegenüber den schwachen nationalen Bourgeoisien in den Ländern des Globalen Südens die Hauptursache der Entwicklungsblockade ist. Mit Fug und Recht kann daher resümiert werden, dass mit *dem Analysekonzept* des merkantilistischen Kapitalismus *die Grundlage für eine neue, historisch wie logisch genauso wie empirisch und begrifflich fundierte Entwicklungstheorie vorgelegt wird.*

Dank der neokolonialen Weltarbeitsteilung und dem von Marx genial dargestellten Prozess der Ursprünglichen Akkumulation einerseits und dank des allmählichen, aber flächendeckenden Machtverlusts der feudalen Herrscher andererseits setzte sich in den Kolonialstaaten Europas vom 16. bis zum 19. Jahrhundert die kapitalistische Entwicklung rasant durch. Gleichzeitig steigerte sich spürbar die Arbeitsproduktivität in den kapitalistischen Gesellschaften als Folge vertiefter interner Arbeitsteilung. Und es vermehrte sich als Folge der aufstrebenden Arbeiterbewegung im 18. und 19. Jahrhundert der allgemeine materielle Wohlstand. Der Kapitalismus ist jedoch strukturell auf Kapital- und Warenexporte angewiesen, und das auf physischer Gewalt basierende Kolonialsystem kann dagegen die Anforderungen, die die kapitalistische Expansion an den Ausbau eines auf Konkurrenz beruhenden Weltmarktes stellt, nicht mehr erfüllen und muss daher im 19. und 20. Jahrhundert durch ein moderneres System, das dynamischer und flexibler ist, ersetzt werden: eben durch den Imperialismus. Dies bedeutet, dass deshalb auch eine neue, dynamischere Weltarbeitsteilung entsteht, die seit der Mitte des 19. Jahrhunderts bis heute die Grundlage der kapitalistischen Weltwirtschaft darstellt.

In den Kolonien im 19. und 20. Jahrhundert – ebenso wie in den nicht kolonisierten Staaten des Globalen Südens mit ähnlichen kolonialistischen Strukturen – sind antikoloniale Befreiungsbewegungen am Werk, um den Kolonialismus auf den Müllhaufen der Geschichte zu werfen. Dabei darf nicht übersehen werden, dass die antikolonialistischen Befreiungsbewegungen bei den Zivilgesellschaften der Kolonialstaaten Unterstützung finden. Hier entsteht erstmals in der Geschichte eine spürbare Solidarität zwischen diesen Nord-Süd überschreitenden sozialen Bewegungen und somit auch die politische und kulturelle Basis für Antirassismus und Antikolonialismus.

Die neokoloniale Weltarbeitsteilung ist in vielerlei Hinsicht flexibler, produktiver und auch humaner als die ausschließlich durch nackte Gewalt strukturierte und überwiegend auf Sklavenarbeit beruhende kolonialistische Weltarbeitsteilung. Imperialistische Direktinvestitionen im Rohstoffsektor des Globalen Südens in Kooperation mit merkantilistischen Handelsbeziehungen bilden das politökonomische Fundament der neuen Weltarbeitsteilung. Wie funktioniert aber die neue Weltarbeitsteilung und welche sind ihre typischen Mechanismen und weshalb ist die Beschäftigung mit dem Thema für ein tieferes Verständnis der gegenwärtigen US-geführten Hegemonialordnung von Relevanz? Diese Fragen stehen im Mittelpunkt folgender Ausführungen:

Mechanismen und Institutionen der neokolonialen Weltarbeitsteilung

Im kolonialistischen System fand die Weltarbeitsteilung ohne jeden Zweifel unter der Regie nackter Gewalt statt. Sämtliche ökonomischen Beziehungen, wie die Ausbeutung der fossilen und mineralischen Ressourcen sowie die Sklavenarbeit in den agrarischen Plantagen, dienten dem Zweck, die Bedürfnisse des Kolonialstaates zu befriedigen. Dies erfolgte unter Anwendung von Gewalt und überwiegend unter monopolistischen Bedingungen. Auch die koloniale Aufteilung der Welt beruhte auf gewaltsamen Auseinandersetzungen zwischen den europäischen Kolonialstaaten.

Wie wird aber die neokoloniale Weltarbeitsteilung ökonomisch reguliert und koordiniert?

In Kapitel 2 wurde bereits exemplarisch im Bereich Energiesektor dargestellt, wie durch Überproduktion von Öl und Gas die bevölkerungsreichen Ölstaaten überwiegend in die neokolonialistische Weltarbeitsteilung eingepfercht und schließlich daran gehindert wurden, den Weg einer umfassenden Industrialisierung einzuschlagen. Dort wurde auch dargelegt, dass die USA die Ölstaaten des Globalen Südens und den gesamten Energiesektor in den Dienst ihrer Hegemonialmacht gestellt haben. Als Garant billigen Öls für alle Industriestaaten gelang es den USA, ihre Hegemonialposition gegenüber diesen Staaten zu zementieren. Viele Indizien sprechen dafür, dass die USA nach dem Zweiten Weltkrieg ihre Energiesektor-Strategie auf sämtliche Bereiche und auf den gesamten Globalen Süden übertragen haben.

Welches sind nun diese Instrumente, die – subtil und unsichtbar für die gegenwärtige Weltarbeitsteilung – für den Austausch von billigen Rohstoffen und Agrarprodukten aus dem Globalen Süden gegen Fertigprodukte aus dem Globalen Norden verantwortlich sind, und wie können die USA diese Weltarbeitsteilung analog zum Energiesektor in den Dienst ihrer Hegemonialpolitik stellen? Diese zwei zentralen Fragen sind Gegenstand folgender Untersuchung: Um die erste Frage zu beantworten, müssen Finanzinstitutionen wie die Weltbank und der Internationale Währungsfonds (IWF), die die USA nach dem Zweiten Weltkrieg aufgebaut haben, in den Vordergrund gestellt werden. Diese Institutionen liefern jene Instrumente, mit deren Hilfe das kolonialistische Gewaltsystem durch unsichtbare Zwangsmechanismen ersetzt werden, die in die Literatur als strukturelle Gewalt (Johan Galtung) eingingen.

Verschuldung

Verschuldung hat in der Geschichte seit jeher eine wichtige Rolle gespielt, um Menschen zu versklaven oder soziale Gruppen und ganze Staaten in Abhängigkeit zu bringen und sie auszubeuten.[42] Im 20. Jahrhundert findet die Entstehung von Schuldnerstaaten systematisch und unsichtbar statt. Um zu konkretisieren, was damit gemeint ist, wird zunächst auf den Fall Haiti, heute eines der ärmsten Länder der Welt, in dem Warlords und Banditen das Sagen haben, verwiesen, der die Verwandlung einer ehemaligen Kolonie in einen Schuldnerstaat auf dramatische Weise vor Augen führt. Frankreich hatte seine lateinamerikanische Kolonie schon 1804 in die Unabhängigkeit entlassen. Nach Keppeler, einem Lateinamerika-Experten, nahm König Louis XVIII, Herrscher der ehemaligen Kolonialmacht, die Ansprüche einiger ehemaliger französischer Plantagenbesitzer zum Anlass und schickte Augostino Franco de Medina als Emissär im Jahr 1804 nach Haiti, um über die Rückgabe der Plantagen oder über Entschädigungszahlungen zu verhandeln.[43]

Alexandre Sabès Pétion, der Präsident im Süden Haitis, lehnte das Ansinnen des Königs ab. Der Präsident des nördlichen Teils des Landes, Henri

42 David Graeber, Schulden. Die ersten 5000 Jahre, Stuttgart, 2012
43 Toni Keppeler. Schwarzer Widerstand, Berlin, 2021

Christophe, ließ de Medina kurzerhand exekutieren. Der spätere Präsident Jean-Pierre Boyer einigte sich 1825 jedoch mit den Franzosen, um einen neuen Krieg zu vermeiden. Frankreich erkannte erst jetzt die uneingeschränkte Unabhängigkeit Haitis gegen eine Entschädigungszahlung von zunächst 150, nach harten Verhandlungen jedoch von 90 Millionen Gold-Francs (nach heutiger Kaufkraft knapp 20 Milliarden Dollar) an, zahlbar in fünf gleichen Raten. Um die Zahlung der erzwungenen Schulden gewährleisten zu können, musste Haiti bei einer französischen Bank Kredite aufnehmen, die bis 1947 zurückgezahlt werden sollten. Der Schuldendienst verschlang bis zu 80 Prozent des Staatshaushalts.[44] Haiti ist ein am härtesten betroffener postkolonialer Schuldnerstaat und hatte keine andere Wahl, als sich als Billiglohn- und Agrar-Export-Land den internationalen Handelskonzernen zu unterwerfen.

Mag Haiti ein extremes Beispiel für den Rollenwechsel einer ehemaligen Kolonie in die Weltwirtschaft sein, Tatsache ist, dass sämtliche Kolonien in Schuldnerstaaten verwandelt wurden, um sie zu Lieferanten von Rohstoffen und agrarischen Produkten zu zwingen. Dabei entsteht in den ehemaligen Kolonien eine Allianz von nationalen Großhändlern und Militärdiktaturen als soziale Träger. Im Kontext dieser neu etablierten neokolonialistischen Weltarbeitsteilung greifen die Interessen der genannten Schichten in den ehemaligen Kolonien mit den Interessen der multinationalen Handelskonzerne und den Ökonomien des Globalen Nordens ineinander. An die Stelle der direkten kolonialen Abgesandten und Bataillone wie im Falle Haitis treten im neokolonial-imperialistischen Zeitalter die US-dominierten Kreditgebenden Institutionen wie die Weltbank und vor allem der Internationale Währungsfonds, deren Funktion in diesem Zusammenhang genauer dargestellt werden soll.

Internationaler Währungsfonds (IWF) und neokolonialistische Weltarbeitsteilung

Die Rohstoffstaaten des Globalen Südens sind, mit Ausnahme von ölreichen, aber bevölkerungsarmen Staaten am Persischen Golf, wie Saudi-Arabien, Kuwait, Vereinigte Arabische Emirate etc., überwiegend Defizitär-Staaten,

44 Ebenda

da sie strukturell mehr Waren und Dienstleistungen importieren als exportieren. Die Gründe für diesen ungleichgewichtigen Außenhandel sind in der Regel *erstens* die Gier der aus reichen Händlern, Großgrund- und Plantagenbesitzern sowie Militärangehörigen bestehenden Eliten nach Luxusgütern, die importiert werden müssen. *Zweitens* sind diese Staaten darauf angewiesen, alle erforderlichen Investitionsgüter für die Infrastruktur der Rohstoffproduktion und Transporte ebenfalls zu importieren. Der Wert des Importvolumens überwiegt fast immer den Wert der aus Rohstoffen und Agrarprodukten bestehenden Exportgüter, zumal sinkende Rohstoffpreise – die den eigentlichen Zweck dieses Geschäftsmodells darstellen – mit dazu beitragen, dass die Rohstoff exportierenden Staaten möglichst dauerhaft negative Handels- und Zahlungsbilanzen aufweisen. Damit bleiben auch die Rohstoffstaaten des Globalen Südens als Kreditnehmer im Würgegriff der internationalen Finanzmärkte und der Bretton-Woods-Institutionen (Weltbank und IWF) gefangen.

Ein Blick auf die Liste der durch Überschuldung gefährdeten Länder belegt, dass fast alle diese Staaten, allen voran Haiti, Äthiopien, Gabun, Gambia, Ghana, Guinea-Bissau, Kamerun, Kenia, Republik Kongo, Mosambik, Simbabwe, Sudan, also überwiegend afrikanische Staaten, strukturell und chronisch zahlungsunfähig und von ihren Rohstoffexporten abhängig sind.

Laut einer aktuellen Untersuchung ist die Lage von 136 der 152 untersuchten Staaten als kritisch einzustufen, 40 von ihnen befinden sich sogar in einem sehr kritischen Umfang verschuldet. Zu diesen Staaten gehören Malawi, Ruanda, Guinea, Guinea-Bissau, Ghana und Oman.[45] Unter den als kritisch (hohes Überschuldungsrisiko) und sehr kritisch (zahlungsunfähig) eingestuften 136 Staaten befinden sich vor allem Länder aus Afrika und Lateinamerika. Nicht alle, aber die meisten dieser Staaten sind von den Exporteinnahmen ihrer Rohstoffe, also tropischer Agrarprodukte oder mineralischer Rohstoffe oder beidem, abhängig. Sie leiden in der Regel unter sinkenden Exporteinnahmen. Demnach scheint zwischen der Verschuldung und den sinkenden Exporteinnahmen dieser Staaten eine kausale Beziehung zu bestehen, die aufgespürt werden müsste. Der Schlüssel für beide Phänomene: für die chronische Verschuldung und sinkende Exporteinnahmen

45 Misereor/Erlassjahr.de (Hg.), Schuldenreport 2022.

sorgen, wie im Folgenden näher begründet wird, die *Strukturanpassungsprogramme* (*SAPs*) des IWF.

Die SAPs sind im Zusammenhang mit der drastischen Schuldenkrise der Länder des Globalen Südens, vor allem der lateinamerikanischen Länder, in den 1980er Jahren von der Weltbank und IWF konzipiert worden. Es handelte sich um den sogenannten *Washington Konsens*, dessen programmatisches Ziel darin bestand, die Wirtschaft sämtlicher Länder des Globalen Südens ganz im Sinne von neoliberalistischen Kriterien (Privatisierung staatlicher Betriebe, Liberalisierung des Außenhandels, Deregulierung von Märkten und Preisen, Abbau von Subventionen) an den Bedürfnissen der Länder des Globalen Nordens und der neokolonialistischen Weltarbeitsteilung auszurichten. Das Instrument zur Durchsetzung dieser Ziele ist das Strukturanpassungsprogramm des IWF und der Weltbank. Beide Institutionen machten die Kreditfähigkeit der Kreditnehmerstaaten des Globalen Südens von der Durchführung struktureller Reformen abhängig, deren Zweck nach Wikipedia darin besteht, »positive entwicklungspolitische Ziele wie die Armutsbekämpfung, Effizienz- und Wettbewerbssteigerung in der Landwirtschaft und dem Rohstoffsektor durch Maßnahmen wie die Deregulierung und Privatisierung staatlicher Betriebe usw.« zu erzielen. Offiziell sind die Reformmaßnahmen auf einzelne Staaten zugeschnitten. Diese Maßnahmen basieren grundsätzlich auf neoliberal-markwirtschaftlichen Prinzipien, wie oben beschrieben. Dadurch sollen »die Währungen der Kredit nehmenden Staaten stabilisiert, ihre Exporte gesteigert, ihre Zahlungsfähigkeit wiederhergestellt und ihre Wirtschaft auf die Anforderungen des Weltmarkts ausgerichtet werden.«

Die Ziele der Strukturanpassungsprogramme des IWFs mögen vielversprechend sein, die Realität ist jedoch ganz anders. Deshalb sind der Washington-Konsens und die Umsetzungsmaßnahmen international auch auf breite Kritik gestoßen: Der Ökonomie-Nobelpreisträger Joseph Stiglitz wirft der Weltbank vor, mit ihren SAP-Reformen schlicht über kein kohärentes Konzept mit entwicklungspolitischen Zielen zu verfügen. Er stellt ferner auch Widersprüchlichkeiten zwischen den Zielen und Mitteln fest, die die Weltbank den Kreditnehmern auferlegt. »Der IWF«, schreibt Stiglitz, »stellt im Rahmen seiner Beistandsprogramme immer wieder Kredite bereit, mit denen die Regierungen (der Entwicklungsstaaten) die Forderungen westlicher Gläubiger erfüllen sollen (*bail-out*). Die Gläubiger, die von vornherein diese ›Bürgschaft einkalkulieren‹«, schlussfolgert er, »haben daher keinen Anreiz, selbst Maßnahmen zu ergreifen, um die Zahlungsfähigkeit des Kreditnehmers sicherzustellen.« Stiglitz konstatiert weiter, dass »der Kreditgeber (…) weniger sorgfältig prüft, wenn er weiß, dass er im Falle der Zahlungsunfähigkeit des Schuldners mit einem solventen Bürgen rechnen kann.«[46] Mit dieser grundsätzlichen Kritik bescheinigt Stiglitz den beiden wichtigsten Finanzinstitutionen des Westens eine Gleichgültigkeit, die der gängigen kreditpolitischen Praxis der strengen Überprüfung der Kredit-Rückzahlungsfähigkeit widerspricht und die den Verdacht hervorruft, dass es dem IWF in Wirklichkeit um ganz andere Ziele geht als die, die er offiziell verkündet. Eine solche Gleichgültigkeit bei der Kreditvergabe ist tatsächlich dazu geeignet, den Kredit nehmenden Staat tiefer in die Schuldenkrise zu treiben, anstatt ihn aus der Schuldenkrise herauszuholen.

Außer der durch Stiglitz vorgebrachten Fundamentalkritik überwiegt auch in der entwicklungspolitischen Forschung bei Weitem die Auffassung, dass die SAPs der Weltbank und des IWF so gut wie keine Fortschritte bei der Bewältigung von strukturellen Problemen in den Ländern des Globalen Südens erzielen, vielmehr jedoch Schaden hervorrufen. Eine von entwicklungspolitischen NGOs und der Weltbank selbst Ende der 1990er Jahre durchgeführte, umfangreiche und in zehn repräsentativen Ländern des Globalen Südens über fünf Jahre andauernde Fallstudie bestätigt die negativen Auswirkungen der SAPs.[47] Die Autoren dieser Studie kommen aufgrund ihrer Untersuchung in relevanten Bereichen der ausgewählten zehn Staaten, wie der Armut, der einheimischen Industrie, der Beschäftigung, der Lohnentwicklung, der Umwelt und der Auslandsverschuldung, zu eindeutigen Urteilen:

Die Politik der globalen Finanzinstitutionen Weltbank und IWF »führt bei der anhaltenden Verschreibung von Strukturanpassungsprogrammen«, resümiert die Autorengemeinschaft, »zur Ausdehnung von Armut, Ungleichheit und sozialer Unsicherheit über die ganze Welt. Die mit diesen Maßnahmen verbundene Polarisierung schürt ihrerseits Spannungen zwischen

46 Joseph Stiglitz, Die Schatten der Globalisierung, Berlin 2022, S. 232f.

47 SAPRIN, Autorengemeinschaft, Weltweite Armutsproduktion statt globaler Armutsbekämpfung, in: Informationsrundbrief Weltwirtschaft & Entwicklung vom 1.-2. Januar 2002, S. 7

verschiedenen sozialen Schichten, stärkt extremistische Bewegungen und entzieht demokratischen politischen Systemen die Legitimität. Ihre Auswirkungen, insbesondere auf die Armen, sind so tiefgreifend und verbreitet, dass keine noch so große Menge gezielter sozialer Investitionen die so erzeugten sozialen Krisen auch nur ansatzweise bewältigen könnte.«[48]

Die Autoren verfolgen in der Fallstudie das Ziel, vor allem die sozialstrukturellen Auswirkungen von SAPs der Weltbank und des IWF in den Vordergrund zu stellen. Bei der Auflistung der Untersuchungsergebnisse in acht Bereichen finden sich auch wichtige Feststellungen mit Bezug auf tatsächliche Ziele, die mit den Maßnahmen verfolgt werden. Beispielsweise wird als Folge der handelspolitischen Reformen im Rahmen der SAPs in sieben der von dem Forschungsteam untersuchten Staaten – Bangladesch, Ecuador, Ghana, Ungarn, Mexiko, den Philippinen und Zimbabwe – festgestellt, dass die vorgeschriebene Handelsliberalisierung in diesen Ländern trotz deren ganz unterschiedlichen Ausgangsbedingungen gleichermaßen dazu führt, dass »der Wert ihrer Warenimporte den ihrer Exporte« im Untersuchungszeitraum überstieg. Folglich »wuchsen die Handels- und Zahlungsbilanzdefizite, was zu einem höheren ausländischen Verschuldungsniveau führte.«

Durch die seit 1950 empirisch belegbare Verschlechterung der *Terms of Trade* (reale Austauschverhältnisse) für die Länder des Globalen Südens verschlimmerte sich die Lage, »was bedeutet, dass mehr Exporte benötigt wurden, um dieselbe Warenmenge zu importieren«. Dieses Resultat verweist eindeutig auf sinkende Preise der Exportwaren, die »aus wenigen Ressourcen und Artikeln« bestehen, »die mit gering qualifizierten Arbeitskräften produziert werden.«[49] Die in der Studie zugrunde gelegte Annahme von langfristig sinkenden Rohstoffpreisen bedarf wegen ihrer zentralen Bedeutung für die chronische Verschuldung der Länder des Globalen Südens einer genaueren Begründung, die jedoch aus systematischen Gründen später nachgeholt wird.[50] Die Importliberalisierung »führte zu einem Rückgang der Produktionsleistung, zum Bankrott zahlreicher Unternehmen und zum Verlust von Arbeitsplätzen.« Die Überflutung »der lokalen Märkte mit billigen

48 Ebenda
49 Ebenda, S. 1
50 Sieh unten unter »Überproduktion und sinkende Preise durch die Schuldenfalle«

Importen (...) führte zu einem Rückgang inländischer Produktion.«[51] Zusammenfassend zeigen die Untersuchungen, »dass die Liberalisierung der Importe einheimische Produktionskapazitäten zerstören«, die Massenkaufkraft verringern und schließlich auch die Auslandsverschuldung eher erhöhen.[52]

Importliberalisierung und Exportförderung bilden ein sich wiederholendes Muster der SAP-Maßnahmen, die in Kombination mit der Abwertung nationaler Währungen, um Exporte zu verbilligen und zu steigern, durchgehend zur Bedingung für die Kreditvergabe durch die Weltbank, aber auch allgemein auf dem internationalen Finanzmarkt gemacht werden. Ohne die vom IWF verordneten »Reformen« und das Label der Kreditwürdigkeit dieser Institutionen sind Länder des Globalen Südens von den Finanzmärkten praktisch total abgeschnitten. Der IWF verkündet offiziell zwar ein entwicklungspolitisch grundsätzlich sinnvolles Ziel, (durch die SAP-Reformen) die Zahlungsfähigkeit wiederherstellen zu wollen. Dieses Ziel kann jedoch entweder durch Importbeschränkung oder Exportsteigerung oder beides erreicht werden.

Mit der vom IWF vorgeschriebenen Importliberalisierung bei den Kredit nehmenden Ländern des Globalen Südens steigen allerdings die Importe aus den Ländern des Globalen Nordens und dadurch auch die Zahlungsbilanzdefizite. Hinzu kommt unweigerlich die Zerstörung der ohnehin unproduktiven nationalen Industrien und Arbeitsplatzvernichtung. Mit dem Instrument der Importliberalisierung bewirkt demnach der IWF das genaue Gegenteil vom offiziellen Ziel der Steigerung der Zahlungsfähigkeit und zudem eine stärkere Abhängigkeit von Importen. Vielmehr ist die Importliberalisierung der Länder des Globalen Südens offenbar ein wirkungsvolles Instrument, das den Interessen der globalen Klassenallianzen, den multinationalen Handelskonzernen im Norden und den merkantilen Klassenallianzen im Globalen Süden, entspricht.

Es bleibt also zur Herstellung der Zahlungsfähigkeit rein theoretisch die Alternative offen, die Exporte von in der Regel tropischen Agrarprodukten und Rohstoffen drastisch zu erhöhen. Ob jedoch durch die Steigerung der Rohstoffexporte die Exporteinnahmen wirklich steigen und

51 Ebenda
52 Ebenda, S. 2

Zahlungsbilanzdefizite sinken, muss stark bezweifelt werden. Tatsächlich sinken als Folge der Konkurrenz der internationalen Konzerne die Rohstoffpreise, sodass die Exporteinnahmen trotz steigendem Exportvolumen bestenfalls stabil bleiben oder aber sogar sinken. Durch die obige Analyse lassen sich nunmehr die wirklichen Absichten der SAP-Reformen des IWF decodieren, die mit den Vergabebedingungen der Kredite an Rohstoffe und agrarische Produkte exportierende Staaten des Globalen Südens verbunden sind, nachdem sich herausgestellt hat, dass die offiziell verkündeten Ziele dieser Reformen so gut wie nicht erzielt werden können. Im Folgenden werden die Analyseergebnisse resümierend aufgelistet:

Erstens gelten bei den ansonsten ganz strengen Regeln von SAP-Reformen für die Kreditvergaben überraschenderweise und gänzlich unverständlich keine strengen Rückzahlungskriterien. Lockere Rückzahlungskriterien, ein im Bankengeschäft gänzlich unübliches Verfahren, lassen bei den Kreditnehmern in der Regel den Anreiz entstehen, sich übermäßig zu verschulden. Dadurch wird der Korruption bei den Regierungen der Kreditnehmerstaaten Tür und Tor geöffnet und der Verschuldung zusätzlicher Antrieb erteilt.

Zweitens erhöht die verbindlich auferlegte Importliberalisierung die Verschuldung und Importabhängigkeit.

Drittens dienen die ebenfalls verbindlich auferlegten Reformen zur Steigerung von Rohstoffexporten nicht der Abnahme von Zahlungsbilanzdefiziten und der Verschuldung, wie offiziell die Maßnahmen legitimiert werden, sondern in der Praxis angesichts sinkender Rohstoffpreise und Exporteinnahmen der gegenteiligen Entwicklung. Im nächsten Abschnitt wird genauer begründet, dass die Rohstoffpreise durch den Mechanismus *Überproduktion* gezielt in den freien Fall gebracht werden.

Viertens erzeugen die Reformmaßnahmen ganz sicher sinkende Preise für Rohstoffe und agrarische Produkte auf dem Weltmarkt, sie generieren steigende Importe aus dem Globalen Norden und die Tendenz, die Industrialisierung im Globalen Süden zu blockieren.

Der IWF, der das gesamte globale Kreditvergabesystem kontrolliert, entpuppt sich, der obigen Analyse folgend, als eine höchst wirksame Finanzinstitution, der der historische Auftrag zukommt, unter dem Vorwand falscher Tatsachen, die Struktur der kolonialen Weltarbeitsteilung – *billige Rohstoffe und Agrarprodukte gegen hochkomplexe Fertigwaren oft zu Monopolpreisen* – ständig zu reproduzieren und dadurch das kolonialistische Gewaltsystem zu ersetzen und unsichtbar zu machen.

Zur Rechtfertigung dieser Art globaler Arbeitsteilung bedienen sich die Mainstream-Ökonomen David Ricardos *Theorie der Komparativen Kostenvorteile*.[53] Diese Theorie begründet die Spezialisierung und Arbeitsteilung auf dem Weltmarkt mit den komparativen Kostenvorteilen der Beteiligten. Demnach sollen alle Beteiligten von einem Austausch ihrer Produkte profitieren und dadurch Wohlstand und Entwicklung generieren.

Diese Theorie setzt aber voraus, dass die am Welthandel beteiligten Länder völlig selbstständig handeln und sich dabei an jeweils eigener Nutzenmaximierung orientieren. Dies bedeutet allerdings, dass die an der Arbeitsteilung beteiligten Nationen über annähernd gleiches Entwicklungsniveau und gleiche Machtpotenziale zur Durchsetzung ihrer nationalen Nutzenmaximierung verfügen. Demnach gelten die Wohlstandseffekte von Ricardos Theorie der internationalen Arbeitsteilung beispielsweise für die Europäische Union. Das annähernd gleiche Entwicklungsniveau und Interventionspotenzial sowie umfangreiche Ausgleichsmechanismen innerhalb der Europäischen Union bedeuten selbstverständlich auch, dass alle EU-Staaten sich die durch Spezialisierung erzielten Wohlstandseffekte für die eigene Industrie, für die Erweiterung der eigenen Binnenmarktkapazitäten, für Wachstum und Beschäftigung im eigenen Land nutzbar machen können.

Die Profiteure der Nord-Süd-Arbeitsteilung sind jedoch in der Realität nicht die Länder des Globalen Südens, sondern im Ergebnis die Länder des Globalen Nordens, im Detail vor allem zwei global agierende Akteure: *Erstens* die multinationalen Rohstoff- und Agrarkonzerne, die ihre durch die Rohstoffausbeutung erzielten Profite in die Finanzzentren transferieren, weil die Binnenmärkte des Globalen Südens kaum Investitionsmöglichkeiten für diese Konzerne anbieten können. *Zweitens* profitieren von dieser Weltarbeitsteilung auch die oben näher beschriebenen merkantilistischen Klassenallianzen in den Ländern des Globalen Südens, die nicht nur an der Blockade nationaler Industrialisierung mitwirken, sondern auch ihre Gewinne vornehmlich für importierte Luxuswaren und Rüstungsgüter ausgeben, ihre

53 David Ricardo, Grundsätze der politischen Ökonomie und der Besteuerung, Frankfurt am Main, 1972

überschüssige Kaufkraft sogar in die Finanzzentren des Globalen Nordens transferieren und dadurch chronische Kapitalflucht verursachen.

Um ein wichtiges, historisch gut dokumentiertes Beispiel zur Bestätigung der ausgeführten Analyse zu nennen: Deutschland hat in der zweiten Hälfte des 19. Jahrhunderts eine solche Perspektive, wie sie heute den Ländern des Globalen Südens aufoktroyiert wird, im Rahmen der Weltarbeitsteilung mit Großbritannien gezielt verhindert. Dazu trug der deutsche Ökonom Friedrich List, ein prominenter Vertreter von »Erziehungszöllen«, erheblich bei. List entwickelte in seinem Hauptwerk die Theorie der nachholenden wirtschaftlichen Entwicklung und empfahl den deutschen Regierungen hohe Importzölle, um die noch nicht wettbewerbsfähige deutsche Industrie vor Importen aus Großbritannien zu schützen.[54] Auch der VR China, um ein aktuelles und sehr prominentes Beispiel zu nennen, gelang die rasche Industrialisierung in den letzten vier Dekaden nach demselben Muster des strategischen Importverbots von Industrieprodukten bei umfassender Liberalisierung der ausländischen Investitionen. List empfahl also vor beinahe hundertfünfzig Jahren klar eine von deutschen Regierungen auch befolgte außenwirtschaftliche Strategie, die der heute vom IWF den Ländern des Globalen Südens regelrecht erzwungenen Strategie diametral entgegengesetzt ist.

Überproduktion und sinkende Preise durch die Schuldenfalle

Die IWF-Reformmaßnahmen hätten eigentlich irgendwann zu positiven Ergebnissen führen und die Rohstoffe produzierenden Staaten in die Lage versetzen müssen, aus eigener Kraft aus der Schuldenfalle herauszukommen. Das tun sie aber nicht, sie bleiben, wie die oben zitierte SAPRIN-Studie empirisch belegte, in der Schuldenfalle stecken und weiter abhängig davon, ihre Rohstoffexporte zu steigern. Warum ist das so? Den Schlüssel für das Verständnis dieses Sachverhalts liefern, wie oben vorerst unterstellt, sinkende Exporteinnahmen als Folge sinkender Preise für Rohstoffe, Agrarprodukte und Konsumgüter in arbeitsintensiven Sektoren aus dem Globalen Süden. Hinter diesen sinkenden Preisen verbirgt sich die für Nichteingeweihte kaum sichtbare Tatsache der *strukturellen Überproduktion von Rohstoffen und*

54 Friedrich List, Das natürliche System der politischen Ökonomie, (Erstveröffentlichung 1841), Berlin 1961

tropischen Agrarprodukten[55] aus den Ländern des Globalen Südens. Hier geht es vor allem darum, die Mechanismen der strukturellen Überproduktion näher zu ergründen. Sie entsteht bei Rohstoffen und agrarischen Produkten im Globalen Süden in der Regel aus zwei Gründen: Zum einen durch die vom IWF verordnete Exportförderung, also durch gezielte Maßnahmen der Regierungen, und zum anderen durch den Überlebenskampf der besonders gefährdeten Anbieterstaaten und Kleinproduzenten.

Um den Rohstoffe exportierenden Staaten des Globalen Südens die Kreditwürdigkeit zu bescheinigen, erlegt ihnen der IWF – wie oben dargelegt – auf, den Export von Rohstoffen bzw. agrarischen Produkten zu steigern. Dadurch sollen diese Länder ihre Exporteinnahmen erhöhen und ihre Zahlungsbilanzdefizite senken. Tatsächlich ruft diese Art von Exportförderung jedoch zuallererst eine Überproduktion und verschärfte Konkurrenz unter den exportierenden Staaten hervor, die zwangsläufig eine Preissenkung bei Rohstoffen, agrarischen Produkten und anderen Exportwaren auf dem Weltmarkt entstehen lässt. Davon profitieren auf jeden Fall zunächst die reichen Industriestaaten, sie benötigen für die Rohstoffimporte und den Konsum von agrarischen Produkten weniger Kaufkraft und können ihren Konsum steigern sowie beachtliche Wohlstandseffekte erzielen. Die gegenwärtige Weltarbeitsteilung offenbart übrigens auch des Rätsels Lösung für den Erfolg der mächtigen Lebensmittel-Discounter in den Industriestaaten – wie beispielsweise Edeka, Rewe, Lidl, Kaufland, Metro, Aldi etc. in Deutschland und Walmart in den USA, die inzwischen die Konsumenten reicher Staaten mit allerlei Grundnahrungsmitteln, mit allen erdenkbaren tropischen Früchten, mit Gemüse und Obstsorten, Delikatessen und Schnittblumen sowie etliche anderen Konsumgütern wie Textilien, elektrischen Haushaltsgegenständen etc. aus dem Globalen Süden zu niedrigen Preisen versorgen, die die Vielfalt an Gütern und den Wohlstand vermehren. Selbst die Großplantagen in Südspanien, die die EU-Staaten mit preiswerten Bio-Tomaten beliefern, profitieren von Dumpinglöhnen afrikanischer Migranten, denen dank der beschriebenen Umstände keine andere Wahl bleibt, als zu migrieren.

55 Ausgenommen sind dabei jedoch Preissteigerungen als Folge von Verknappungen bei unvorhersehbaren Ernteausfällen und Naturkatastrophen. Beispielsweise ist die Ausbeute von Kakao in den afrikanischen Anbauländern als Folge des Klimawandels im Sommer 2024 drastisch gesunken und der Preis um 80 Prozent gestiegen. (*Frankfurter Rundschau* vom 08.02.2024)

Ob die Länder des Globalen Südens tatsächlich ihre Exporteinnahmen steigern und ihre Zahlungsbilanzdefizite senken können, wie der IWF vorgibt, steht jedoch auf einem anderen Blatt. Denn bei sinkenden Preisen als Folge verschärfter internationaler Konkurrenz dürften die Exporteinnahmen trotz gesteigerter Exportmengen, ökonomisches Einmaleins vorausgesetzt, stabil bleiben oder sogar sinken.

Bei einer ganzheitlichen Betrachtung und unter Berücksichtigung maßgeblicher Indikatoren liegt demnach die Schlussfolgerung nahe, dass der IWF mit seiner Konditionalitätspolitik der vermeintlichen Strukturanpassung die Länder des Globalen Südens unter dem Vorwand der Konsolidierung ihrer Zahlungsbilanzen dazu drängt, dem Globalen Norden Rohstoffe und agrarische Produkte, Textilwaren und andere Produkte der arbeitsintensiven Sektoren zu Dumpingpreisen zu liefern.[56] Dabei sind internationale Handelskonzerne, die das tragende Rückgrat der Weltarbeitsteilung bilden, trotz Dumpingpreisen keineswegs die Verlierer der Überproduktion und Preissenkung. Ganz im Gegenteil nehmen die internationalen Handelskonzerne Walmart und Amazon 2023 in der Rangliste der zehn umsatzstärksten Konzerne der Welt den ersten und zweiten Platz ein, also zum ersten Mal vor Finanz-, Öl- und Autokonzernen. Überproduktion ist sogar der wirksamste Hebel der Konkurrenz, der Expansion und der Profitmaximierung, weil sie dadurch die Rivalen aus dem Markt verdrängen und ihren Absatz steigern können. Auf den funktionierenden nationalen Märkten sorgt der Verdrängungswettbewerb in der Regel für ein neues Gleichgewicht zwischen Angebot und Nachfrage, sodass die Preise durch Verdrängung der unproduktivsten Anbieter und die Angebotsreduktion wieder steigen. Dort, wo jedoch die Märkte nicht funktionieren und schwache Staaten bzw. Produzentengruppen wie die Kleinbauern um ihr Überleben kämpfen, findet auch kein Verdrängungswettbewerb statt. Stattdessen sind die Staaten wie die Kleinbauern des Globalen Südens, die um ihr Überleben kämpfen, gezwungen, sinkende Preise durch Überausbeutung und Produktionserweiterung aufzufangen. Diese nicht marktkonforme Handlungsstrategie erzeugt jedoch abermals noch mehr Überproduktion und eine weitere Preis- und Einnahmensenkung.

56 Die marktkonformen Gleichgewichtspreise sind das Ergebnis von Gleichgewicht zwischen Angebot und Nachfrage. Preise bei struktureller Überproduktion stabilisieren sich jedoch auf einem Niveau unterhalb von Gleichgewichtspreisen, sind daher Dumpingpreise.

Gigantische Süd-Nord-Umverteilung: 17 Billionen Euro allein im Jahr 2021

Das Karussell der Überproduktion, Preis- und Einnahmesenkung sowie der Überschuldung dreht sich so von Neuem. Man könnte die Stellung des Globalen Südens in diesem Karussell, um es bildlich zu demonstrieren, mit einem Menschen auf der Rolltreppe vergleichen, der versucht, in umgekehrter Fahrtrichtung nach oben zu steigen und sich deswegen mit allen Kräften abstrampelt, jedoch keinen Zentimeter nach oben kommt, sondern auf der Stelle bleibt und die Fahrtgeschwindigkeit Richtung unten sogar beschleunigt. Die Verlierer dieser durch die Weltbank und den IWF forcierten Weltarbeitsteilung sind eindeutig die Länder des Globalen Südens. Sie können niemals ihre Zahlungsbilanzdefizite aus eigener Kraft ausgleichen und bleiben daher auch in der Schuldenfalle und im Würgegriff des IWF. So stellt das bereits oben zitierte Autorenteam SAPRIN, das die wirtschaftlichen, sozialen und ökologischen Auswirkungen der SAP-Reformen in Ghana und den Philippinen untersucht hat, fest: »Ghana hat große Gold- und Diamanten-, Bauxit- und Manganvorräte, während auf den Philippinen Gold, Kupfer und Nickel vorkommen.«[57] Das Hauptergebnis der durch die SAP erzwungenen Reformen besteht darin, dass diese zur »Zunahme der Investitionen, der Produktion und der externen Erträge im Bergbausektor führten, aber weder der Volkswirtschaft noch den Kommunen in den Bergbaugebieten genutzt haben. Stattdessen flossen die Gewinne größtenteils ausländischen Bergbaufirmen zu, die attraktive Investitionsmöglichkeiten und laxe Umweltbestimmungen ausgenutzt haben.«

Die Profite, die die multinationalen Rohstoffkonzerne trotz sinkenden Preisniveaus als Folge der strukturellen Überproduktion erzielen, sind gigantisch. Laut einer aktuellen Studie der Hamburger Universität beträgt die Summe dieser für den Zeitraum 2005 bis 2020 ermittelten Profite im Schnitt 1000 Milliarden Dollar im Jahr.[58] Laut derselben Studie verbleiben diese Gewinne nicht in den Rohstoffstaaten selbst, sondern sie werden in die Heimatstaaten der Konzerne transferiert. 80 Prozent dieser transferierten

57 SAPRIN, a. a. O., S. 5

58 Vgl. dazu Stephan Kaufmann, Gigantischer Geldabfluss, in: *Frankfurter Rundschau* vom 27. August 2024

Profite entfallen auf nur fünf Staaten, darunter die USA mit 40 Prozent, die Niederlande mit 15,7 Prozent, Großbritannien mit knapp 9 Prozent und schließlich Deutschland und Frankreich mit jeweils rund 8 Prozent.[59] Die Tatsache des Rückflusses von den in den Rohstoffstaaten des Globalen Südens erwirtschafteten Gewinnen in die Länder des Globalen Nordens ist ein wichtiger Beleg *erstens* für die mangelnde Integration der Rohstoffproduktion in nationale Märkte der Rohstoffstaaten, *zweitens* für die äußerst beschränkte Aufnahmekapazität nationaler Märkte dieser Staaten für Investitionen und infolgedessen *drittens* für die Zementierung der herrschenden Weltarbeitsteilung.

Die Konzerngewinne, die den Weg aus dem Globalen Süden in den Globalen Norden finden, sind lediglich ein Element der Süd-Nord-Umverteilung. Gewichtiger sind die Kaufkraftströme aus dem Globalen Süden, die, wie oben hervorgehoben wurde, dank der neokolonialen Weltarbeitsteilung als Folge sinkender Preise für Rohstoffe, landwirtschaftliche Produkte und allerlei Waren und Dienstleistungen von arbeitsintensiven Sektoren vom Globalen Norden Jahr für Jahr angeeignet werden. Einer gemeinsamen Forschungsgruppe der autonomen Universität Barcelona und der Universität Stockholm kommt der Verdienst zu, die Ausmaße dieser Form der strukturell angelegten Süd-Nord-Umverteilung zu quantifizieren. Laut den im Januar 2025 in den Medien publizierten Ergebnissen der genannten Forschungsgruppe tragen die Länder des Globalen Südens zu 90 Prozent der globalen Arbeitsleistung bei.[60] Dieser Betrag wurde dabei unter Berücksichtigung von unterschiedlichen Qualifikationen durch komplexe Umrechnungsverfahren ermittelt, die erlauben, das Arbeitsvolumen global vergleichbar zu machen. »Dies ermöglicht es uns«, schreibt die Forschungsgruppe im beachtlich langen Untersuchungszeitraum 1995–2021, »das Ausmaß der Aneignung von Arbeit durch ungleichen Tausch in Form von physischer Arbeitszeit zu definieren und gleichzeitig in Form von Lohnwert darzustellen.«[61] Demnach entfielen 90 Prozent der von 9,6 Billionen Stunden global geleisteten Arbeitszeit 2021 (letztem Untersuchungsjahr) auf den Globalen Süden. Gleichzeitig erhielt dieser lediglich 40 Prozent der global erzielten

59 Ebenda

60 Vgl. Stephan Kaufmann, Dienst am Reichtum des Nordens, in: *Frankfurter Rundschau* vom 22. Januar 2025

61 Ebenda

Einkommen. In Arbeitszeit ausgedrückt, eignete sich der Globale Norden im Jahr 2021 netto 826 Milliarden Stunden vergegenständlichter Arbeit aus dem Globalen Süden an. Monetär umgerechnet beträgt diese Aneignung nach derselben Studie sage und schreibe die astronomische Summe von »*knapp 17 Billionen Euro*.«[62]

Mit dieser wertvollen Arbeit kritischer WissenschaftlerInnen der genannten Universitäten bekommt der eigentliche Zweck der gegenwärtig herrschenden Weltarbeitsteilung und das Interesse der USA, diese Arbeitsteilung mit Hilfe der von ihnen kontrollierten Finanzinstitutionen Weltbank und IWF zu kapern und in den Dienst ihrer Hegemonialpolitik zu stellen, ein monetäres Gesicht. Diese Summe ist fast so hoch wie das Bruttoinlandsprodukt aller 27 EU-Staaten im Jahr 2023 zusammen, das 16,96 Billionen Euro betrug. Und sie entspricht zwei Dritteln des Bruttoinlandsprodukts der Vereinigten Staaten von Amerika, das 2023 fast 26 Billionen Euro umfasste.[63] In diesem Süd-Nord-Transfer über den internationalen Handel sind zwei Transferelemente enthalten: Erstens der Gewinntransfer der im Süden tätigen Konzerne in Richtung Norden. Und zweitens der unsichtbare Süd-Nord-Transfer, der durch die Benachteiligung des Südens bei der Kreditaufnahme auf den Finanzmärkten entsteht. Laut jüngstem Bericht des World Inequality Lab (WILL) beträgt dieser im Weltwährungssystem seit Mitte des 20. Jahrhunderts verankerte Transfer Jahr für Jahr »zwischen 2 und 3 Prozent der Wirtschaftsleistung der ärmeren 80 Prozent Länder«[64] Dies macht für 2024 umgerechnet zwischen 1,33 und 2 Billionen Dollar aus.

Diese gigantische Summe der Süd-Nord-Umverteilung macht deutlich, worum es den USA mit ihrem militärisch-industriellen Komplex, mit ihren Kriegen in der Welt, eigentlich geht. Diese strukturell, d. h. Jahr für Jahr stattfindende, Einkommensumverteilung vom armen in den reichen Teil des Planeten unter der Regie der USA erklärt auch, weshalb sich US-Präsident Trump ohne Skrupel anmaßt, von den NATO-Verbündeten nicht 2, sondern 5 Prozent ihres BIPs für ihre Verteidigung auszugeben. So wird auch der eigentliche Zweck des »Verteidigungsbündnisses« im Globalen

62 Ebenda

63 Vgl. Statista

64 Stephan Kaufmann, »Die Ungleichheitsmaschine«, in Frankfurter Rundschau vom 16. Dezember 2025, in: *Frankfurter Rundschau* vom 16. Dezember 2025

Norden offensichtlich. Was als »Sicherheit« für die NATO-Staaten verkauft wird und wofür mal Russland und jetzt die VR China als Feinde ausgemacht werden, die angeblich die »Sicherheit« der NATO-Staaten bedrohen, dient in Wirklichkeit dazu, diese unglaubliche Einkommensumverteilung von Süd nach Nord und damit auch die Hegemonie der USA zu schützen, die dieses global ausbeuterische und leider für die Weltöffentlichkeit unsichtbare System hervorgerufen haben.

Vor einem abschließenden Resümee der obigen Analyse muss ergänzend erwähnt werden, dass natürliche Rohstoffe selbstverständlich auch in den Ländern des Globalen Nordens vorkommen und dass diese auch dort für den Weltmarkt produziert werden. Die USA selbst sind beispielsweise ein bedeutender Rohstoffstaat. Hinzu kommen Kanada und Australien als weitere große Rohstoffstaaten des globalen Nordens. Durch die gegenwärtige Weltarbeitsteilung und die Erzeugung von struktureller Überproduktion im Globalen Süden werden auch Rohstoffe, die im Globalen Norden produziert werden, auf dem Weltmarkt zu Dumpingpreisen veräußert. So gesehen dient der Rohstoffsektor des Globalen Südens als Hebel der generellen Senkung des Preisniveaus bei allen Rohstoffen auf dem Weltmarkt, um die Produktionskosten in allen verarbeitenden Industriesektoren herabzusenken und die Profitraten dieser Sektoren zu steigern.

Verlierer der Überproduktion von Rohstoffen sind allerdings auf jeden Fall die Staaten des Globalen Südens, deren Einnahmen trotz des Exports von mehr Mengen nicht steigen, sogar sinken. Rohstoffkonzerne und agrarische Betriebe der Länder des Globalen Nordens, die mit den Produzenten in den Ländern des Globalen Südens im Wettbewerb stehen und durch die Überproduktion auf dem Weltmarkt in existenzielle Krisen geraten, erhalten durch Subventionen Ausgleichsmaßnahmen, wie dies bei den europäischen Bauern seit Jahrzehnten praktiziert wird. Bei Rohstoffkonzernen, wie es bei der Strukturkrise des deutschen Bergbaus in den 1960er- und 1970er Jahren als Folge der Überproduktion im fossilen Energiesektor der Fall war, sind Länder des Globalen Nordens mit Leichtigkeit in der Lage, die entstandenen Krisen durch Strukturwandel zu überwinden.[65]

65 Ausführliche politökonomische Analyse dazu vgl. Mohssen Massarrat, Weltenergieproduktion und Neuordnung der Weltwirtschaft, Frankfurt/New York, 1980, S. 103ff

Die Weltwirtschaft ist freilich mehr als der Handel von Billigrohstoffen aus dem Globalen Süden gegen Fertigwaren aus dem Globalen Norden. Inzwischen hat sich die VR China von dieser Weltarbeitsteilung befreit und ist zur zweitwichtigsten Wirtschaft der Welt geworden. Zahlreiche andere Staaten, wie Indien, Indonesien, Brasilien, Mexiko, Südafrika etc., sind dabei, sich vom Diktat des IWF und anderer US-dominierter Finanzinstitutionen loszusagen. Die gegenwärtige Weltarbeitsteilung spaltet allerdings immer noch die Welt in zwei ungleiche Teile, wobei der Globale Norden weiterhin das Ziel verfolgt, die kolonialistischen Privilegien zu reproduzieren. Die Verschuldung ist das ökonomische Instrument, das das kolonialistische Gewaltsystem unsichtbar macht, den Globalen Süden jedoch wie im Zeitalter des Kolonialismus zur Versorgung des Globalen Nordens mit billigen Rohstoffen und Agrarprodukten zwingt.

Die sogenannten Strukturanpassungsreformen der Weltbank und des IWF sorgen für die Beseitigung von sozialen und ökologischen Barrieren und im Ergebnis für die Verfestigung einer mit der kolonialen zu vergleichenden Weltarbeitsteilung, die man getrost als neokolonial charakterisieren kann.

Rückblickend muss an dieser Stelle auf ein Manko der entwicklungstheoretischen Debatten in der zweiten Hälfte des 20. Jahrhunderts hingewiesen werden. Die anhaltende Preissenkung für Rohstoffe und agrarische Produkte der Länder des Globalen Südens seit den 1950er Jahren, die sich empirisch in der anhaltenden Verschlechterung der *Terms of Trade* (der realen Austauschverhältnisse) dieser Länder widerspiegelt, veranlasste eine Reihe von Autoren, durch diverse Varianten der *Theorie des Ungleichen Tauschs* eine werttheoretische Begründung für Unterentwicklung zu liefern.[66] Im Kern findet – grob formuliert – nach diesen Theorien in der Weltwirtschaft durch die Herausbildung einer globalen Durchschnittsprofitrate und die vergleichsweise niedrige organische Zusammensetzung des Kapitals der Länder des Globalen Südens ein Süd-Nord-Werttransfer statt. Tatsächlich findet auch ein Süd-Nord-Werttransfer in der Weltwirtschaft statt, der auch die Entwicklungsblockade in den Ländern des Globalen Südens beflügelt und diese Länder zu dauerhaften Schuldnerstaaten macht. Dieser

66 Vgl. Arghiri Emmanuel, L'échange inégal, Paris 1969; Ernest Mandel, Der Spätkapitalismus, Frankfurt a. Main, 1972. Zur Kritik dieser Theorien siehe Mohssen Massarrat, Die Theorie des Ungleichen Tauschs in der Sackgasse. Versuch einer Erklärung der Entwicklung der Terms of Trade, in: *Die Dritte Welt*, Nr. 1 1978

Süd-Nord-Werttransfer ist jedoch nicht durch die behaupteten, empirisch jedoch kaum nachweisbaren und werttheoretisch schlüssigen Annahmen verursacht, sondern schlicht durch die strukturelle Preissenkung für Rohstoffe und agrarische Produkte im Rahmen der neokolonialen Weltarbeitsteilung, wie sie oben begründet worden ist.[67]

Globalisierung, Finanzmarktkapitalismus, Niedergang von Gewerkschaften und Arbeiterparteien

Während die neokolonialistische Weltarbeitsteilung durch die Versorgung kapitalistischer Staaten mit billigen Energien, Rohstoffen und landwirtschaftlichen Produkten die Spielräume für Umverteilung und Wohlstandsvermehrung in den kapitalistischen Staaten der Nachkriegsära signifikant erweiterte, indem es Gewerkschaften gelang, ihre Interventionsmacht im Verhältnis zur Kapitalmacht maßgeblich zu erhöhen, das Lohnniveau beträchtlich anzuheben, die Massenkaufkraft kräftig zu steigern, etablierten sich starke kommunistische und sozialdemokratische Parteien, die diesen Umgestaltungsprozess mittels keynesianisch gestützter Kreditfinanzierung gegen konservative Kräfte erfolgreich unterstützten. Sämtliche Reformen zum Ausbau des Sozialstaats im *Goldenen Zeitalter* westlicher Staaten fanden folgerichtig in dieser Ära statt, deren Höhepunkt in den 1970er- und 1980er Jahren verortet werden muss. Bei einer politökonomischen Betrachtung könnte man die stark abnehmende internationale Konkurrenz unter den Arbeitskräften dank starker Gewerkschaften und vergleichsweise hohen Organisationsgrads der Beschäftigten als das systemische Hauptmerkmal dieser kapitalistischen Ära bezeichnen. Betrug der gewerkschaftliche Organisationsgrad 1930 in den meisten entwickelten kapitalistischen Staaten deutlich unter 20 Prozent – so in Deutschland 18, in Frankreich 7, in den Niederlanden 22, in den USA 7, in Großbritannien 23 Prozent –, so stieg derselbe 1980 in Westdeutschland auf 34,9, in Frankreich auf 9, in Italien auf fast 50, in den USA auf 22,1 und in Großbritannien auf 52,2 Prozent.[68]

67 Erste Überlegungen dazu vgl. Ebenda, S. 53ff.

68 Vgl. dazu die Standardstudie von Marcel van der Linden, »… erkämpft das Menschenrecht«, Vom Aufstieg und Niedergang klassischer Arbeiterinnen Bewegungen, Wien 2024, S. 152f und 164. Van der Linden legt mit dieser Studie einen umfassenden empirischen Überblick über die historische Entwicklung der

Doch witterte der bis dato im Abseits agierende Neoliberalismus – eine in der ersten Hälfte des 20. Jahrhunderts gegründete Schule liberaler Ökonomen, wie Friedrich August von Hayek, Ludwig von Mises, Wilhelm Röpke, Alexander Rüstow, Milton Friedman – Anfang der 1980er Jahre Morgenluft und stellte nicht nur den keynesianischen Kapitalismus an den Pranger, sondern er redete auch einer angebotsorientierten Wirtschaftspolitik das Wort, die den herrschenden Kapitalismus von der *Sozialen Marktwirtschaft* oder vom *keynesianischen Kapitalismus* von Grund auf zum Finanzmarktkapitalismus umkrempelte.[69] Fortan übernahmen in den kapitalistischen Metropolen die neokonservativen Kräfte mit Margaret Thatcher in Großbritannien, Ronald Reagan in den USA und Helmut Kohl mit seiner konservativ-liberalen Koalition in Deutschland die Regierung und setzten alles daran, die sozialstaatlichen Mauern niederzureißen und dem Kapital über sämtliche nationalstaatlichen Regulierungen hinweg zur beinahe grenzenlosen Profitsteigerung freie Hand zu lassen. Einer neuen Ära der Globalisierung und des neoliberalen Kapitalismus auf dem Rücken der international geschwächten und sukzessive entmachteten Gewerkschaften und Arbeiterparteien war kaum etwas entgegenzusetzen. Mag sein, dass der politische Druck vereinter Kräfte, die sich ideologisch der Kapitalseite verpflichtet fühlten, dem Globalisierungsprozess einen kräftigen Schub erteilte und ihn auch im Sinne des Kapitals formte. Nach meiner Auffassung dürfte jedoch die Entfesselung massiver Konkurrenz unter den Beschäftigten in den einzelnen kapitalistischen Staaten wie auch global für den Beginn der neuen Ära des neoliberalen Kapitalismus den tiefgreifenden Ausschlag gegeben haben:

Erstens entstand in den 1970er Jahren überall in den kapitalistischen Ländern drastische Massenarbeitslosigkeit, die den Konkurrenzdruck unter den Beschäftigten entsprechend steigerte. Das keynesianische Wachstumsmodell der Kreditfinanzierung von Staatsausgaben war an Schranken gestoßen, und Gewerkschaften und Arbeiterparteien waren nicht stark genug, um die Massenarbeitslosigkeit durch radikale Arbeitszeitverkürzung aufzufangen.

Gewerkschaften und der Arbeiterparteien vor, der von den Anfängen des 19. Jahrhundert bis zur Gegenwart reicht.

69 Vgl. dazu ausführlich Mohssen Massarrat, Braucht die Welt den Finanzsektor? Hamburg, 2017; Elmar Altvater, Das Ende des Kapitalismus, den wir kennen, Münster 2006; Rudolf Hickel, Zerschlagt die Banken. Entmachtet die Finanzmärkte. Eine Streitschrift, Berlin 2012; Joseph Stiglitz, Die Schatten der Globalisierung, Berlin 2002

Der Konkurrenzdruck auf die Beschäftigten auf nationaler Ebene wurde so unausweichlich.[70]

Zweitens stieg auch auf internationaler Ebene der Konkurrenzdruck unter den Beschäftigten, weil die neokolonialistische Weltarbeitsteilung und deren hegemonialpolitische Instrumentalisierung durch die Vereinigten Staaten, wie in diesem Kapitel dargestellt, im Globalen Süden flächendeckend Industrialisierungs- und Wachstumsblockaden folglich auch systematisch einen Bevölkerungsüberschuss erzeugte, der zwangsläufig den Grundstein für die Süd-Nord-Massenmigration legte. Fortan verfügten die globalen Konzerne, historisch gesehen nach dem Manchester-Kapitalismus im 18. und 19. Jahrhundert, zum zweiten Mal über ein Meer von Arbeit suchenden Menschen mit der Bereitschaft, sich mehr oder weniger bedingungslos ihrem Diktat zu unterwerfen. Die Gesamtzahl der Beschäftigten betrug nach Schätzung des Internationalen Gewerkschaftsbundes (IGB) im Jahr 2014 weltweit 2,9 Milliarden, von denen allerdings 1,2 Milliarden im informellen Sektor arbeiteten.[71] Es kann davon ausgegangen werden, dass unter den Bedingungen drastisch verschärfter Konkurrenz unter den Beschäftigten der Anteil der Dumpinglöhne und des Lohnniedrigsektors vor allem im Globalen Süden, aber auch teilweise in den entwickelten Industrieländern, signifikant gestiegen ist. Den globalen Konzernen ist es seit den 1980er Jahren jedenfalls gelungen, sukzessive Lohnkürzungen, Arbeitszeitverlängerungen, Annullierung von anderen Sozialleistungen wie beispielsweise des Arbeitgeberanteils für Krankenversicherungen u. v. a. m. durchzusetzen und mit der Kündigung der Flächentarifverträge mit den Gewerkschaften diese soweit wie möglich aus den Betrieben zu verdrängen und im Endeffekt die Beschäftigten schutzlos zu machen.[72]

Beide Faktoren zusammen, die Massenarbeitslosigkeit in den kapitalistischen Staaten und Arbeitskräfteüberschuss im Globalen Süden, stellten nach meiner Auffassung den fruchtbaren Boden für die grenzenlose Freiheit des Kapitals dar, sich über sämtliche sozialstaatlichen Errungenschaften der Gewerkschaften und der Arbeiterparteien hinwegzusetzen sowie mittels Instrumenten der Spaltung und Herrschaft und der Drohung mit der Produktionsverlagerung den Beschäftigten ihre Bedingungen beinahe

70 Ausführliche Analyse dieses Aspekts vgl. Mohssen Massarrat, ebenda, S. 165 ff.

71 Marcel van der Linden, ebenda, S. 9

72 Mohssen Massarrat, ebenda

monopolistisch zu diktieren, den Gewerkschaften ihre Verhandlungsmacht, ihr wichtigstes Gut, wegzunehmen und sie an den Rand zu drücken, kurzum den Finanzmarktkapitalismus, ein neues Kapitalismusmodell, zu etablieren, in dem der Finanzsektor über die Realwirtschaft dominiert. In diesem Kapitalismusmodell haben die Gewerkschaften dramatisch an Macht gegenüber den Konzernen verloren, ihr Organisationsgrad ist in den wichtigsten kapitalistischen Staaten auf ein besorgniserregend niedriges Niveau gesunken, so 2020 in Deutschland auf 16,3, in Frankreich auf 8,8, in Italien auf 32,5, in den USA auf 10,3 und in Großbritannien auf 22,8 Prozent.[73] Entsprechend niedriger war der weltweite Organisationsgrad der Gewerkschaften, der 2014 nicht mehr als 7 Prozent betrug, inzwischen sogar auf 6 Prozent geschätzt wird.[74]

Neben massiver Schwächung von Gewerkschaften fand fast gleichzeitig weltweit der Niedergang von kommunistischen und sozialdemokratischen Parteien statt. Erstere, die selbst in ihren klassischen Heimatländern wie in Frankreich in den 1950er Jahren mit immerhin über 25 Prozent der Wählerstimmen[75] und in Italien sogar noch in den 1980er Jahren hohe Wahlergebnisse, beispielsweise mit 26,6 Prozent in 1987, erreichten, haben seit Anfang der 2000er Jahre so gut wie keine Bedeutung mehr. Sie haben sich entweder aufgelöst oder sind in neue rot-grüne Koalitionen und Bündnisse eingegangen.[76] Die sozialistischen und sozialdemokratischen Parteien existieren in den meisten Ländern Europas zwar immer noch, allerdings mit spürbar geringerer Wählerschaft und noch weniger sozialstaatlicher Gestaltungsmacht als in den 1970er- und 1980er Jahren. Sie haben nicht nur einen Großteil ihrer Wählerschaft, sondern auch viele ihrer Mitglieder verloren. Hatten sie in den 1970er Jahren Wahlergebnisse von über 44 Prozent in Westdeutschland und Australien, 45,5 Prozent in Österreich und 43,7 Prozent in Schweden erreicht, um einige sozialdemokratische Hochburgländer zu nennen, so sanken ihre Wählerstimmen in allen genannten Staaten in den 2010er Jahren auf 20 bis 30 Prozent.[77] Für diese Entwicklung gibt Marcel van der Linden mehrere Gründe an, darunter den

73 Marcel van der Linden, ebenda, S. 164
74 Ebenda, S. 9
75 Ebenda, S. 141
76 Ebenda, S. 142
77 Ebenda, S. 66

Zusammenbruch der Sowjetunion, vor allem für die KPs, kulturelle Veränderungen, die Veränderung der sozialen Zusammensetzung der Arbeiterklasse, den Verlust des traditionellen Arbeitermilieus, nicht näher differenzierte sozialökonomische Verhältnisse etc.[78]

Weniger Beachtung finden bei dieser Aufzählung die drastische Zunahme und Verschärfung der Konkurrenz unter den Beschäftigten, die aus meiner Sicht ein wichtiger, vielleicht sogar der wichtigste konstante Faktor für den Niedergang der Gewerkschaften und der Arbeiterparteien darstellen. Denn bei steigender Konkurrenz unter den Beschäftigten nimmt die Gestaltungsmacht der Gewerkschaften bei allen lohn- und gesellschaftspolitischen Fragen drastisch ab, die der Kapitalseite zu. Die Gewerkschaften verlieren dort, wo sie historisch eine lange Tradition besitzen, massenhaft Mitglieder und sind vor allem im Globalen Süden außerstande, überhaupt Fuß zu fassen. Ähnliches gilt für die Arbeiterparteien, weil sie ihre traditionelle Wählerschaft aus lohn- und gehaltsabhängigen Schichten verlieren und in die gesellschaftliche Mitte rücken, um als Partei überleben zu können. In dieses Vakuum rücken rechte und rechtsradikale Parteien vor, weil sie in der Lage sind, die Zukunftsängste der Beschäftigten gegen die wachsende Konkurrenz der Migranten aus dem Globalen Süden für sich zu nutzen und sie durch die Mobilisierung rassistischer und nationalistischer Instinkte als Wähler zu gewinnen.

Damit erlebt die Menschheit seit einigen Dekaden eine gegen die Beschäftigten und im Grunde auch gegen die Menschheit in ihrer Gesamtheit gerichtete Globalisierung, die durch eine machtpolitisch drastische Schieflage strukturiert ist. Dieses Machtgefälle zwischen Kapital und Arbeit ist, wie im Mainstream des Globalen Nordens unterstellt wird, keineswegs alternativlos. Es ist das Produkt der Geschichte und vor allem das Produkt des US-dominierten Hegemonialsystems. Eine Globalisierung auf Augenhöhe zwischen den globalen Konzernen und Gewerkschaften, zwischen dem Globalen Norden und dem Globalen Süden und eine Globalisierung ohne Hegemonialinteressen der USA und ohne militärisch-machtpolitische Verfälschung hätte aller Wahrscheinlichkeit nach einen gänzlich anderen Verlauf, einen Verlauf mit menschlichem Antlitz genommen.

78 Ebenda, S. 142f.

Folgen für Mensch und Natur

Die Überproduktion und Preissenkung für Rohstoffe und tropische Produkte bedeutet für alle in diesen Sektoren arbeitenden Menschen im Globalen Süden eine zusätzliche Ausbeutung, die sich in niedrigen Löhnen, längeren Arbeitszeiten, in Kinderarbeit etc. widerspiegelt. Denn die internationalen Rohstoff- und Agrarkonzerne sind in der komfortablen Position, die als Folge von Überproduktion entstandenen Dumping-Preise durch eine Senkung der Arbeitskosten wettzumachen. Dies ist auch unter den Bedingungen der Massenarbeitslosigkeit und fehlender starker Gewerkschaften im Globalen Süden fast die Regel. Insofern ist die neokolonialistische Weltarbeitsteilung und das dezidierte Interesse der industrialisierten Staaten des Globalen Nordens an billigen Rohstoffen und agrarischen Produkten eine der wichtigsten Ursachen der Massenarmut in den Ländern des Globalen Südens. Das niedrige Lohnniveau zwingt die Menschen nämlich dazu, länger zu arbeiten und sich dem Diktat der Arbeitgeber zu unterwerfen. Der 15-Stunden-Tag und die 7-Tage-Woche, wie dies aus dem Manchester-Kapitalismus in Europa bekannt ist, stellen hier keine Seltenheit dar.

Das Beispiel der Arbeitsbedingungen der Textilindustrie in Bangladesch, dem wichtigsten Industriesektor des Landes mit 4 Millionen Beschäftigten, der für zahlreiche deutsche und europäische Textilkonzerne produziert, bestätigt die menschenunwürdigen Folgen der neokolonialistischen Arbeitsteilung. Der Mindestlohn von 100 € im Monat reicht nicht einmal für die Lebensmittel einer vierköpfigen Familie. Die Textilarbeiterinnen und Arbeiter, die zwölf Stunden am Tag in gebeugter Sitzhaltung auf die Nähmaschine starrend bei unerträglich hohen Temperaturen schuften müssen, hausen in slumähnlichen Vierteln.[79] Diesen Menschen fehlt es auch an medizinischer Basisversorgung und sämtlichen Sozialleistungen, die in den europäischen Verbraucherländern seit Jahrzehnten selbstverständlich sind. Diese Beschäftigten sind darüber hinaus auch ständigen Gefahren für Leib und Leben ausgesetzt, wie der schlimmste Vorfall bei dem Einsturz der Rana-Plaza-Textilfabrik in der Nähe von Dakar im Jahr 2023 zeigt, bei dem

79 Die *Frankfurter Rundschau* vom 18. April 2024, Auf dem Rücken der Arbeitskräfte

1100 Menschen starben und über 2000 verletzt wurden.[80] Billige T-Shirts in Deutschland und Hungerlöhne in Bangladesch sind die zwei Seiten einer teuflischen Kette der Weltarbeitsteilung, in der die Handelskonzerne und die lokalen Betriebseigentümer noch hohe Profite absahnen.

Ganz besonders betroffen von der IWF-gelenkten neokolonialistischen Weltarbeitsteilung in der Landwirtschaft sind vor allem die Kleinbauern der Länder des Globalen Südens, die angesichts sinkender Preise für tropische Produkte wie Kaffee, Kakao, Bananen, Zitrusfrüchte etc. keine andere Wahl haben, als durch noch mehr Arbeit ihren Umsatz durch Produktionssteigerung zu erhöhen. Dadurch verstärken sie sogar, wie oben herausgearbeitet, die Überproduktion und Preissenkung. Trotz mehr Arbeit und stärkerer Selbstausbeutung bleiben die Einnahmen auf niedrigem Niveau. Die Kleinbauern strampeln sich buchstäblich zu Tode, bleiben jedoch angesichts stagnierender oder gar sinkender Einkommen auf der Strecke. Sie führen im Rahmen dieser neokolonialistischen Weltarbeitsteilung buchstäblich einen Überlebenskampf. Dazu gehört auch, dass die Kleinbauern ihre Kinder zur Arbeit statt zur Schule schicken. Laut einem gemeinsamen Bericht der *International Labour Organization* und *UNICEF* mussten weltweit 2022 über 160 Millionen Kinder zwischen 5 und 17 Jahren arbeiten.[81] Sie schufteten in Steinbrüchen, in Textilfabriken, in Goldgruben, auf den Baumwollfeldern oder als Dienstmädchen. Der Großteil der Kinder war in der Landwirtschaft (70 %), im Dienstleistungssektor (20 %) sowie im Industrie- und Bergbausektor (10 %) tätig. Viele von ihnen waren gefährlichen Bedingungen, beispielsweise giftigen Substanzen, ausgesetzt.[82]

Überproduktion und Preissenkung, auch für Rohstoffe, implizieren eine massive Übernutzung der Rohstoffquellen und eine drastische Steigerung der Umweltbelastungen durch Schadstoffe und Abfälle. Laut dem Bericht »*Global Resources Outlook 24*« ist die globale Ressourcennutzung seit 1970 von jährlich 30 auf 106 Milliarden Tonnen angestiegen.[83] Demnach sind die Gewinnung und Verarbeitung von Rohstoffen für 60 Prozent der CO_2-Emissionen und 40 Prozent der Luftverschmutzung verantwortlich. Dabei schlagen

80 Ebenda
81 Statista 2024
82 Ebenda
83 *Frankfurter Rundschau* vom 5. März 2024, Gewaltiger Raubbau an Ressourcen.

die Gewinnung und Verarbeitung von fossilen Rohstoffen, Metallen und nicht-metallischen Mineralien wie Sand, Kies und Ton zu Buche. Die Auswirkungen der Überproduktion der fossilen Energieträger auf das energieintensive Industrialisierungsmodell im 20. Jahrhundert und die Folgen für die aktuelle Klimakrise wurden im Kapitel 2 bei der Analyse des Energiesektors bereits dargelegt.

Ähnlich folgenreich für die Menschheit ist auch der übermäßige Konsum von nicht fossilen Rohstoffen. Der ökonomische Grundsatz, dass der Konsum bei sinkenden Warenpreisen ansteigt, gilt auch auf den internationalen Rohstoffmärkten. Eine Verdreifachung des Verbrauchs der Rohstoffe bedeutet daher keineswegs eine Verdreifachung des Wohlstands, ganz sicher jedoch eine Vervielfachung der Abfälle und der Umweltbelastungen, die im Ergebnis den Wohlstand verringern. Darauf weist der »*Global Waste Management Outlook 24*«,[84] ein weiterer Bericht der in Nairobi angesiedelten UN-Umweltorganisation (UNEP), hin. Beispielsweise stellt die Verschwendung von Lebensmitteln im Umfang von jährlich einer Milliarde Tonnen laut *Food Waste Index Report* des UN-Umweltprogramms *UNEP* 2024 eine globale Tragödie dar. Laut diesem Bericht werden weltweit 28 Prozent der landwirtschaftlichen Flächen für die Lebensmittelerzeugung in Anspruch genommen, deren Produkte letztlich auf der Müllhalde landen. Das dadurch entstandene Methan, das die Klimakrise mit verursacht, macht 8 bis 10 Prozent sämtlicher klimaschädlicher Gase aus. Diese gigantische Verschwendung dürfte aller Wahrscheinlichkeit nach das Ergebnis der Überausbeutung der Produzenten von agrarischen Produkten im Globalen Süden, der strukturellen Überproduktion und sinkender Preise dieser Produkte sein.

Im Übrigen ist auch der globale Ressourcenverbrauch ziemlich ungleich verteilt. Dies geht aus dem UN-Bericht »*International Ressource Panel*«, einem aus der ganzen Welt zusammengesetzten Expertenteam, hervor: Menschen in Staaten mit niedrigen Einkommen verbrauchen demnach durchschnittlich nur 15 Prozent der Rohstoffe und verursachen nur 10 Prozent der Klimaauswirkungen von Menschen in Staaten mit höheren Einkommen. Der Pro-Kopf-Ressourcenverbrauch samt dessen Umweltauswirkungen ist seit

84 *Frankfurter Rundschau* vom 11. April 2024, »Eine globale Tragödie«

1995 fast gleich geblieben, während er in den Schwellen- und Industriestaaten deutlich angestiegen ist.[85]

Die UN-Experten kennen offenbar die unmittelbare Ursache des global übermäßigen Verbrauchs der Rohstoffe, sie empfehlen als Lösung für dieses Problem immerhin, »der Wirtschaft die wahren Kosten der Ressourcen zu signalisieren«.[86] Zu wissen, dass die Rohstoffe auf den Weltmärkten zu Dumpingpreisen gehandelt werden, ist das eine. Indem die UN-Fachleute als Lösung »entsprechende Steuern und Kürzung von Subventionen« empfehlen,[87] dokumentieren sie jedoch, dass sie die tieferen Ursachen der Dumpingpreise, nämlich die strukturelle Überproduktion im Rahmen der neokolonialistischen Weltarbeitsteilung, nicht kennen bzw. übersehen.

Mit Steuern und Kürzung von Subventionen kann das Strukturproblem jedoch nicht gelöst werden, solange der Internationale Währungsfonds mit seinen Strategien die Überproduktion und Preissenkung ganz gezielt vorantreibt und solange die Vereinigten Staaten gerade diese Art Einflussnahme auf die Rohstoffpreise, wie im nächsten Abschnitt dargestellt wird, für sich als einen Hebel für ihre Hegemonialpolitik nutzbar zu machen versuchen. Steuern auf billige Rohstoffpreise wären, als würde man den Menschen als Lösung für die Luftverschmutzung infolge rücksichtsloser Verbrennung von fossilen Energieträgern anraten, Masken zu tragen, jedoch sehenden Auges weiterhin mehr Fahrzeuge auf die Straßen bringen. Hier hilft offensichtlich die Verringerung oder am besten die Vermeidung der Verbrennung dieser Rohstoffe. Ähnliches gilt für das in 2023 verabschiedete deutsche Lieferkettengesetz, das die Produzentenfirmen verpflichten soll, Menschenrechte und Umweltstandards einzuhalten. Doch was nutzt ein solches Gesetz, wenn die Beschäftigten vor Ort davon nie etwas gehört haben? Solche Problemlösungsversuche müssen nutzlos bleiben, solange eine grundlegende Änderung der IWF-Politik der Überproduktion von Rohstoffen und der neokolonialistischen Weltarbeitsteilung unterbleibt. Selbst dieser kleine Schritt wird von den marktradikalen Kräften zum Beispiel in Deutschland unter dem Vorwand von »Bürokratieabbau« massiv bekämpft.

85 Ebenda
86 Ebenda
87 Ebenda

Um die Komplexität obiger Analyse der neokolonialistischen Weltarbeitsteilung auf ihren Kern zu reduzieren und diesen auch zuzuspitzen, kann das Gesagte wie folgt resümiert werden: Diese Weltarbeitsteilung blockiert die Industrialisierung, gesellschaftliche Entwicklung und die Demokratisierung in den Ländern des Globalen Südens. Sie ermöglicht die strukturell sinkenden Preise für Rohstoffe, agrarische Produkte und Waren aus den arbeitsintensiven Sektoren des Globalen Südens, sodass dadurch die Kapitalakkumulation und Wohlstandssteigerung hauptsächlich im Globalen Norden stattfindet, während der Globale Süden sich mit den Folgen der Nichtentwicklung wie der Massenarmut, unzureichender Gesundheitsversorgung und Bildung dauerhaft herumschlagen muss. Diese Weltarbeitsteilung beflügelt dank Dumpingpreisen einen übermäßigen Konsum von Billigwaren aus dem Globalen Süden, den steigenden Müll, den steigenden CO_2-Ausstoß und die Verschmutzung der Weltmeere. Hinzu kommt der übermäßige Verbrauch von fossilen Energien als Folge dieser Weltarbeitsteilung, die nachweislich die die Menschheit bedrohende Klimakrise hervorgebracht hat. Doch gibt es, wie das Beispiel der Migration zeigt, noch mehr negative Überraschungen.

Süd-Nord-Migration als Folge der neokolonialen Weltarbeitsteilung

Ein sehr wichtiger Pfeiler der neokolonialistischen Weltarbeitsteilung ist der aus dem Geflecht der internationalen Handelskonzerne und nationalen merkantilistischen Allianzen in den Ländern des Globalen Südens bestehende globale Merkantilismus. Die nationalen Großhändler im Globalen Süden blockieren in einer politischen Allianz mit diktatorischen oder autoritären Regierungen eine breit angelegte Industrialisierung und damit einhergehend auch die gesellschaftliche Umwälzung, indem sie die eigene nationale Produktion der brutalen Konkurrenz der aus dem Ausland importierten Fertigwaren aussetzen. Die nationalen Handelskapitale und westlichen wie östlichen Industriestaaten, sowie obendrein die USA als Architekt, sind die Hauptprofiteure dieses Geschäftsmodells. Daher stellen sie das Haupthindernis für die Industrialisierung und die Entwicklung der sich erweiternden Binnenmärkte in den Ländern des Globalen Südens dar.

Dieses merkantilistisch-kapitalistische Modell verhindert damit vor allem auch die Ausweitung nationaler Beschäftigungskapazitäten in den Ländern des Globalen Südens. Ein Großteil der wachsenden Bevölkerung in diesem Teil der Welt kann folglich von den nationalen Märkten nicht absorbiert werden. Dieser Sachverhalt erklärt, warum die Arbeitslosigkeit in den Ländern des Globalen Südens schon seit längerem stabil auf hohem Niveau schwankt. Laut internationalen Statistiken bewegt sich in Afrika die durchschnittliche Arbeitslosenquote im Zeitraum von 1991 bis 2023 zwischen 6 und 8 Prozent.[88] Die tatsächliche Quote dürfte jedoch deutlich höher über den offiziellen Daten liegen. In den einzelnen, von Rohstoffexporten stark abhängigen Staaten Afrikas ist die Arbeitslosenquote dramatisch hoch. In der Republik Kongo betrug diese Quote im selben Zeitraum zwischen 19 und 22 Prozent. Eine ähnliche Entwicklung ist in zahlreichen anderen Staaten Afrikas, so in Sudan, in Marokko, in Tunesien etc. zu beobachten. Kein Wunder, dass viele Menschen aus allen gesellschaftlichen Gruppen dieser Staaten für sich keine Lebensperspektive mehr in ihren Heimatländern sehen und daher, trotz erheblicher Gefahren für Leib und Leben, den Weg der Migration in die Länder des Globalen Nordens einschlagen.

Ein Blick auf Länder wie Südkorea, Malaysia, Singapur, Hongkong, inzwischen auch Indonesien, zeigt demgegenüber, um diese hier formulierte These auch durch Gegenbeispiele zu unterstreichen, dass eine Massenmigration aus diesen Ländern nach Europa oder anderen Industriestaaten nicht mehr zu beobachten ist. Der Grund dafür liegt auf der Hand. In den hier genannten Staaten gelang es den nationalen Kapitalen, sich gegen merkantilistische Allianzen durchzusetzen und die eigene nationale Industrialisierung und sukzessive Erweiterung der Aufnahmekapazitäten der nationalen Binnenmärkte für neue Arbeitskräfte voranzutreiben. Deshalb kommen auch aus diesen Staaten nicht mehr Arbeit suchende Migranten, sondern kaufkräftige Touristen in die Länder des Globalen Nordens.

Sicherlich findet ein Teil der Migration von Menschen aus den Mittelschichten der Länder des Südens statt. Diese Art der Migration erfolgt freilich nicht wegen Armut, sondern wegen der Verbesserung der eigenen Lebensperspektiven. Der Hauptgrund für die Süd-Nord-Massenmigration

88 Statista, 2024

scheint jedoch darin zu liegen, dass die Binnenmärkte der Länder des Globalen Südens stagnieren und daher einfach nicht in der Lage sind, massenhaft neue Arbeitsplätze für eine wachsende Bevölkerung zu schaffen. Es besteht kein Zweifel daran: Die Süd-Nord-Massenmigration ist der Bumerang der neokolonialistischen Weltarbeitsteilung, der seit Jahrzehnten den Staaten des Globalen Nordens auf die Füße fällt.

Zwar bringt die neokolonialistische Weltarbeitsteilung, die die Länder des Globalen Südens durch direkte oder strukturelle Gewalt in das Korsett der Lieferanten von billigen Rohstoffen, Agrarprodukten und Konsumgütern in arbeitsintensiven Sektoren eingepfercht hat, dem Globalen Norden erhebliche ökonomische Vorteile, aber auch Gegenkräfte wie die Massenmigration und die Gefahr von Destabilisierung durch das Aufkommen rechtsnationalistischer Parteien. Das Migrationsproblem ist in fast allen Ländern des Globalen Nordens, in den USA, Kanada und Australien ebenso wie in der Europäischen Union, inzwischen zum innenpolitischen Hauptproblem geworden, für das bisher keine menschenwürdige Lösung gefunden worden ist. Ganz im Gegenteil scheint sich das Migrationsproblem vor allem in den USA und der EU zu einem Pulverfass mit sozialer und politischer Sprengkraft zu entwickeln. Donald Trump führte, um erneut in das Weiße Haus einzuziehen, im Jahr 2024 einen Wahlkampf, der über weite Strecken gegen die aus Südamerika in die USA gekommenen Arbeitsmigrantinnen und -migranten gerichtet war. Er scheute sich dabei auch nicht, sich rassistischer und menschenfeindlicher Lügen, wie beispielsweise »die Migranten essen ihre Hunde und Katzen«, zu bedienen. Er kündigte auch an, als US-Präsident Massendeportationen durchzuführen und möglichst einen Großteil der elf Millionen illegalen lateinamerikanischen MigrantInnen aus dem Land zu werfen.

Auch die Wahlerfolge populistischer, rechter und rechtsradikaler Parteien in den Staaten der Europäischen Union sind definitiv Ausdruck des latenten Migrationsproblems, da diese Parteien bei den Bevölkerungen rassistische Ressentiments erzeugen und antidemokratische und konfliktschürende Tendenzen nachhaltig verstärken. Die Regierungen der EU-Staaten, allen voran die postfaschistische Regierung in Italien, versuchen die Überprüfung von Asyl suchenden Flüchtlingen außerhalb der EU-Grenzen, beispielsweise in Albanien, abzuwickeln. Inzwischen hat das EU-Parlament die Asylreform beschlossen, die den Weg für die Errichtung einer Festung Europa freilegt, um irregulärer Migration einen Riegel vorzuschieben. Damit sollen die Menschen, die aus sozialen Gründen nach Europa migrieren wollen, abgeschreckt werden.

Es ist offensichtlich: Die Staaten des Globalen Nordens, allen voran die USA, sind einerseits Hauptprofiteure der bestehenden neokolonialistischen Weltarbeitsteilung und erhöhen den Wohlstand ihrer Bevölkerungen Jahr für Jahr um gigantische Summen, beispielsweise, wie oben dargelegt, allein im Jahr 2021 um 17 Billionen Euro. Andererseits weigern sie sich mit aller Macht, die andere Seite derselben Weltarbeitsteilung zu akzeptieren, dass Millionen Menschen sich auf den Weg machen, um ein wenig an diesem Wohlstand teilzuhaben. Ganz besonders hilflos erscheinen dabei die öffentlichen Debatten über das Migrationsproblem, bei denen in der Regel das Klein-Klein der Möglichkeiten von Zurückweisung der Menschen an den Grenzen, von der Umgehung des Asylrechts und der Konventionen etc. im Vordergrund stehen – die Ursachen der Migrationsproblematik werden jedoch systematisch ausgeblendet. Es muss davon ausgegangen werden, dass die Migration aus dem Globalen Süden nicht ab-, sondern aufgrund des dort wachsenden »Bevölkerungsüberschusses« sogar drastisch zunehmen wird und dass die egoistische Ignoranz der Migrationsursachen die innenpolitische Destabilisierung und die Rechtsentwicklung in gefährlichem Ausmaß befördern dürfte. Der Wahlsieg von Donald Trump in den USA 2024, die Machtübernahme der postfaschistischen Partei von Meloni in Italien und der rechtspopulistisch-nationalistischen FPÖ in Österreich dürften unübersehbare Alarmsignale sein, die die Gesellschaften des Globalen Nordens nur mit dem Preis des eigenen Untergangs ignorieren könnten. Umso dringlicher erscheint, dass der Prozess hin zu einer multipolaren Weltordnung und einer Weltarbeitsteilung ohne armutbedingte Migration voranschreiten muss.

Neokolonialistische Weltarbeitsteilung im Dienst der US-Hegemonie

Die USA haben sich niemals damit begnügt, durch die Kontrolle der Ölstaaten und des gesamten Energieweltmarktes ihre Hegemonie den westlichen Verbündeten, letztlich der Welt, überzustülpen. Ihnen ist es darüber hinaus auch nach dem Sieg der antikolonialen Befreiungsbewegungen in der zweiten Hälfte des 20. Jahrhunderts gelungen, die Nord-Süd-Beziehungen in ihrer Gesamtheit in die neokoloniale Weltarbeitsteilung einzuflechten und ihren Verbündeten parallel zur Versorgung mit Billig-Öl aus denselben hegemonialen Motiven auch die Verfügbarkeit von aller Art von Rohstoffen und agrarischen Produkten zu Dumpingpreisen sicherzustellen.

Die für die Strategie der von den USA selbst geschaffenen mächtigen Finanzinstitutionen, die Weltbank und der IWF, stellen ihnen jene unsichtbare Machtressourcen zur Verfügung, die die USA befähigen, ihre Hegemonie in der Weltwirtschaft als Ganzes durchzusetzen. Beide Institutionen haben ihren Ursprung in dem 1944 geschaffenen Bretton-Woods-System. Der IWF ist ursprünglich gegründet worden, um Mitgliedsstaaten, die in eine Währungskrise geraten sind, zu helfen. Er hat sich jedoch mit der Zeit zu einem schlagkräftigen Hebel zur Instrumentalisierung und Kaperung der neokolonialistischen Weltarbeitsteilung durch die USA im Dienst ihrer hegemonialen Machtakkumulation und Machtausübung entwickelt. Im November 2023 waren 190 Staaten Mitglied dieser Finanzinstitution.

Die Entscheidungsstruktur des IWF offenbart die monopolistische Position der USA in den Bretton-Woods-Institutionen. Der Stimmenanteil der Mitgliedsstaaten entspricht nämlich dem Kapitalanteil des jeweiligen Mitglieds. Die USA verfügen über 16,5 Prozent des Grundkapitals des IWF und damit auch über 16,5 Prozent der Stimmen. Mit großem Abstand folgen dann Japan mit 6,14, die VR China mit 6,08 und die ökonomisch starken europäischen Staaten, Deutschland mit 5,31, Frankreich und Großbritannien mit jeweils 4,03 Prozent, usw. Der Kapital- und Stimmenanteil der einzelnen Staaten des Globalen Südens ist so gering, dass sie so gut wie keinen Einfluss auf die Politik des IWF haben. Im Gegensatz dazu verfügen die USA durch die Regelung der Sperrminorität mit ihrem 16,5-prozentigen Kapital- und Stimmenanteil über ein Vetorecht, funktional also eine monopolistische Position. Denn alle Entscheidungen des IWF müssen mit 85 Prozent der Stimmenrechte getroffen werden.

Damit haben die USA mit ihrem lediglich 16,5-prozentigen Stimmenanteil im IWF eine gigantische Macht in der Weltwirtschaft, die von keinem anderen Staat und auch keinem anderen Machtblock unterlaufen werden kann. Auch alle europäischen Verbündeten der USA, die zusammen die

Sperrminorität erreichen könnten, sind außerstande, den USA zu trotzen. Im Konfliktfall können sich die Staaten in der Regel untereinander gegen die USA nicht einigen, schon gar nicht mit Großbritannien, das sich weiterhin als eine Hegemonialmacht im Verborgenen fühlt und sich, wie bei allen US-Kriegen mehr oder weniger automatisch, den USA anschließt. Die USA sind so in der Lage, auch ihren westlichen Verbündeten ihren Willen aufzuoktroyieren.

Durch ihre Totalbeherrschung der Weltarbeitsteilung erscheinen die USA als eine Art globaler Dienstleister und globale Garantiemacht dafür, dass die teilweise auf physischer und teilweise auf struktureller Gewalt basierenden ökonomischen Vorteile auch ihren westlichen Verbündeten zugutekommen. Das hegemoniale Verhältnis der USA zu ihren westlichen Verbündeten beruht auf einem faktischen, jedoch nicht vertraglich geregelten Konsens. Im Kern geht es um die umfassende Kooperation zur Durchsetzung gemeinsamer Interessen zum gegenseitigen Vorteil, jedoch zu Lasten der Menschheit. Für ihren Dienst der dauerhaften Aufrechterhaltung der neokolonialistischen Weltarbeitsteilung erhalten die USA als Gegenleistung die absolute Loyalität, die oft – wie beispielsweise im Falle Deutschlands – bis hin zur teilweisen Aufgabe der nationalen Souveränität reicht. Diese mehr oder weniger unterwürfige Abhängigkeit der EU-Staaten von den USA dürfte neben der Migrationsfrage ein weiterer Grund für die Zunahme nationalistischer und rechtsradikaler Parteien in den meisten EU-Staaten wie in Italien, in Frankreich und in Deutschland sein. Tatsächlich sind auch diese Parteien außenpolitisch überwiegend antiamerikanisch und prorussisch.

Auf dem Austauschverhältnis – ökonomische Vorteile gegen Loyalität bzw. Unterwerfung auf internationaler Ebene – beruht das US-geführte Hegemonialsystem, freilich auf Kosten Dritter, eben des Globalen Südens. Die überwiegend in der Literatur und den Medien verwendete Begrifflichkeit von US-Dominanz anstelle von US-Hegemonie ist irreführend, sie ruft den Eindruck einer Verharmlosung der Beziehung der USA zum Rest der Welt hervor. In Wirklichkeit ist diese Beziehung im Kern eine imperialistische Beziehung den eigenen westlich-kapitalistischen Verbündeten und erst recht dem Globalen Süden gegenüber. Eine kleine Machtelite der Vereinigten Staaten, eben der *Deep State*, entscheidet durch die hegemoniale Struktur über das Schicksaal der Menschheit und des Planeten. Die US-Hegemonie ist nicht zuletzt das Haupthindernis dafür, dass die Industrialisierung für mehrere Milliarden Menschen ein unerfüllter Traum bleibt, und die meisten Staaten des Globalen Südens in einseitiger Abhängigkeit und Armut stecken bleiben. Konflikte und Bürgerkriege um Ressourcen bestimmen die Zukunft eines wachsenden Teils der Weltbevölkerung.

Summa summarum gibt es keinen Zweifel darüber, dass die USA mit ihrer hegemonial-monopolistischen Position in der Weltwirtschaft und mit den Instrumenten, die sie, wie beispielsweise das IWF-Strukturanpassungsprogramm, je nach Bedarf schaffen, die Vorgänge in der Weltwirtschaft in ihrem Sinne steuern, die Weltarbeitsteilung so formen, dass sie immer die Oberhand behalten und dass ihre hegemoniale Machtposition nicht gefährdet wird. Dadurch haben sie eine herausragende Sonderstellung und profitieren nicht nur von den ökonomischen Vorteilen der neokolonialistischen Weltarbeitsteilung, sondern auch zusätzlich von den Vorteilen, die durch ihre monopolistische Position entstehen.

Indem die westlich-kapitalistischen US-Verbündeten die neokolonialistische Monopolposition der Hegemonialmacht in den Finanzinstitutionen hinnehmen, akzeptieren sie auch bereitwillig die Hegemonie der Vereinigten Staaten in ihrer Gesamtheit und ihr verheerendes Dominanzpotenzial in der Weltwirtschaft, selbst wenn sie zuweilen auch gegen die eigenen Interessen gerichtet sind.

Kapitel 4: Machtressource Militärisch-Industrieller Komplex (MIK) der USA

Militarismus als DNA der US-Staatswerdung

Die Vereinigten Staaten sind seit ihrer Gründung 1776 ein Interventionsstaat. Seit diesem Datum haben sie nach einer Untersuchung der amerikanischen Tufts-Universität bis 2019 über 400 Militärinterventionen unternommen.[89] Vor den beiden Weltkriegen waren die Militärinterventionen eher regional und dienten im Großen und Ganzen der imperialistischen Territorialerweiterung durch Annexion der Nachbarstaaten. Nach dem Ersten Weltkrieg und dem Aufstieg der USA zur Weltmacht fanden US-Kriege in allen Kontinenten statt. Schon diese mit Militärintervention und Kriegen verwachsene Verschmelzung offenbart die Existenz einer tief in der amerikanischen Gesellschaft verwurzelten Rüstungsindustrie, die schon lange nicht allein dazu diente, den Bedarf der US-Regierungen an Rüstungsmaterial zu decken. Sie ist inzwischen eine sich selbst reproduzierende gesellschaftliche Institution geworden, die in allen gesellschaftlichen Bereichen, in den Universitäten und Kultur- und Bildungseinrichtungen, im Gesundheitsbereich, in den Kommunen, in den Parteien und in den zivilgesellschaftlichen Think Tanks tiefe Wurzeln geschlagen hat. Die Annahme wäre sicherlich gut begründet, dass in den Vereinigten Staaten ein kulturell verankertes Bewusstsein für die Normalität der Rüstungsindustrie als unzertrennlicher Bestandteil der US-Ökonomie und Gesellschaft anzutreffen ist. Die National Rifle Association of America (NRA) belegt, wie tief die Identifikation mit Waffen und Rüstung in den USA verankert ist.

Das US-Militär betreibt gegenwärtig weltweit 5429 Militärstützpunkte, davon 4564 in den USA selbst und 865 außerhalb des Landes und über den gesamten Globus verteilt. Die größten Weltrüstungskonzerne wie Lockheed Martin, Boeing, Raytheon und Northrop Grumman u. a. sind in den USA zu Hause; sie produzieren 60 Prozent der weltweiten Rüstungsproduktion.

89 Monica Toft, A New Dataset on US Military Interventions, 1776–2019, Jan. 2022, in *Journal of Conflict Resolution*

Mit 1,43 Millionen Soldaten ist die US-Armee eine gigantische Beschäftigungsmaschinerie und zudem auch ein großer Energieverbraucher. Damit der Energiefluss für sie nie unterbrochen wird, hat der US-Kongress 1998 das Militär vom Kyoto-Protokoll ausgenommen.[90]

Die Hauptkunden der US-Rüstungsindustrie sind außer dem Pentagon das westliche Ausland. Tatsächlich sind die NATO-Staaten die größten Käufer der US-Rüstungsindustrie. Die NATO selbst hat sich inzwischen zu einer Rüstungsaufträge beschaffenden Institution entwickelt. Mit dem NATO-Rats-Beschluss von 2014, alle Mitglieder der NATO zur Erhöhung ihres Militärbudgets auf 2 Prozent ihres BIP zu verpflichten, trägt dieser jedenfalls mit dazu bei, dass die Rüstungsindustrie für die nächsten Dekaden volle Auftragsbücher bekommt. Der russische Überfall auf die Ukraine hat bewirkt, dass viele NATO-Staaten, darunter Deutschland, inzwischen mehr als 2 Prozent ihres BIP für die Rüstung, darunter Rüstungsgüter aus den USA, ausgeben. Eine Drohung von Donald Trump, als US-Präsident in seiner ersten Amtszeit säumige NATO-Mitglieder vor Russland nicht schützen zu wollen,[91] reichte aus, um eine neue Aufrüstungswelle in Gang zu setzen.

Diese Erfahrung, mit welcher Leichtigkeit die USA ihre NATO-Verbündeten zur Steigerung von Rüstungsausgaben drängen können, ermutigte Donald Trump schon vor seiner Inauguration für die zweite Amtszeit im Dezember 2024, die 5 Prozent Rüstungsausgaben für die NATO-Mitglieder ins Gespräch zu bringen. Dem US-Präsidenten ist sicherlich bewusst, dass die Kriegstreiber in Europa, allen voran in Deutschland und beflügelt vom russischen Angriffskrieg in der Ukraine, beginnen werden, nach dem Motto »Wer bietet mehr?« mit noch mehr Prozenten Rüstungsausgaben einen Überbietungswettbewerb in Gang zu setzen. Robert Habeck, der Kanzlerkandidat der Grünen, machte sich dabei mit 3,5 Prozent des BIP für Rüstung in Deutschland zum Spitzenreiter. Die vom SPD-Verteidigungsminister und von der FDP genannten (nur) 3 Prozent Rüstungsausgaben erschienen demgegenüber als gemäßigt. Während es völlig unklar ist, woher die Mittel für eine rasante Steigerung der Rüstungsausgaben kommen sollten und ob damit die Sicherheit für die Deutschen und die EU einen Deut erhöht würde,

90 Werner Rügemer, in: *NachDenkSeiten* vom 2. September 2019
91 *Deutschlandfunk* vom 11. Februar 2024

steht schon der Gewinner dieses Coups fest: die amerikanische Rüstungsindustrie und deren Deal-Maker Donald Trump.

Einfluss des MIK auf Gesellschaft und Politik

In keinem anderen Staat als in den USA hat der Rüstungssektor so einen Einfluss auf Gesellschaft und Politik. Die Einflussnahme des Rüstungssektors lässt sich in Anlehnung an eine umfassende politökonomische Analyse von Joan Roelofs in drei Bereichen – Regierung, Unternehmen und gemeinnützige NGOs – belegen.[92] Im Folgenden wird versucht, auf der Basis dieser Studie ein möglichst ganzheitliches Profil des US-militärisch-industriellen Komplexes mit dessen ökonomischen, politischen, sozialen und kulturellen Verzweigungen und Besonderheiten aufzulisten.

Erstens erhalten sämtliche Industriezweige, vor allem die Bauindustrie, Aufträge vom Pentagon. Darüber hinaus werden Außenseiter wie Buchverlage durch Großaufträge aus dem Verteidigungsministerium unterstützt.[93]

Zweitens produzieren sämtliche Rüstungsfirmen nur in den Vereinigten Staaten, lediglich das Zubehör wird importiert.

Drittens haben die Rüstungsfirmen im Allgemeinen dadurch eine Sonderstellung in der US-Wirtschaft, dass sie ständig wachsen und von Rezessionen nicht betroffen sind, weil sie sich auf steigende Nachfrage durch Staatsaufträge verlassen können und in einigen Regionen als Arbeitgeber ein absolutes Monopol haben. Dadurch sind sie in der Lage, Kommunalpolitiker und Abgeordnete im Kongress als Fürsprecher zu beeinflussen sowie einen breit gefächerten Multiplikatoreffekt zu nutzen.[94]

Viertens hat sich der Beschäftigungsaspekt bei den Protagonisten der Waffenindustrie zur stärksten politischen Waffe entwickelt.[95] Zu diesem Zweck pflegt die US-Rüstungsindustrie gute Beziehungen zu den Gewerkschaften.

Fünftens ist die Rüstungsindustrie für den Finanzsektor die Anlagesphäre mit den mit Abstand höchsten Renditen. So mobilisieren die größten

92 Joan Roelofs, 2018: The Political Economy of the Weapons Industry, in: *Counterpunch print magazine*, Vol. 25, No 3. Deutsche Übersetzung mit zahlreichen dokumentarischen Ergänzungen siehe in: *Luftpost*, 113/18, 10.08.2018

93 Ebenda, S. 2

94 Ebenda

95 Ebenda, S. 3

Vermögensverwalter der Welt, wie BlackRock und Vanguard, Investoren aus der ganzen Welt für die Rüstungsindustrie. Auch staatliche und lokale Pensionsfonds, Individualanleger aus dem Mittelstand und Kirchen der Vereinigten Staaten sind bedeutende Anleger im Rüstungssektor.[96]

Sechstens erfreut sich die Rüstungsindustrie der propagandistischen Unterstützung der gesamten US-Regierungsadministration. So finden sich Militärprojekte auf den Webseiten zahlreicher Ministerien, beispielsweise des Außenministeriums, des Ministeriums für Innere Sicherheit, des Innenministeriums, des Entwicklungshilfe-Ministeriums und sogar des Landwirtschaftsministeriums.

Siebtens sind CIA, FBI und NASA wichtige Kunden der Rüstungsindustrie.[97]

Achtens stehen durch die über 5000 Militärbasen im Land zahlreiche US-Kommunen in starker Abhängigkeit von der Rüstungsindustrie. Das gilt ganz besonders für mindestens 400 größere von ihnen, die als Arbeitgeber ein absolutes Monopol besitzen.

Neuntens ist die größte Militärbasis der USA in Fort Bragg, North Carolina, selbst eine Kleinstadt. Regionale Abgeordnete sind wichtige Lobbyisten der Rüstungsindustrie. Diese finanziert zudem den Wahlkampf zahlreicher Kongressabgeordneter, so dass man insgesamt von einer systematischen Unterwanderung des US-Kongresses sprechen könnte.

Zehntens sind wichtige Adressaten des Rüstungssektors nach Joan Roelofs auch gemeinnützige NGOs, wie beispielsweise die Pfadfinder und das Rote Kreuz. Bedeutende NGOs wie RAND Cooperation, das Institute for Defense Analysis, American Enterprise Institute, Atlantic Council on Foreign Relations sind direkte Partner der Rüstungsindustrie.[98]

Elftens legt die Rüstungsindustrie großen Wert auf intensive Beziehungen zu den Bildungseinrichtungen. Außer der National Defense University bieten über 100 Universitäten gegen finanzielle Zuwendungen Studienfächer zur militärischen Ausbildung an.[99]

Zwölftens macht der Rüstungssektor auch vor Beeinflussung von philanthropischen, kulturellen, sozialen, ökologischen und beruflichen

96 Ebenda
97 Ebenda
98 Ebenda, S. 4f.
99 Ebenda, S. 5

Organisationen nicht halt. Dies geschieht durch Spenden, gesponserte Veranstaltungen, Konzerte, Ausstellungen sowie ausgelobte Preise. Durch finanzierte Sitze in den Verwaltungsräten und Leitungsgremien wird dafür gesorgt, dass kritische Stellungnahmen dieser Institutionen mit Bezug auf den Rüstungssektor unterbleiben und stattdessen ein positives Bild über die Rüstungsindustrie in der Öffentlichkeit vermittelt wird.[100]

Dreizehntens unternimmt der militärisch-industrielle Komplex besondere Anstrengungen im Hinblick auf wirksame Propaganda. Laut *Spiegel* beschäftigt das Pentagon eine PR-Armee in den Medien. Mit Bezugnahme auf einen Bericht der *New York Times* schreibt der *Spiegel*, dass das Pentagon eine Truppe von TV-Militärexperten beschäftigt, die gehalten sind, »Desinformationen über die Pentagon-Kriege zu entgegnen«.

Man könnte durch weitere Aufzählungen das Profil des militärisch-industriellen Komplexes näher präzisieren. Die oben aufgelisteten dreizehn Merkmale mögen jedoch genügen, um zu zeigen, dass die Rüstungsindustrie inzwischen die gesamte amerikanische Gesellschaft infiltriert hat. Lobbyisten und Befürworter der Waffenproduktion und Kriege sind daher in allen gesellschaftlichen Bereichen zu finden. Der wichtigste Hebel für die gesellschaftliche Verankerung eines positiven Bildes von Rüstung und Krieg ist die strukturelle Abhängigkeit von möglichst vielen größeren und kleineren gemeinnützigen Institutionen und Initiativen durch finanzielle Zuwendungen.

Alles in allem ist eine US-Gesellschaft, die frei vom Einfluss der Rüstungsindustrie ist, gegenwärtig so gut wie undenkbar, und die Aussicht auf Reformen aus eigener Kraft zur Reduktion der Rolle der Rüstungsindustrie tendiert gegen null. Allein das Pentagon verschlingt inzwischen kontinuierlich zwischen 700 und 800 Milliarden Dollar jährlich. Dies macht ca. 6 Prozent des amerikanischen BIP aus. Doch das sind nur die ausschließlich für den Militärsektor vorgesehenen Ausgaben. Rechnet man die gesamten Finanzmittel, die indirekt über die Haushaltsposten aller anderen Sektoren in den militärisch-industriellen Komplex fließen, so dürfte ein deutlich höherer Betrag, das Zweifache des Betrages für das Pentagon, herauskommen. Bei einer konservativen Schätzung kann davon ausgegangen werden, dass zum Beispiel im Jahr 2022 ca. 10 Prozent des amerikanischen BIP, d. h. 2,1 Billionen

100 Ebenda, S. 6

Dollar, im Zusammenhang mit dem US-Militär und Kriegen verwendet worden sind. Zudem sind schätzungsweise auch 10 Prozent der Beschäftigten, d. h. ca. 15 Millionen Menschen, bei 158 Millionen Gesamtbeschäftigten, im Bereich des militärisch-industriellen Komplexes tätig.

Viel stärker als bei den Rüstungsausgaben werden die wahren Kosten von Kriegen durch die jeweiligen Regierungen verschleiert. Dem Ökonomie-Nobelpreisträger Joseph Stiglitz und der Harvard-Finanzwissenschaftlerin Linda Bilmes kommt daher das Verdienst zu, in einer gemeinsamen Studie die wahren Kriegskosten minutiös für den Irak-Krieg ermittelt zu haben. Demnach setzen sich diese Kosten deutlich über die laufenden operativen Kosten hinaus aus weiteren Faktoren wie den zukünftigen operativen Kosten, den zukünftigen Kosten der Veteranenversorgung, den sozialen Kosten und den Zinsen der gesamtwirtschaftlichen Kosten zusammen. Bei dieser umfassenden Betrachtung betrugen die Kosten des Irak-Krieges 5000 Milliarden US-Dollar, also beinahe das 20-Fache der reinen laufenden operativen Kosten.[101] Stiglitz und Bilmes heben zudem den Blutzoll von fast 4000 US-Soldaten, die im Krieg ihr Leben lassen mussten und das Leid von 100.000 US-Soldaten mit körperlicher Verstümmelung und psychischen Belastungen hervor, die monetär nicht zu erfassen sind. Für den Irak-Krieg gab es zu keinem Zeitpunkt eine politische Legitimation, er wurde bekanntlich von dem berühmt-berüchtigten Deep State, also Menschen und Institutionen, die dem MIK nahestehen, mit falschen Behauptungen und Lügen begründet.

Bei einer rückblickenden Betrachtung sind sämtliche schon 1961 von dem scheidenden 34. US-Präsidenten Dwight D. Eisenhower bei seiner Abschiedsrede geäußerten Befürchtungen im Zusammenhang mit dem militärisch-industriellen Komplex Realität geworden, ja möglicherweise sogar weit übertroffen worden:

»Wir waren gezwungen«, so Eisenhower, »eine permanente Rüstungsindustrie von gewaltigen Ausmaßen zu schaffen. Hinzu kommt, dass dreieinhalb Millionen Männer und Frauen direkt im Verteidigungswesen tätig sind. Allein für die militärische Sicherheit geben wir jährlich mehr aus als das Nettoeinkommen aller US-amerikanischen Unternehmen. Jetzt ist

101 Joseph Stiglitz, Linda Bilmes, Die wahren Kosten des Krieges. Wirtschaftliche und politische Folgen des Irak-Konflikts, München 2008, S. 46f.

diese Verbindung eines immensen militärischen Establishments und einer großen Rüstungsindustrie neu in der amerikanischen Erfahrung. Der totale Einfluss – wirtschaftlich, politisch, sogar spirituell – ist in jeder Stadt, jedem Statehouse, in jedem Amt der Bundesregierung zu spüren. Wir erkennen die zwingende Notwendigkeit dieser Entwicklung an. Wir dürfen jedoch die schwerwiegenden Auswirkungen nicht übersehen. Unsere Arbeit, Ressourcen und unser Lebensunterhalt sind alle involviert. (...) In den Regierungsräten müssen wir uns davor schützen, dass der militärisch-industrielle Komplex ungerechtfertigten Einfluss erlangt, egal ob er gesucht oder nicht gewünscht wird. Das Potenzial für den katastrophalen Aufstieg fehlgeleiteter Macht besteht und wird bestehen bleiben. Wir dürfen niemals zulassen, dass das Gewicht dieser Kombination unsere Freiheiten oder demokratischen Prozesse gefährdet. Wir sollten nichts für selbstverständlich halten. Nur eine aufmerksame und sachkundige Bürgerschaft kann die ordnungsgemäße Vernetzung der riesigen industriellen und militärischen Verteidigungsmaschinerie mit unseren friedlichen Methoden und Zielen erzwingen, damit Sicherheit und Freiheit gemeinsam gedeihen können.«[102]

MIK und viele Rätsel

Tatsächlich kann seit längerem niemand in den USA ohne die Zustimmung der Rüstungsindustrie Präsident werden. Der als Deep State in diesem Zusammenhang unterstellte Verdacht ist zwar schwer nachzuweisen, ist jedoch auch nicht grundsätzlich von der Hand zu weisen. John Mearsheimer und Jeffrey Sachs, beide sehr einflussreiche US-Wissenschaftler, haben bei einer öffentlichen Diskussion den Versuch unternommen, das Geheimnis des Tiefen Staates ein wenig zu lüften.[103] Es handele sich demnach im Prinzip um den starken Verwaltungsstaat, der anlässlich zahlreicher Kriege der USA in jedem Winkel der Welt entstanden ist. Die US-Außenpolitik sei seit 30 Jahren nahezu unabhängig davon, welche der beiden Parteien den Präsidenten stellt. Alle US-Regierungen seien darauf angewiesen, dass ein mächtiges Gremium die Außenpolitik der Vereinigten Staaten managt, in dem

102 https://www.youtube.com/watch?v=7GrnHnK2NP4
103 https://youtu.be/zP9ZnDTUVRc?si=4ETZvu0lcUgGecKo

hochrangige Bürokraten aus dem Pentagon und der Geheimdienstgemeinschaft mitarbeiten. Victoria Nuland und John Bolton seien beispielsweise bekannte Gesichter des Tiefen Staates. Nuland war die Beraterin von Hillary Clinton, von Dick Cheney und schließlich auch von Joe Biden – also Beraterin der Präsidenten beider Parteien.

Über das Militärbudget gibt es in den parlamentarischen Gremien und den Medien der Vereinigten Staaten so gut wie keine kontroversen Debatten, Beschlüsse dazu werden ziemlich geräuschlos von beiden legislativen US-Institutionen, dem Kongress und dem Senat, durchgewunken. Der Frage jedoch, wie ein solcher parteiübergreifender gesellschaftlicher Konsens über einen äußerst kostspieligen gesellschaftlichen Bereich überhaupt möglich sein kann, wird generell wenig Beachtung geschenkt. Immerhin geht es um einen beachtlichen Teil des BIP, der Jahr für Jahr für die Finanzierung der gigantischen Rüstungsausgaben abgezweigt werden muss und der dann für andere wichtige gesellschaftliche Aufgaben, wie die Modernisierung der teilweise maroden Infrastruktur, für Klimaschutzpolitik, für eine humane Krankenversicherung, Armutsbekämpfung und die Bewältigung des um sich greifenden Obdachlosenproblems nicht zur Verfügung steht.

Wieso wird diese Art unvorstellbar großzügiger Finanzierung der Rüstungsindustrie durch die jeweilige Oppositionspartei überhaupt nicht thematisiert, wieso nicht von den Gewerkschaften oder von anderen zivilgesellschaftlichen Gruppen auf die Tagesordnung gesetzt? An einer tatsächlichen oder gefühlten Bedrohung der nationalen Sicherheit der USA kann es nicht liegen, dass der Ausbau der Rüstungsindustrie für Amerikas Bürgerinnen und Bürger die allererste Priorität hätte. Ein Vergleich mit den europäischen Verbündeten der USA mag diesen Widerspruch unterstreichen. Denn die sicherheitspolitische Bedrohungslage für sie ist zweifelsohne unvergleichbar virulenter als für die USA. Und trotzdem werden Rüstungsausgaben in den EU-Staaten offen diskutiert und vor allem von zivilgesellschaftlichen Gruppen auch hinterfragt. Europas Regierungen haben in der Regel große Mühe, Erhöhungen der Rüstungsausgaben zu legitimieren.

Eine mögliche Antwort auf die gestellte Frage scheint die vom nationalen Steuereinkommen unabhängige Finanzquelle zu sein, über die die Vereinigten Staaten tatsächlich verfügen. Eine solche exklusive Finanzquelle gibt es, wie im Kapitel 6 näher dargelegt wird, in der Tat, weil die USA dank des Dollars als Weltwährung über die einmalige Option verfügen, sich gegenüber dem Rest der Welt anhaltend zu verschulden, ohne ihre Schulden je zurückzahlen zu müssen. Diese Option setzt die US-Regierungen in die Lage, die Rüstungsausgaben zu finanzieren, ohne die US-Steuerzahler zu belasten.

Kapitel 5: Die NATO und die US-Hegemonie

Die NATO feierte im Jahr 2024 das 75. Jahr ihrer Gründung. Sie fand 1949 kurz nach dem Ende des Zweiten Weltkrieges, also in einer Epoche der Herausbildung einer neuen globalen Ordnung, statt. Die Berlin-Blockade durch die Sowjetunion 1948 und die Zündung der ersten sowjetischen Wasserstoffbombe im gleichen Jahr haben die USA und andere westliche kapitalistische Staaten in Europa dazu bewogen, nach dem Krieg militärisch näher zusammenzurücken und eine antikommunistische Militärallianz zu gründen. Die Sowjetunion war ohnehin zum Hauptfeind des Westens erklärt worden, der die Existenz eines Militärbündnisses westlicher Siegermächte als unerlässlich erscheinen ließ und auch politisch legitimierte. Die NATO wurde ursprünglich durch zwölf westliche Staaten, nämlich Belgien, Dänemark, Frankreich, Großbritannien, Island, Italien, Kanada, Luxemburg, Niederlande, Norwegen, Portugal und USA gegründet. Die Bundesrepublik Deutschland trat erst im Mai 1955 der NATO bei. Inzwischen sind 32 Staaten Mitglieder dieses kollektiven Militärbündnisses. Schweden ist als letztes Land 2024 der NATO beigetreten. Artikel 5 des NATO-Vertrages stellt inhaltlich den Kern der Organisation dar, er enthält die Beistandsklausel, nach der ein Angriff auf ein Mitgliedsland als Angriff auf die gesamte NATO angesehen wird.

Nach eigenem Selbstverständnis ist die NATO eine »freie demokratische Wertegemeinschaft«.[104] Trifft aber diese Selbstdefinition überhaupt zu? Dazu gibt es durchaus berechtigte Zweifel. Denn manche Mitgliedsstaaten waren bei ihrem Beitritt zur NATO, wie unten im Abschnitt »NATO in kolonialistischer Tradition« ausführlicher dargelegt wird, keine Demokratien. Insofern dient die Behauptung, die NATO sei eine »freie demokratische Wertegemeinschaft«, der ideologischen Legitimation ihrer Politik und ist auf jeden Fall eine Irreführung der öffentlichen Meinung. Sevim Dağdelen bestreitet vehement, dass die NATO überhaupt ein Wertebündnis ist. Ihrer empirisch fundierten Analyse der Entstehung und Praxis der NATO zufolge verletze

104 Bundesminister der Verteidigung: die Nato-Allianz für Sicherheit und Werte, Dokument ohne Datum.

dieser militärische Pakt systematisch das Völkerrecht, die NATO verteidige weder die Demokratie und Rechtsstaatlichkeit noch die Menschenrechte.[105]

Die formale Struktur der NATO, dass sich die Zentrale der NATO in Brüssel befindet und dass der NATO-Generalsekretär in der Regel ein Nichtamerikaner ist, soll den Schein einer demokratischen Gleichberechtigung aller Mitglieder erwecken. In gleicher Weise kann auch das Einstimmigkeitsprinzip bei den NATO-Entscheidungen gedeutet werden. Ein Blick auf die internen asymmetrischen Machtverhältnisse der NATO zeigt jedoch ein völlig anderes Bild: *Erstens* verfügen die Vereinigten Staaten allein über die umfangreichsten Militärkapazitäten zur Durchsetzung der Ziele des Militärbündnisses. Die USA decken in der Regel über 90 Prozent des Militärbudgets der gesamten NATO. Der Anteil der USA am Budget der NATO belief sich beispielsweise im Jahr 2014 auf einen Betrag von 660.210 von insgesamt 703.362 Milliarden Dollar und im Jahr 2022 auf den Betrag von 910.359 von 1.037.493 Milliarden Dollar. *Zweitens* besitzen die USA über 800 Militärstützpunkte in allen Teilen der Welt. Die Militärstützpunkte der übrigen NATO-Mitgliedsstaaten außerhalb der NATO zusammen bewegen sich auf unter 20. *Drittens* haben allein die USA ein global umfassendes Netz von Regionalkommandos, darunter CETOCOM, das für Zentralasien, den Mittleren Osten und Nordafrika zuständig ist. *Viertens* sind die USA mit ihren fast 6000 Atomsprengköpfen die größte Nuklearmacht der Welt, und *fünftens* sind die USA mit ihren 11 Flugzeugträgern auch die größte Macht auf den Weltmeeren. Man kann ohne Zweifel sagen, dass die NATO mit den USA alles und ohne sie nichts ist.

Mit diesem Einblick über den Umfang von militärischen Kapazitäten steht eindeutig fest: Die USA sind, entgegen dem Schein einer Gleichberechtigung aller Mitglieder, das Mitgliedsland, das mit Abstand über die größten militärischen Machtressourcen verfügt und daher auch in der Praxis in der Lage ist, das Verteidigungsbündnis in den Dienst ihrer Hegemonialinteressen zu stellen. Im Lichte historischer Abläufe scheint der Schlüssel der freiwilligen Zustimmung westlicher Verbündeter zur US-Hegemonie in der Weltwirtschaft und den gemeinsamen Interessen zur Aufrechterhaltung der neokolonialistischen Arbeitsteilung zu liegen. Darauf beruht die Leichtigkeit, mit der Japan

105 Sevim Dağdelen, Die Nato. Eine Abrechnung mit dem Wertebündnis, Neu-Isenburg 2024. In der Einleitung des Buches, S. 7ff., kritisiert Dağdelen die drei werteorientierten Mythen der NATO.

und die westeuropäischen Staaten der NATO beigetreten sind und das eigene sicherheitspolitische Schicksal einer raumfremden Macht anvertraut haben. Die Europäische Union wurde nach ihrer Gründung rasch sicherheitspolitisch durch die NATO-Mitgliedschaft der allermeisten EU-Staaten zu einem sicherheitspolitischen Vasallen der USA. Sämtliche osteuropäischen Staaten traten nach dem Zusammenbruch der Sowjetunion und des Warschauer Pakts erst der NATO bei, um dann einige Jahre später der EU beizutreten.

Der Warschauer Pakt wurde auf Initiative der Sowjetunion und als Reaktion auf den Beitritt der Bundesrepublik Deutschland zur NATO 1955 als östliches Gegenmodell zur NATO gegründet. Nach dessen Auflösung 1991 und damit auch dem Ende des Kalten Kriegs entstand die historische Gelegenheit für die westlichen Staaten, Rationalität und Vernunft vorausgesetzt, auch die NATO aufzulösen und einen ost-westlichen Abrüstungsprozess sowohl nuklear wie konventionell in Gang zu setzen. Dadurch wäre es auch möglich geworden, dem Menschheitstraum Rechnung zu tragen und die frei werdenden umfangreichen menschlichen und materiellen Ressourcen für die Verbannung des Hungers und der Armut in der Welt und der unabdingbaren Transformation der Weltwirtschaft zur Überwindung des Klimawandels einzusetzen.

Doch haben sich am Ende des Tages die Gesetze der Irrationalität und der Unvernunft, oder anders gesagt die toxischen Interessen einer dünnen Schicht der reichen, höchst einflussreichen Eliten in der westlichen Welt, vor allem in den USA, durchgesetzt: Die NATO wurde nicht aufgelöst, nein, sie sollte vielmehr in der kommenden, nunmehr unipolaren Welt weiter in alle Richtungen ausgebaut und zu einem schlagkräftigen Instrument der US-Hegemonie, wie es in den folgenden drei Jahrzehnten auch tatsächlich stattgefunden hat, verwandelt werden. Zur Erreichung dieses Ziels sollten zuallererst jegliche Ablösungstendenzen Westeuropas innerhalb der NATO ausgemerzt und West- und Osteuropa zusammen zum sicherheitspolitischen Vasallen der USA gemacht werden, notfalls durch gezielte Kriegsinszenierungen in Europa. Der Jugoslawien-Krieg in 1999 und der russische Überfall auf die Ukraine in 2022 sind wichtige Etappen im Prozess der vollständigen Unterwerfung Europas unter das Joch der US-Hegemonialmacht, um möglicherweise in der bevorstehenden Auseinandersetzung mit der VR China und Russland um die Perspektive einer multipolaren Weltordnung besser gewappnet zu sein.

Der Jugoslawien-Krieg: Europäisch-russische Annäherung verhindern

Die Vereinigten Staaten haben durch ihre Beteiligung am Jugoslawien-Krieg im Jahr 1999 im Ergebnis verhindert, dass die OSZE den entstandenen Konflikt im damaligen Jugoslawien diplomatisch löst. Denn durch die sozialdemokratische Entspannungspolitik hatte die Bundesrepublik Deutschland in den 1970er Jahren ihre Eigenständigkeit gegenüber der westlichen Hegemonialmacht signifikant erhöht. Deutsche Sozialdemokraten begannen, dank Michael Gorbatschow, vom Europäischen Haus und einer gemeinsamen Sicherheit, die sich von Lissabon bis Wladiwostok erstreckt, zu träumen. Die in der Epoche der Blockkonfrontation unter Beteiligung der Sowjetunion entstandene Konferenz für Sicherheit und Zusammenarbeit (KSZE) wurde in die Organisation für Sicherheit und Zusammenarbeit (OSZE) mit Organisationsstruktur und Finanzausstattung und ständigem Sitz in Wien umgewandelt. Diese auf Kooperation und friedliche Koexistenz aufgebaute Organisation hatte perspektivisch tatsächlich das Potenzial, die Grundlage für diplomatische Lösungen der innereuropäischen Konflikte zu schaffen.

Dadurch wäre die NATO als gesamtwestliches Verteidigungsbündnis allerdings im Grunde überflüssig geworden und den USA de facto auch ein wichtiges Fundament ihrer Hegemonie abhandengekommen. Tatsächlich hätte auch die Europäische Union die Chance gehabt, das Konzept der gemeinsamen Sicherheit und der grundsätzlich richtigen Überzeugung, dass die Sicherheit Europas mit und nicht gegen Russland zu erreichen ist, weiterzuentwickeln. Dieses Konzept behält auch heute nach über drei Jahrzehnten seine Richtigkeit bei, obwohl fatalerweise die heutige Elite der Sozialdemokratie, den transatlantischen Sicherheitsmaximen folgend, der von Willy Brandt und Egon Bahr vorangetriebenen Idee der Kooperation und gemeinsamen Sicherheit den Rücken gekehrt hat.

Denn die Alternative zur gemeinsamen Sicherheit in Europa wäre ein weltweites Wettrüsten und eine weitere Vergeudung beträchtlicher Ressourcen, im schlimmsten Fall sogar ein Dritter Weltkrieg und die Zerstörung des Planeten, eine Gefahr, die heute angesichts des noch schwelenden Ukraine-Krieges und Israels Vernichtungskrieges in Palästina und Libanon wie nie zuvor mit Händen zu greifen ist. Das Konzept der gemeinsamen Sicherheit hätte demgegenüber auch mit an Sicherheit grenzender Wahrscheinlichkeit den Grundstein für den Beginn einer nuklearen Abrüstung legen können. Denn Russland als Nachfolgestaat der Sowjetunion hat selbst ein dezidiertes Eigeninteresse, die Strategie der friedlichen Koexistenz der Sowjetunion auch nach deren Zusammenbruch fortzusetzen. Es hätte daher keine andere Wahl, als den Beginn der eigenen nuklearen Abrüstung für das Zustandekommen des »gemeinsamen europäischen Hauses« einzuleiten und durch Abrüstungsschritte glaubwürdig zu belegen. Denn die Europäische Union wäre aus gutem Grund niemals bereit, mit einem Russland die Perspektive einer gemeinsamen Sicherheit überhaupt zu erwägen, das seine Nuklearkapazitäten beibehält. Die Glaubwürdigkeit Russlands bedeutet keineswegs dessen nukleare Entwaffnung, sondern den Beginn der Verschrottung eines Teils seiner nuklearen Sprengköpfe und die Bereitschaft zur vollständigen Verschrottung unter der Bedingung, dass auch die USA und andere westliche Atommächte ebenfalls mit der Verschrottung ihrer nuklearen Potenziale beginnen müssten. Dadurch würde der Legitimationsdruck auf die USA massiv erhöht, mit der nuklearen Abrüstung ebenfalls zu beginnen.

So gesehen würde die Perspektive der gemeinsamen Sicherheit in Europa gleichzeitig ein Fenster zur globalen Abrüstung der Atomkapazitäten und Abrüstung der anderen Massenvernichtungswaffen eröffnen. Ungeachtet dessen wurde die Vorstellung einer Zukunft für gemeinsame Sicherheit in Europa seitens der Hegemonialkräfte in den USA eher als eine massive Bedrohung wahrgenommen, da dadurch eines Tages eine deutsch-russische Supermacht als konkurrierende Weltmacht zu den Vereinigten Staaten entstehen könnte. Die USA nahmen serbische Menschenrechtsverletzungen in Bosnien unter dem Vorwand der vermeintlichen Verteidigung der Menschenrechte zum Anlass, gegen Serbien, also mitten in Europa, einen Krieg zu führen. Tatsächlich verfolgten sie aller Wahrscheinlichkeit nach jedoch die Absicht, eine EU-Russland-Annäherung im Keim zu ersticken.

Richtig war auf jeden Fall, den serbisch-nationalistischen Kräften mit Slobodan Milošević an der Spitze Einhalt zu gebieten und Kriegsverbrechen zu verhindern. Die OSZE war genau für einen solchen innereuropäischen Konfliktfall geschaffen. Sie hatte in der Tat auch angefangen, den Konflikt zu entschärfen und ihn ohne weitere Gewaltanwendung diplomatisch und mit Hilfe von ökonomischen Sanktionen zu lösen. Dazu kam es jedoch nicht, weil die USA, übrigens zu allem Überfluss mit Hilfe der deutschen rot-grünen Schröder-Fischer-Bundesregierung, es geschafft haben, zum ersten Mal nach dem Zweiten Weltkrieg unter dem Vorwand der Verhinderung serbischer Kriegsverbrechen in eine innereuropäische Angelegenheit militärisch massiv zu intervenieren.[106] Die Bundesregierung begründete ihre Mitwirkung an dem übrigens aller Wahrscheinlichkeit nach völkerrechtswidrigen NATO-Jugoslawien-Krieg mit der offensichtlichen Lüge von serbischen Konzentrationslagern im Kosovo. Der grüne Außenminister Joschka Fischer wurde mit der Parole »Nie wieder Auschwitz« quasi über Nacht zum eifrigsten Verfechter des NATO-Jugoslawien-Krieges.

Im Ergebnis hatten die USA mit ihrer unaufgeforderten Militärintervention in Europa vor allem den Westeuropäern vor Augen führen wollen, dass sie immer noch zu den Vasallen der USA gehören und dass die USA nicht gewillt sind, eine durch die NATO und auf nukleare Abschreckung gestützte Sicherheit zugunsten einer gesamteuropäischen Friedensarchitektur

106 Der Verfasser kommt an dieser Stelle nicht umhin, eine Anekdote über die deutsche Beteiligung am Kosovo-Krieg zu erzählen, deren Vorbereitung er selbst indirekt miterlebt hat. Der amtierende Oberbürgermeister der niedersächsischen Stadt Osnabrück, Hans-Jürgen Fip, hatte für Donnerstag, den 11. Februar 1999 einen Gesprächstermin mit dem amtierenden Bundeskanzler Gerhard Schröder vereinbart, um mit ihm über die Schaffung einer internationalen Friedensuniversität in Osnabrück (Stadt des Westfälischen Friedens) zu sprechen. Der Hintergrund für ein solches für eine Provinzstadt prestigeträchtiges Projekt war 1998 die 350-Jahrfeier des Westfälischen Friedensvertrages, der 1648 in Münster und Osnabrück geschlossen worden war. Der Verfasser, der als Hochschullehrer an der Universität Osnabrück tätig und in der örtlichen und bundesweiten Friedensbewegung aktiv war, hatte als Vorsitzender einer Arbeitsgemeinschaft von beinahe allen bundesweit aktiven Friedensorganisationen zur Vorbereitung eines europäischen Friedenskongresses im Jubiläumsjahr den Vorschlag zur Schaffung einer internationalen Friedensuniversität einer breiten Öffentlichkeit zur Kenntnis gebracht, um der Stadt ein lebendiges Fundament für nachhaltige Friedensarbeit zu verleihen. Der Oberbürgermeister, der durch die niedersächsische SPD gute Kontakte zu Gerhard Schröder pflegte, sah für den Vorschlag eine gute Realisierungsmöglichkeit mit Hilfe einer gerade gewählten rot-grünen Bundesregierung, die sich ebenfalls mit einem international für Deutschland symbolisch wichtigen Friedensprojekt hätte schmücken können. So kam der Termin für Anfang 1999 im damaligen Bonner Bundeskanzleramt zustande, an dem außer dem Oberbürgermeister Fip auch der Verfasser als Ideenstifter und der friedenspolitisch namhafte Psychologe und Ehrenvorsitzende der deutschen Sektion von IPPNW, Prof. Dr. Horst-Eberhard Richter, teilnehmen sollten. Wir erschienen am vereinbarten Termin im Bundeskanzleramt. Es war der im Köln-Bonner Raum traditionsträchtige Weiberfastnachts-Tag. Vielen männlichen Mitarbeitern des Bundeskanzleramts waren an diesem Tag traditionsgemäß durch weibliche Mitarbeiterinnen die Krawatten durchgeschnitten worden. Wir wurden zwar zum Büro des Bundeskanzlers hingeführt, der allerdings am selben Tag nach Washington zu einem dringenden Gespräch mit dem US-Präsidenten Clinton unterwegs war. Wir mussten uns mit dem Kanzleramts-Minister Frank Walter Steinmeier zufriedengeben. Die Ironie der Geschichte ist, dass wir wegen der Schaffung eines großen Friedensprojektes nach Bonn gereist waren, während Gerhard Schröder, wie der Verfasser später erfuhr, zum US-Präsidenten geeilt war, um sich mit ihm über die deutsche Beteiligung am Kosovo-Krieg abzustimmen. Das Projekt internationale Friedensuniversität wurde so dem Alltag des Kosovo-Krieges geopfert.

aufzugeben. Auf dieser Grundlage hätte es beispielsweise den Ukraine-Krieg niemals geben können. Tatsächlich ist die OSZE nach dem Jugoslawien-Krieg abermals geschwächt und ins Abseits gedrängt worden. Das Tragische an dieser für Europa schicksalhaften und von der anderen Seite des Atlantiks Europa aufoktroyierten Entwicklung ist die schleichende Mitwirkung der hoffnungsvoll agierenden Sozialdemokraten und der Grünen, die ursprünglich für eine von der US-Hegemonie unabhängige Entwicklung eingetreten waren. Im Übrigen wurde die nationalistische Milošević-Regierung nicht durch den Krieg der USA, sondern im Oktober 2000 und lange nach dem Ende des Krieges und der völkerrechtlich umstrittenen Abtrennung des Kosovo von Serbien 1999 im Rambouillet-Vertrag durch einen Deal der EU mit den Generälen der serbischen Armee und einem Volksaufstand, also letztlich durch nichtmilitärische Mittel, gestürzt. Die USA verfolgten, über die faktische Zerschlagung der OSZE hinaus, ohnehin das Ziel, Kosovo von Serbien abzutrennen und im Kosovo den Militärstützpunkt Camp Bondsteel, einen ihrer größten Militärstützpunkte in Europa, zu errichten.

Die NATO-Osterweiterung

Trotz mündlicher Absprachen mit Gorbatschow nach der Wiedervereinigung beider deutscher Staaten, man würde um »keinen einzigen Inch die NATO nach Osten erweitern«,[107] wurden im Zeitraum 1999 bis 2017 zahlreiche ost- und südeuropäische Staaten in die NATO aufgenommen. Es handelt sich dabei entweder um osteuropäische Staaten wie die Tschechische Republik, Polen, Ungarn, Bulgarien, die drei baltischen Staaten, Rumänien, die Slowakei und Slowenien, die allesamt ehemals dem Warschauer Pakt angehörten, oder um solche, die, wie Montenegro, Kroatien und Nord-Mazedonien, nach dem Zerfall Jugoslawiens selbstständig geworden waren.

Zahlreiche europäisch-amerikanische Politiker und Wissenschaftler mit Rang und Namen haben den schleichenden Prozess der Einkreisung Russlands durch die NATO klar kritisiert. Beispielsweise hat Helmut Schmidt die offensichtliche US-Einkreisungsstrategie offen benannt und als großen

107 So James Baker, der amtierende US-Außenminister gegenüber Gorbatschow. Vgl. Jacques Baud, The Hidden Truth About the War in Ukraine, in: *The Postil Magazine*, 1.08.2022; Peter Becker, Zum Krieg Russland gegen Ukraine, in: *NachDenkSeiten* vom 16. Januar 2023.

Fehler bezeichnet. Auf den Hinweis der deutschen Fernsehmoderatorin Sandra Meischberger in der *ARD*-Sendung vom 6. Dezember 2007, die Russen hätten Angst, dass die Amerikaner mit ihren Raketen zu nahe an ihr Gebiet kommen, antwortete Helmut Schmidt: »Das ist keine territoriale Frage, sondern eine Frage der Ausdehnung amerikanischer militärischer Stützpunkte bis an die Grenze der Sowjetunion (gemeint ist Russland, M. M.). Das muss bei jedem russischen Generalstabsoffizier Besorgnisse auslösen. Die Amerikaner haben heute militärische Stützpunkte in ungefähr 60 Staaten der Welt, davon einige ganz dicht an der Grenze der sowjetischen (gemeint ist der russischen, M. M.) Grenze in Zentralasien und angeblich demnächst auf polnischem Boden, auf tschechischem Boden, Estland, Lettland, Litauen, Polen, dies sind alle Mitglieder der NATO geworden, das muss Unruhe auslösen. Und ob das klug war, das darf man sich fragen.«

George F. Kennan, Historiker und einflussreicher US-Diplomat, nannte bereits 1999 die Aufnahme Polens in die NATO einen verhängnisvollen Fehler.[108] Diese doch sehr umfangreiche Osterweiterung der NATO stieß nachvollziehbarerweise stets auf die Ablehnung von Moskau. Auf die offensichtliche Bestrebung der USA, auch Georgien in die NATO aufzunehmen, reagierte Moskau unversöhnlich und nahm 2008 den Krieg der georgischen Armee in Abchasien – einer unter russischem Einfluss stehenden Region in Georgien – zum Anlass, in Georgien zu intervenieren und damit den NATO-Beitritt des Landes zu verhindern. Mit Georgien in der NATO hätten die USA nämlich die Möglichkeit, Trägerraketen an der Südflanke Russlands aufzustellen und die Schlinge bei der militärischen Einkreisung Russlands enger zu ziehen.

John Mearsheimer, ein anerkannter US-Politikwissenschaftler, listete prominente US-Politiker auf, die schon seit 2008 vor der Osterweiterung der NATO eindringlich gewarnt haben.[109] Demnach schrieb William Burns, CIA-Chef unter dem US-Präsidenten Joe Biden, der im April 2008 zum Zeitpunkt des NATO-Gipfels in Bukarest US-Botschafter in Moskau war, in einem Memorandum an die damalige Außenministerin Condoleezza Rice: »Der Beitritt der Ukraine zur NATO ist die hellste aller roten Linien für die

108 Peter Becker, Zum Krieg Russlands gegen Ukraine, in: *NachDenkSeiten* vom 16. Januar 2023. Vgl. auch das Kapitel »Gebrochene Versprechen« im Buch von Sevim Dagdelen, ebenda, S. 19ff.; Vgl. ferner dazu auch Werner Rügemer, EU-Osterweiterung: Fragwürdiges Jubiläum, in: *NachDenkSeiten* vom 3. Mai 2024.

109 Vgl. John J. Mearsheimer in: *Infosperber* vom 14. November 2024.

russische Elite (nicht nur für Putin). In Gesprächen über mehr als zweieinhalb Jahre mit wichtigen russischen Akteuren, von den sogenannten Knickerbocker-Trägern in den dunklen Winkeln des Kremls bis hin zu Putins schärfsten liberalen Kritikern, habe ich noch niemanden getroffen, der die Aufnahme der Ukraine in die NATO als etwas anderes als eine direkte Herausforderung für russische Interessen ansieht.«[110]

Nach Mearsheimer »ist dies nicht überraschend, da Russland die Ukraine in der NATO immer als eine existenzielle Bedrohung ansah. (…) Diese Logik ist die treibende Kraft hinter dem Ukraine-Krieg. Schließlich wird aus der Verhandlungsposition Russlands in Istanbul sowie aus Putins Äußerungen zur Beendigung des Krieges in seiner Rede vom 14. Juni 2014 auch klar, dass er nicht daran interessiert ist, die gesamte Ukraine zu erobern und sie zu einem Teil eines Großrusslands zu machen. Die Liste der Gegner umfasst prominente Persönlichkeiten des Establishments wie »George Kennan, Präsident Clintons Verteidigungsminister William Perry und seinen Vorsitzenden der Joint Chiefs of Staff, General John Shalikashvili, Paul Nitze, Robert Gates, Robert McNamara, Richard Pipes und Jack Matlock, um nur einige von ihnen zu nennen.«[111]

Noch dramatischer wäre aus der Sicht Moskaus die Sicherheit Russlands bedroht, würde auch die Ukraine in die NATO aufgenommen werden. Dadurch wäre nicht mehr ausgeschlossen, dass nuklear bestückbare Trägerraketen direkt an der Südwestgrenze Russlands stationiert und so die nukleare Vorwarnzeit der NATO gegen Moskau von 30 auf 10 Minuten reduziert würde. Rein militärtechnisch bedeutete ein solcher Schritt nichts weniger als ein nukleares Schachmatt Russlands und die Neutralisierung der Abschreckungsfunktion oder, wie Oskar Lafontaine es formulierte, ein Messer an die russische Schläfe zu setzen.[112] Trotz der Fülle von Expertisen aus dem inneren Kreis der US-Diplomaten und erfahrener Außenpolitiker hielten viele westliche Intellektuelle das Versprechen der USA nach dem Zusammenbruch der Sowjetunion, die NATO Richtung russischer Grenzen nicht auszudehnen, für einen Mythos. Jeffrey Sachs, der renommierte US-Ökonom

110 https://www.youtube.com/watch?v=aYAV0udCQyU

111 John J. Mearsheimer, ebenda.

112 Oskar Lafontaine, Das Morden geht weiter, weil die US-Waffenindustrie es will, in: *NachDenkSeiten* vom 30. Mai 2023.

und ein kritischer Insider der US-Außenpolitik, hält dies mit Verweis auf die Zusammenfassung des *National Security Archive* der *George Washington University* zum Thema für falsch:

»Die berühmte Zusicherung von US-Außenminister James Baker ›keinen Zoll nach Osten‹, bezüglich der NATO-Erweiterung bei seinem Treffen mit dem sowjetischem Staatschef Michail Gorbatschow am 9. Februar 1990, war Teil einer Kaskade von Zusicherungen bezüglich der sowjetischen Sicherheit, die Gorbatschow und anderen sowjetischen Amtsträgern während des Prozesses der deutschen Wiedervereinigung 1990 und bis ins Jahr 1991 von westlichen Führern gegeben wurde, wie aus freigegebenen amerikanischen, sowjetischen, deutschen, britischen und französischen Dokumenten hervorgeht.«[113]

Die NATO-Osterweiterung ist ein gutes Beispiel dafür, mit welcher Vehemenz die Hegemonialkräfte ihr Ziel verfolgen und mit welcher Leichtigkeit sie den Tag zur Nacht erklären und unbestreitbare Vereinbarungen mit Füßen treten, wenn es den hegemonialen Interessen, in diesem Falle der Vertiefung innereuropäischer antirussischer Konflikte, passt. Ungeachtet der aktuellen Ziele der Hegemonialpolitik gibt es immer einen Gewinner aller konfliktschürenden Strategien wie die der NATO-Osterweiterung: der militärisch-industrielle Komplex. »Bisher (bis Mai 2023, MM) haben die USA militärische Ausrüstungen und Waffen im Wert von 30 Milliarden US-Dollar in die Ukraine geschickt, wobei die Gesamthilfe für die Ukraine 100 Milliarden US-Dollar übersteigt. Krieg ist ein Geschäft, eines, das für einige wenige Auserwählte besonders profitabel ist.«[114]

Der angeblich unprovozierte Ukraine-Krieg

Die Parallele zum Jugoslawien-Krieg hinsichtlich der Einbindung der Europäischen Union und vor allem Deutschlands in das von den USA geführte Hegemonialsystem ist der Ukraine-Krieg, den die Vereinigten Staaten durch konsequente Osterweiterung provozierten, den jedoch Wladimir Putin im Februar 2022 vom Zaun gebrochen hat. Zweifelsohne handelt es sich dabei dennoch um einen Aggressionskrieg und um den Bruch des Völkerrechts. Putin

113 Jeffrey Sachs, Diplomatie oder Desaster, Neu-Isenburg 2024, S. 101
114 Oskar Lafontaine, ebenda

macht in der Ukraine denselben Fehler, den die Sowjetunion im letzten Jahrhundert in Afghanistan gemacht hat: »Ab 1979 bewaffneten die USA die Mudschahedin »auf Anraten von Jimmy Carters Sicherheitsberater Brzezinski«, schreibt Jeffrey Sachs, »um die von der Sowjetunion unterstützte Regierung in Afghanistan zu bedrängen. Wie Zbigniew Brzeziński später erklärte, war das Ziel der USA, die Sowjetunion zum Eingreifen zu provozieren, um sie in einen kostspieligen Krieg zu verwickeln. Die Tatsache, dass Afghanistan ein Kollateralschaden sein würde, interessierte die US-Führung nicht.«[115]

Für westliche Politiker und Medien beginnt der Ukraine-Krieg mit dem Einmarsch russischer Truppen im Februar 2022. Dadurch wird wider besseren Wissens die unbestreitbare Vorgeschichte des Krieges einfach beiseitegeschoben. Bereits Zbigniew Brzeziński, der sicherheitspolitische Berater des US-Präsidenten Jimmy Carter, skizzierte in seinem ursprünglich 1997 veröffentlichen Werk[116] *Die einzige Weltmacht* ziemlich genau die Bedeutung einer von Russland unabhängigen Ukraine, damit die USA möglichst lange die erlangte Hegemonialmacht beibehalten können. »Die Ukraine, ein neuer und wichtiger Raum auf dem eurasischen Schachbrett, ist ein geopolitischer Dreh- und Angelpunkt, weil ihre bloße Existenz als unabhängiger Staat zur Umwandlung Russlands beiträgt. Ohne die Ukraine ist Russland kein eurasiatisches Reich mehr, es würde aber dann ein vorwiegend asiatischer Reich werden. (...) Wenn Moskau allerdings die Herrschaft über die Ukraine mit ihren 52 Millionen Menschen, bedeutenden Bodenschätzen, und dem Zugang zum Schwarzen Meer wiedergewinnen sollte, erlangte Russland automatisch die Mittel, ein mächtiges Europa und Asien umspannendes Reich zu werden.«[117]

Brzeziński empfiehlt daher den US-Regierungen eine klare Strategie der Vorherrschaft, d. h. der Vermeidung des Verlustes oder der Verlängerung der Vorherrschaft, die darin besteht, die Ukraine aus dem Einflussbereich Russlands herauszulösen. Er bezeichnet auch ziemlich genau den Weg, den die USA zur Erlangung dieses so wichtigen Ziels bestreiten müsste. So sollte »der Prozess der EU-Erweiterung und der Ausdehnung des transatlantischen Sicherheitssystems wahrscheinlich in wohl überlegten Etappen voranschreiten!«

115 Jeffrey Sachs, ebenda, S. 82

116 Zbigniew Brzezinski, Die einzige Weltmacht. Amerikas Strategie der Vorherrschaft, Frankfurt am Main 2001 (Amerikanische Ausgabe,1997)

117 Ebenda, S. 126

Dann folgen in einzelnen Schritten im Rahmen eines Zeitplans, der ab 1999 die Aufnahme »der neuen Mitglieder aus Mitteleuropa in die Nato« und ab 2002 den Beitritt dieser Staaten zur EU umfasst. Brzeziński prognostiziert nebenbei auch den Beitritt Schwedens und Finnlands in die NATO und empfiehlt der Ukraine, »irgendwann zwischen 2005 und 2010 für ernsthafte Verhandlungen sowohl mit der EU als auch mit der NATO bereit«[118] zu sein.

Es gibt inzwischen kaum Zweifel darüber, dass die Strategen der US-Hegemonialpolitik gemäß den Vorüberlegungen von Brzeziński den Maidan-Konflikt 2014, den man als den eigentlichen Beginn des Ukraine-Krieges ansehen muss, nach einem sorgfältig geplanten Drehbuch provoziert haben. »Die Vereinigten Staaten«, meinte Jeffrey Sachs, nutzten nach den Protesten gegen die Verzögerung der Ukraine-EU-Beitrittsverhandlungen Anfang 2014 »die Gelegenheit zu einem Staatsstreich«, der im Februar 2014 im Sturz des pro-russischen Präsidenten der Ukraine Janukowitsch gipfelte.[119]

»Die USA mischten sich unnachgiebig und verdeckt in die Proteste ein und trieben sie selbst dann weiter voran, als rechtsgerichtete ukrainisch-nationalistische Paramilitärs auf den Plan traten. Nichtregierungsorganisationen in Amerika gaben riesige Summen aus, um die Proteste und letztendlich den Umsturz zu finanzieren. Diese Finanzierungen sind nie an die Öffentlichkeit gelangt. Drei Personen, eng (…) in den Sturz Janukowitschs involviert, waren Viktoria Nuland, damals Stellvertretende Außenministerin, Jake Sullivan, damals Sicherheitsberater von Joe Biden, und Biden selbst, damals Vizepräsident. Nuland wurde bekanntlich dabei ertappt, wie sie mit dem US-Botschafter in der Ukraine, Geoffrey Pyatt, telefonierte und die nächste Regierung in der Ukraine plante, mit relativ wenig Rücksichtnahme auf die europäischen Verbündeten (›Fuck the EU‹).«[120] Diese Wahrheiten, konstatiert Sachs an die Adresse Europas weiter, »werden durch die Geheimhaltung der USA und die Unterwürfigkeit Europas gegenüber der US-Macht verschleiert. Ein von den USA inszenierter Staatsstreich fand vor unser aller Augen statt und keine europäische Führungskraft wagte es, die Wahrheit zu sagen. Es folgten brutale Konsequenzen, aber noch immer schweigen die Europäer.«[121]

118 Ebenda, S. 127
119 Jeffry Sachs, ebenda, S. 88
120 Ebenda, S. 89
121 Ebenda, S. 90

Der Maidan-Konflikt führte zu einem antirussischen Regime Change in der Ukraine und provozierte damit Russland, die Halbinsel Krim zu besetzen und diese anschließend zu annektieren. Der Konfliktablauf ist wissenschaftlich minutiös dokumentiert.[122] Demnach bestand für Russland die echte Gefahr, dass mit Hilfe einer neuen und pro-amerikanischen Regierung in der Ukraine Russlands Marinestützpunkt in Sewastopol, dem südlichen Teil der Halbinsel Krim, damit dem einzigen Marinestützpunkt, der Russlands südlichen Zugang zu den Weltmeeren ermöglicht, verloren hätte. Mit Hinblick auf diese Perspektive besetzte Russland kurzerhand die Halbinsel Krim und kam so den US-Ambitionen einer weiteren, jedoch besonders folgenreichen Einkreisung Russlands zuvor. Russland führte nach der Besetzung der Krim im Februar 2014 auf der Halbinsel ein Referendum mit dem Ziel durch, dass sich die Krim der russischen Föderation anschloss.

Der russische Angriffskrieg in der Ukraine war zweifelsohne ein von langer Hand geplanter und systematisch provozierter Krieg. Das wusste ganz sicher auch der amtierende US-Präsident Joe Biden, der selbst, wie oben gezeigt, 2014 an dem Maidan-Konflikt beteiligt war. Nicht ohne Grund hat er beinahe verräterisch oft den Ukraine-Krieg als einen »unprovozierten Krieg« bezeichnet. Biden benutzte diese Bezeichnung in mehreren Reden, so in seiner Rede zum ersten Jahrestag des Ukraine-Krieges, in den darauffolgenden NATO- und G7-Erklärungen. »Die Biden-freundlichen Mainstream Medien machen es dem Weißen Haus einfach nach. Die *New York Times* ist das beste Beispiel: Sie bezeichnet die Invasion nicht weniger als 26 Mal als ›unprovoziert‹, in fünf Leitartikeln, 14 Meinungskolumnen von *NYT*-Autoren und sieben Gastbeiträgen.«[123] Kein Wunder, dass auch die transatlantischen Leitmedien in Europa diese in propagandistischer Absicht in die Welt gesetzte Geschichtsinterpretation einfach nachplappern, ein im Grunde verhängnisvoller Vorgang, weil er, neben anderen wahrheitswidrigen Behauptungen, der unablässigen Rechtfertigung weiterer westlicher Waffenlieferungen für die Ukraine und der Fortsetzung des Krieges dient.

Der russische Krieg in der Ukraine war dennoch nicht alternativlos. Durch eine umfassende Aufklärung und Gegenöffentlichkeit und diplomatische

122 Vgl. dazu Peter Becker ebenda und vor allem Michael Schneider, Der »böse Russe«, die Geschichtsvergessenheit und Blindheit der Berliner Außenpolitik, in *tkp, der Blog für Science & Politik* vom 1. Dezember 2022.

123 Jeffrey Sachs, S. 94

Initiativen hätte Russland immerhin eine durchaus realistische Chance gehabt, die Provokation der USA ins Leere laufen zu lassen. Beispielsweise hätte Russland nach der massiven Truppenkonzentration an der ukrainischen Grenze erst einmal ein Ultimatum stellen und dadurch der Weltöffentlichkeit vor Augen führen können, dass es Russland mit seinen Sicherheitsinteressen sehr ernst meint und im Prinzip einen Krieg vermeiden will. »Ein weitaus besserer Ansatz für Russland wäre gewesen«, sagt auch Jeffrey Sachs, »die Diplomatie mit Europa und dem Rest der Welt zu verstärken, um den Militarismus und Unilateralismus der USA zu verdeutlichen und abzulehnen.«[124] Putin verzichtete jedoch auf diesen aufklärerisch sehr wichtigen Schritt und lieferte frei Haus mit dem Überfall auf die Ukraine der Gegenseite den Vorwand, Russland nicht nur als Aggressor zu diskreditieren, sondern diesem auch expansionistische Absichten zu unterstellen. So war, an dieser Stelle vorausschickend, die Entscheidung Russlands in ihren Konsequenzen für Europa und für den Frieden in der Welt auf jeden Fall folgenreich.

Der Ukraine-Krieg ist im Grunde ein US-Krieg in der Ukraine, den die Vereinigten Staaten Schritt für Schritt provoziert haben. Die für das Verständnis dieses Krieges unverzichtbare Vorgeschichte, die NATO-Osterweiterung und der Maidan-Konflikt, wird in den transatlantischen Leitmedien und durch PolitikerInnen bewusst ausgeblendet. Stattdessen wird die Erzählung vom Ukraine-Krieg als Beginn einer russischen Expansion dargestellt, die sich über die Eroberung von Gesamtosteuropa erstreckt und auch vor Deutschland nicht Halt machen würde, weshalb westliche Staaten die Ukraine durch Waffenlieferungen unterstützen müssten, damit Russland den Krieg auf keinen Fall gewinnen kann.[125] Nicht nur Jeffrey Sachs, sondern auch der international renommierte Politikwissenschaftler John Mearsheimer widerspricht diesem Narrativ westlicher Medien. Er führt sieben gut dokumentierte Gründe an, weshalb Putin nicht das Ziel verfolgt, die Ukraine Russland einzuverleiben, um das russische Reich wieder herzustellen.[126]

124 Ebenda, S. 93

125 Vgl. die ständige Behauptungen von Michael Roth (Vorsitzender des Auswärtigen Ausschusses des deutschen Parlaments), dem grünen Politiker Anton Hofreiter (Vorsitzender des Europaausschusses des deutschen Parlaments) und Marie-Agnes Strack-Zimmermann als Vorsitzende des Verteidigungsausschusses des deutschen Parlaments in zahlreichen Talkshows in deutschen Fernsehanstalten und Interviews in den Leitmedien.

126 *International* V/2024

Deutschland schwächen, USA stärken

Dabei liegen die kurz- und langfristigen Vorteile eines Krieges gegen Russland klar auf der Hand: Als erstes hat dieser Krieg zur Folge, dass sich die EU-Staaten unter dem US-Sanktionsdruck und der moralisch untermauerten antirussischen Propaganda von der Abhängigkeit der billigen russischen Energien in eine gegen die EU-Interessen gerichtete Abhängigkeit vom teuren und umweltschädigenden US-Fracking-Gas begeben. Dazu gingen die USA so weit, die russische Gasleitung Nord Stream 2 durch einen terroristischen Akt zu zerstören. Die Indizien dafür, dass hinter der Zerstörung der deutsch-russischen Gasleitungen die Vereinigten Staaten stehen könnten, sind erdrückend: So sagte Präsident Joe Biden am 7. Februar 2022 sogar in Anwesenheit des deutschen Bundeskanzlers Olaf Scholz, »wenn Russland die ukrainische Grenze überquert, dann wird es keine Nord Stream 2 mehr geben. Wir werden dem ein Ende setzen.« Schon zuvor, am 27. Januar desselben Jahres, hatte Viktoria Nuland offen kundgetan: »Ich möchte heute ganz klar sein. Im Falle eines russischen Einmarsches in die Ukraine wird Nord Stream 2 auf die eine oder andere Weise nicht vorankommen.«[127]

Ein im Januar 2022, also vor dem russischen Einmarsch in die Ukraine, durchgesickertes Dokument »Deutschland schwächen, USA stärken« einer nicht näher genannten US-Denkfabrik, gerichtet an die Adresse der US-Geheimdienste und des US-Außenministeriums, erklärt, weshalb es für die US-Regierung »dringend notwendig ist«, dass »Ressourcen aus den EU-Staaten, vor allem aus Deutschland, in die nationale Wirtschaft (der USA, MM) fließen.«[128] Unabhängig von seiner Authentizität ist das Dokument von Relevanz, weil es den realen Ablauf der Ereignisse ziemlich genau im Voraus benennt.

In diesem Dokument wird zunächst konstatiert, wo für die krisengeschüttelte US-Ökonomie der Ressourcen-Zufluss herkommen könnte. »Nur europäische Länder, die durch EU- und NATO-Verpflichtungen gebunden sind, werden in der Lage sein, diese Ressourcen »ohne erhebliche militärische und politische Kosten für uns bereitzustellen.«[129] Mit dem Verweis auf die »Schwachstellen in der deutschen und der EU-Wirtschaft« konstatiert das

127 Peter Becker, ebenda
128 Vgl. dazu *Anti*-Spiegel vom 8. September 2022
129 Ebenda

Dokument weiter, dass »eine Zunahme des Ressourcenflusses von Europa in die USA (...) zu erwarten ist, wenn Deutschland in eine kontrollierte Wirtschaftskrise gerät. Das Tempo der wirtschaftlichen Entwicklung in der EU hängt fast alternativlos von der Lage der deutschen Wirtschaft ab. Es ist Deutschland, das die Hauptlast der Ausgaben für die ärmeren EU-Mitglieder trägt. Das derzeitige deutsche Wirtschaftsmodell stützt sich auf zwei Säulen. Das sind: der unbegrenzte Zugang zu billigen russischen Energieressourcen und zu billigem französischen Strom, dank des Betriebs von Kernkraftwerken. Die Bedeutung des ersten Faktors ist wesentlich höher. Eine Unterbrechung der russischen Lieferungen kann durchaus eine Systemkrise auslösen, die für die deutsche Wirtschaft und indirekt für die gesamte Europäische Union verheerend wäre.« Wie dieses Ziel erreicht werden kann, hält das Dokument für den »einzig gangbaren Weg«, nämlich sicherzustellen, dass Deutschland russische Energielieferungen ablehnt. Dies wäre nach diesem Dokument möglich, »wenn die Einbindung beider Seiten in den militärischen Konflikt in der Ukraine« bewerkstelligt, sprich provoziert würde. Ferner prognostiziert die Denkfabrik: »Unser weiteres Vorgehen in diesem Land wird unweigerlich zu einer militärischen Antwort Russlands führen. Die Russen werden den massiven Druck der ukrainischen Armee auf die nicht anerkannten Donbass-Republiken natürlich nicht unbeantwortet lassen können. Das würde es ermöglichen, Russland zum Aggressor zu erklären und das gesamte Paket der zuvor vorbereiteten Sanktionen gegen das Land anzuwenden.«[130]

Verschmelzung der russischen Rohstoffe mit deutscher Technologie unterbinden

Die beiden Weltkriege haben Deutschland gelehrt: Der Frieden in Europa ist nicht gegen, sondern nur mit Russland erreichbar. Diese Einsicht resultiert daraus, nach zwei Weltkriegen mit verheerenden Folgen für Europa endlich Frieden herzustellen. Die Hegemonialmacht verfolgt jedoch nicht das Ziel, überall in der Welt Frieden zu stiften, sondern ganz andere Interessen, vor allem jedoch das Aufkommen konkurrierender Mächte zu verhindern

130 Ebenda. Das Dokument entlarvt zudem, dass Sanktionen gegen Russland von langer Hand geplant waren

und, wenn nötig, neue Kriege zu entfachen. Der Krieg in der Ukraine muss auch in dieser Perspektive gesehen werden. George Friedman, bedeutender US-Geopolitiker und Chef des US-Think-Tanks Stratfort, legte diese Dimension des Ukraine-Krieges im Februar 2015 bei seinem Vortrag vor dem Chicago Council on Global Affairs freimütig offen. Der eigentliche Anlass des Vortrages von Friedman war der in 2014 zutage getretene Ukraine-Konflikt. Er berichtete zunächst stolz darüber, dass »letzte Woche, oder vor etwa zehn Tagen, (...) der Oberbefehlshaber der US-Army in Europa, General Ben Hodges, zu Besuch in der Ukraine war«, der dort ankündigte, »dass die US-Ausbilder in der Ukraine demnächst offiziell (...) und nicht nur inoffiziell kommen sollen.« Der General hätte dort tatsächlich auch »Orden an die ukrainischen Kämpfer verteilt, obwohl es gegen militärisches Protokoll ist, dass Soldaten Orden von fremden Armeen annehmen«. »Doch er tat das«, sagte Friedman, »weil er damit zeigen wollte, dass die ukrainische Armee seine Armee ist.« Friedmans Einordnung des Ukraine-Konflikts in eine imperiale Gesamtperspektive zeigt glasklar, worum es den Vereinigten Staaten in der Ukraine eigentlich geht. »Das Hauptinteresse der US-Außenpolitik während des letzten Jahrhunderts, im Ersten und im Zweiten Weltkrieg und im Kalten Krieg, waren die Beziehungen zwischen Deutschland und Russland. Vereint sind sie«, fuhr Friedman fort, »die einzige Macht, die uns bedrohen kann. Unser Hauptinteresse war sicherzustellen, dass dieser Fall nicht eintritt.« Tatsächlich ist für Friedman »die Urangst der USA (...), dass deutsches Kapital und deutsche Technologien sich mit russischen Rohstoffen und russischer Arbeitskraft verbünden. Eine einzigartige Kombination«, sagte Friedman, »vor der die USA seit Jahrhunderten eine Höllenangst haben.«[131]

Dumm, dass die Parteien in Deutschland, allen voran inzwischen Bündnis 90/Die Grünen, die deutschen Waffenlieferungen an die Ukraine als einen Beitrag für die Verteidigung der Freiheit in Deutschland propagieren. Allmählich scheint jedoch den Europäern zu dämmern, in welchem vasallenhaften Dilemma Deutschland und Europa eigentlich stecken, ohne dass ihnen eine aussichtsreiche Lösung zur eigenen sicherheitspolitischen Selbstständigkeit gegenüber den Vereinigten Staaten realistisch erscheint.[132] Die

131 George Friedmans Rede am 4. Februar 2015 vor dem Chicago Council on Global Affairs.

132 Oskar Lafontaine fordert daher sehr vehement eine selbstständige europäische Sicherheitspolitik, statt

NATO ist in der Tat längst kein Verteidigungsbündnis mehr. Ganz zu Recht verweist Oskar Lafontaine auf den Artikel 1 des NATO-Vertrages, der wie folgt lautet: »Die Parteien verpflichten sich, in Übereinstimmung mit der Satzung der Vereinten Nationen, jeden internationalen Streitfall, an dem sie beteiligt sind, auf friedlichem Wege so zu regeln, dass der internationale Friede, die Sicherheit und die Gerechtigkeit nicht gefährdet werden, und sich in ihren internationalen Beziehungen jeder Gewaltandrohung oder Gewaltanwendung zu enthalten, die mit den Zielen der Vereinten Nationen nicht vereinbar sind.«[133]

Mit den Kriegen in Jugoslawien 1999 und in Libyen 2011 hat die NATO jedoch nicht nur die Rechtsgrundsätze des eigenen Vertrages verletzt, sondern auch das Völkerrecht. Vielleicht wird Europas politische Elite irgendwann erkennen, dass die Entstehung einer multilateralen Weltordnung auch Europa neue Perspektiven für seine Emanzipation gegenüber den USA eröffnet. Übrigens dürfte die bestehende Abhängigkeit Europas von den USA, außer der Migrationsfrage, ein wichtiger Grund sein, warum die rechtsnationalistischen Parteien in Deutschland, aber auch in anderen Staaten der EU, in Italien, in Frankreich und in den Niederlanden, stark an Zustimmung gewonnen haben. Derselbe Grund erklärt auch die wahrnehmbare Nähe dieser Parteien zu Russland. Auch dieser Gesichtspunkt ist ein weiteres Argument dafür, dass Europa den Prozess hin zur Entstehung der multilateralen Weltordnung aktiv unterstützen müsste. Dadurch dürfte der Rechtsentwicklung in Europa der nationalistische Nährboden entzogen und die Demokratie gestärkt werden.

Putins grandioser Fehler

Resümierend kann an dieser Stelle festgestellt werden, dass Wladimir Putin mit dem Beginn des völkerrechtswidrigen Ukraine-Krieges mit unvorstellbaren menschlichen, materiellen, kulturellen und vor allem friedenspolitischen Schäden den größten Fehler seiner politischen Karriere für Russland

bedingungsloser Gefolgschaft der USA. Oskar Lafontaine, Wie anders ist doch der Westen, in: *NachDenkSeiten* vom 29. April 2024.

133 Ebenda

und die Ukraine, sowie weit darüber hinaus begangen hat, den man, wie im Folgenden grob aufgelistet, spezifizieren kann:

Erstens: Wie nachvollziehbar die Annexion der Halbinsel Krim als Folge des Maidan-Konflikts sicherheitspolitisch und historisch für die Russische Föderation auch immer gewesen sein mag, beging der russische Präsident 2014 mit der völkerrechtlich umstrittenen Annexion der Krim einen folgenreichen Fehler. Russland hatte es mit Verweis auf die völkerrechtswidrige Abtrennung des Kosovo von Serbien 1999 durch die NATO unterlassen, das Referendum auf der Halbinsel Krim unter Beteiligung der UNO durchzuführen. Damit handelte es sich den Vorwurf einer völkerrechtswidrigen Annexion ein und löste so einen Prozess aus, den westliche Medien und Politik propagandistisch für die Isolation Russlands sehr wirkungsvoll zu nutzen wussten. Auf der Krim ist die Bevölkerung in ihrer überwältigenden Mehrheit russischsprachig. Bei zuvor durchgeführten Abstimmungen hatte sie sich bereits gegen ihren Verbleib in der Ukraine ausgesprochen. Insofern hätte Russland die UNO an einer erneuten Abstimmung beteiligen können, ohne ein Ergebnis befürchten zu müssen, das den russischen Interessen entgegengerichtet gewesen wäre. Stattdessen berief sich die russische Regierung auf eine durch die NATO begangene, jedoch ebenfalls völkerrechtswidrige, Abtrennung des Kosovo von Serbien.

Zweitens begründete Putin den Überfall auf die Ukraine am 24. Februar 2022 mit weltfremden nationalistisch-religiösen Argumenten, wie sinngemäß beispielsweise, Kiew sei historisch der eigentliche Schöpfer der russisch-orthodoxen Kirche etc. Damit lieferte er dem Westen frei Haus wirkungsmächtige Argumente, die diesem ermöglichten, die historisch begründete Vorgeschichte dieses Krieges mit Leichtigkeit wegzuwischen und empirisch nachweisbare Faktoren für das gewachsene Misstrauen gegen die USA und die NATO einfach außer Acht zu lassen. Fortan hatten westliche Leitmedien, Russland feindlich gesinnte Kräfte und Bellizisten verschiedener Couleur ein leichtes Spiel, Putin imperialistische Ambitionen zu unterstellen, er wolle erst die Ukraine erobern, dann die baltischen Staaten und Moldawien sowie andere aus der Sowjetunion ausgetretene Republiken zurückerobern und schließlich das Zarenreich wiederherstellen.

Drittens trug Putin, nach Angaben des deutschen Bundeskanzlers Olaf Scholz im deutschen Fernsehen, seinen westlichen Kontrahenten und westlichen Politikern wie Emmanuel Macron und Olaf Scholz, die am Vorabend des Überfalls nach Moskau gereist waren, seine nationalistisch-religiöse Sicht über den Ukraine-Konflikt vor und täuschte sie obendrein mit der Falschaussage, Russland habe nicht die Absicht, einen Krieg gegen die Ukraine zu führen. Dabei hatte er die einmalig günstige Gelegenheit gehabt, die tatsächlich relevanten Ursachen des russischen Unbehagens öffentlichkeitswirksam zu benennen.

Viertens täuschte der russische Präsident auch die internationale Öffentlichkeit und insbesondere die weltweiten Antikriegskräfte, die den Westen und die USA für die Konfliktursache hielten und sich gleichwohl niemals vorstellen konnten, dass Putin mit seinem Einmarschbefehl sich so leichtfertig in die Position des Aggressors begeben würde. Dadurch wurde es der internationalen Friedensbewegung unsagbar schwer gemacht, die NATO-Einkreisungspolitik als den wahren Konfliktgrund zu entlarven, während Bellizisten freie Fahrt bekamen, um unter dem historisch aufgeblasenen Begriff Zeitenwende die längst von der NATO geforderte Militarisierung und den sprunghaften Ausbau der Militärbudgets über Nacht durchzusetzen.

Fünftens brachte Putin, wie von den USA angestrebt, die gesamte EU gegen sich auf. Die EU machte sich als Folge des Ukraine-Krieges nicht nur energiepolitisch von Russland weitgehend unabhängig. Damit ist eine ökonomisch wirkungsvolle Grundlage einer Russland-EU-Kooperation absehbar blockiert.

Sechstens lieferte Putin auch die Legitimation dafür, dass die NATO-Mitgliedsländer, auf der Basis der 2009 beschlossenen 2-Prozent-Regelung der Ausgaben für die nationale Verteidigung, massiv aufrüsteten. Darüber hinaus ebnete er auch den Weg für die Erweiterung der NATO mit der Aufnahme von den bisher neutralen europäischen Staaten Finnland und Schweden. Dieser skandinavische Staat hat seitdem seinen Neutralitätsstatus aufgegeben, er rüstet auf und entsendet sogar Einsatzkräfte in die mit Russland benachbarten Staaten. Bis 2025 soll beispielsweise eine bis zu 1000-köpfige Brigade als Teil einer NATO-Truppe in Lettland stationiert werden.[134] Der Beitritt Finnlands in die NATO ist für die Sicherheit Russlands insofern besonders gravierend, da dieses Land mit Russland eine gemeinsame Grenze von 1300 km hat.

134 Schwedens Kulturwandel, in: *Frankfurter Rundschau* vom 18. November 2024.

Eigentlich wollte Russland die Neutralität der Ukraine durch ihren Verzicht auf den NATO-Beitritt erreichen. Nun hat Putin unbeabsichtigt nicht nur die totgesagte NATO zu neuem Leben erweckt, sondern auch der NATO an seiner nordwestlichen Grenze neue Bedrohungsoptionen verschafft.

Siebtens und besonders wichtig verursachte der Krieg unermessliche menschliche Opfer und gigantische Kriegskosten, die Russland und die Ukraine auf Jahre oder gar Jahrzehnte in ihrer Entwicklung zurückwerfen werden. Angesichts von mehreren Hunderttausend Opfern ist Putins Entscheidung in der Tat ein Verbrechen.

Achtens hat der Krieg das russische Ziel der Verhinderung des NATO-Beitritts der Ukraine massiv erschwert, da durch den Krieg die nationalistischen Kräfte in der Ukraine gestärkt wurden, die 2019 die Perspektive der NATO-Mitgliedschaft in der ukrainischen Verfassung festgeschrieben hatten.

Neuntens handelte sich Putin durch den russischen Überfall auf die Ukraine selbst den Makel der Unglaubwürdigkeit ein, wodurch man ihm den Willen zum Frieden grundsätzlich abspricht. Die Tatsache, dass Russland und die Ukraine bereits im April 2022 in Istanbul kurz vor einer Einigung über ein Friedensabkommen gestanden haben und dass es die USA und Großbritannien waren, die durch gezielte Einflussnahme auf den Präsidenten der Ukraine die Einigung torpedierten, fällt daher ziemlich leicht unter den Tisch.

Zehntens ist auch perspektivisch die Tatsache gravierend, dass der Ukraine-Krieg die friedenspolitische Alternative der Kooperation und der gemeinsamen Sicherheit in Europa für Jahre oder Jahrzehnte blockiert und die EU sicherheitspolitisch in die totale Abhängigkeit von den Vereinigten Staaten gebracht hat. Die Elite der deutschen Sozialdemokratie hält Willy Brandts Ost- und Entspannungspolitik der 1960er Jahre, damit die größte Errungenschaft der Sozialdemokratie in ihrer gesamten Geschichte, inzwischen für einen grundlegenden Fehler.

Elftens erschwert Putin perspektivisch auch den Fortschritt bei der Weiterentwicklung einer durch die VR China vorangetriebenen multilateralen Weltordnung. Eine Weltordnung ist qualitativ nur dann neu, wenn gerade die führenden Großmächte in diesem Prozess die Konflikte vollumfänglich auf friedliche Weise zu lösen versuchen. Nur so können sie sich der Völkergemeinschaft als eine bessere Alternative zu der unilateralen Weltordnung präsentieren, deren führende Macht, die USA, sich nicht scheut, das Völkerrecht zu verletzen, wenn es ihren hegemonialen Interessen nutzt. Nur so kann auch die Glaubwürdigkeit der Initiatoren einer neuen Weltordnung bei den Völkern des globalen Südens gestärkt werden. Nicht nur Russland, sondern auch die VR China und andere Staaten sind gefordert, ihre Politik zur Entstehung einer multipolaren Weltordnung ganz im Einklang mit der UN-Charta zu gestalten und das Völkerrecht sowie insgesamt das UN-System trotz einiger Strukturprobleme zu stärken.

Statt in eine umfassende Aufklärung der Weltöffentlichkeit über die subtile US-Politik der gefährlichen Neutralisierung der russischen Nuklearmacht zu investieren und dadurch mit Hilfe der Diplomatie die Ukraine zu einer Politik der Neutralität zu drängen, entschied sich der russische Präsident mit dem Überfall auf die Ukraine für einen anderen Weg. Bei einer unvoreingenommenen Gesamtbetrachtung erweist sich Putins Entscheidung für den Krieg gegen die Ukraine politisch als ein historisch einmaliges Desaster und ökonomisch als ein gigantischer Verlust für Russland, für die Ukraine und für ganz Europa.

Der ökonomische Gewinner dieses Krieges ist in erster Linie die Rüstungsindustrie und die geopolitischen Sieger sind die Vereinigten Staaten, die ihre Hegemonie innerhalb der NATO und auch weit darüber hinaus für lange Zeit gefestigt haben.

Einbindung der EU-Staaten in den China-Konflikt

Es gibt sicherlich viele hegemonialpolitische Dimensionen des Ukraine-Krieges weit über Europa hinaus, die zu berücksichtigen wären. Besonders wichtig erscheint die Absicht, diesen Krieg auch für die Umorientierung der US-Konfrontation in Richtung der VR China nutzbar zu machen. Die antirussische Propaganda, »Russland bedrohe Europa«, ließe sich mühelos auf China übertragen, indem der Ukraine-Krieg mit dem Taiwan-Konflikt verknüpft wird. Der Ex-Offizier der US-Marine, Daniel Ellsberg, der seit Jahren der US-Militär- und Kriegspolitik kritisch gegenübersteht und der international renommierte Kritiker der US-Außenpolitik, Noam Chomsky, führten u.a. auch über diesen Aspekt ein aufschlussreiches Gespräch, auf das hier Bezug genommen wird: Daniel Ellsberg fasst in diesem Gespräch seine Analyse des Ukraine-Krieges mit der Feststellung zusammen, »dass die demokratischen Führer wie [Antony] Blinken, [Lloyd] Austin, [Jake] Sullivan und Biden die Bereitschaft und sogar den Wunsch gezeigt haben, dass der Krieg in der Ukraine auf unbestimmte Zeit auf diesem Niveau und auf etwas höherem fortgesetzt wird.« Denn die Vorteile der Fortführung des Krieges für die herrschenden Kreise in diesem Land liegen auf der Hand. »Die Gewinne des militärisch-industriellen Komplexes, die Aktiengewinne von Lockheed, Raytheon, General Dynamics und Boeing sind gestiegen, ebenso wie die Gewinne der Ölgesellschaften.« Ellsberg fügt den noch wichtigeren Aspekt hinzu, »dass die NATO wieder präsent ist, nachdem sie seit etwa 1992, mit dem Ende der UdSSR, dem Ende des Warschauer Paktes und der Tatsache, dass er nicht mehr als russischer Satellit existiert, keinen Zweck mehr zu haben schien. Jetzt ist Putin als Feind zurück, als Faktor für die NATO mit den USA an der Spitze.«[135]

Noam Chomsky pflichtet Daniel Ellsberg grundsätzlich bei und bringt dann den wichtigen, jedoch in den Medien systematisch ausgeblendeten Aspekt ins Spiel, dass es »uns gelungen (ist), Europa in unsere geplante Konfrontation mit China einzubinden, was im Hauptkonflikt so gut wie eine überparteiliche Vereinbarung ist. Wir werden die Angelegenheit irgendwie kalibrieren, damit sie nicht aus dem Ruder läuft, und Europa wird bis zum letzten Ukrainer kämpfen, wie es einige ausdrücken. In der Zwischenzeit werden wir uns auf China vorbereiten.«[136]

Für die Einbindung Europas in die antichinesische Konfrontationspolitik der USA beobachtet man tatsächlich deutliche Indizien. So reiste ausgerechnet die Vorsitzende des Verteidigungsausschusses des deutschen Parlaments, Marie Agnes Strack-Zimmerman, eine Hardlinerin, der man Verbindungen zur Rüstungsindustrie nachsagt, im Januar 2023 auf den Fußspuren von Nancy Pelosi nach Taiwan. Ihr folgte dann die deutsche Bildungsministerin, damit also ein Mitglied der Bundesregierung, Ende März desselben Jahres, die Taiwan einen Besuch abstattete. Im deutschen Parlament und in den Medien wird unter dem Vorwand »Verringerung deutscher Abhängigkeit von China« sehr ernsthaft darüber debattiert, deutsche und EU-Wirtschaftsbeziehungen mit China einzuschränken. Beispielsweise wurde im Herbst 2022

135 Vgl. *acTVism* vom 2. Juni 2023
136 Ebenda

die Beteiligung des chinesischen Logistikunternehmens COSCO am Hamburger Hafen durch deutsche Transatlantiker massiv kritisiert. Man kann sich aufgrund dieser und zahlreicher anderer Indizien des Eindrucks nicht erwehren, dass sich Deutschland auf einem Konfrontationskurs zu China befindet, obwohl China inzwischen der wichtigste Handelspartner Deutschlands ist. Der Ukraine-Krieg und die Neubelebung der NATO beflügeln auf jeden Fall auch die Mobilisierung europäischer Staaten für die neue US-Konfrontation gegen China.

Die NATO in neokolonialistischer Tradition

Vor der Gründung der NATO befanden sich die USA nach dem ökonomischen Aufschwung in den 1930er- und 1940er Jahren bereits auf einem Pfad globaler Expansion auf dem amerikanischen Kontinent und unterstützten vor allem europäische Kolonialstaaten in ihren brutalen Kämpfen und Kriegen gegen die erstarkten antikolonialistischen Befreiungsbewegungen.[137]

Die fünf wichtigsten NATO-Gründungsmitglieder Großbritannien, Frankreich, Portugal, die Niederlande und Belgien waren zum Gründungsjahr 1949 immer noch Kolonialstaaten. Die USA halfen diesen als Folge des Zweiten Weltkriegs total verschuldeten Kolonialstaaten durch Weltbankkredite und Marshall-Plan-Zuwendungen aus der Krise und machten sie dabei von sich abhängig. Die USA unterstützten ihre kolonialistischen Verbündeten bei der Niederschlagung von Befreiungsbewegungen und weiteten ihren Einfluss in deren Kolonien aus. So bekämpfte zum Zeitpunkt der NATO-Gründung die Labour-geführte britische Regierung die Befreiungsbewegung in Ghana, während die USA sich daranmachten, Großbritannien mehrere Militärstützpunkte im Commonwealth abzuringen.[138] Das nächstwichtige NATO-Gründungsmitglied Frankreich hatte das kolonialistisch einverleibte Algerien selbstverständlich mit in die NATO genommen. Der brutale Krieg Frankreichs gegen die algerische Befreiungsbewegung ging verstärkt weiter, Frankreich tötete dabei Hunderttausende algerische Befreiungskämpfer.

137 Werner Rügemer, Imperium EU: ArbeitsUnrecht, Krise, neue Gegenwehr, Köln 2024. Wiederveröffentlichung des die NATO-Gründung betreffenden Buchkapitels, vgl. derselbe in: *NachDenkSeiten* vom 23. April 2022

138 Ebenda

Auch Frankreichs kolonialer Krieg gegen den »Kommunismus« in Indochina wurde durch die USA in der zweiten Hälfte der 1940er Jahre mit »Militärberatern, Nahrungsmitteln und Rüstungsgütern« unterstützt,[139] eine intensive Militärkooperation, die schließlich im November 1955 in den grausamen Vietnamkrieg der Vereinigten Staaten einmündete.

Auch der Kolonialstaat Niederlande erhielt im NATO-Gründungsjahr einen Kredit der Weltbank, um die Unabhängigkeitsbewegung in der Kolonie Indonesien zu bekämpfen. Gravierend und folgenreich ist des Weiteren die US-Zustimmung zu Belgien, einem weiteren NATO-Gründungsmitglied, seine rohstoffreiche Kolonie Kongo »unter der Knute« zu halten. Denn »die USA hatten das für ihre Atombomben entscheidende Uran aus der belgischen Kolonie bezogen.«[140] Nach 1945 wurde der antikoloniale Widerstand im Kongo massiv bekämpft. Schließlich wurde 1961 Patrick Lumumba, der erste gewählte Ministerpräsident des Kongo nach der Unabhängigkeit, durch eine US-belgische Komplizenschaft ermordet. Patrick Lumumba beabsichtigte nämlich sehr ernsthaft, den Kongo von der neokolonialen Abhängigkeit zu lösen. Die subversive Intervention zur Aufrechterhaltung der neokolonialistischen Abhängigkeit eines rohstoffreichen afrikanischen Staates erinnert an den CIA-Coup gegen den demokratisch gewählten iranischen Ministerpräsidenten Mossadegh, der Iran Anfang der 1950er Jahre vor einer neokolonialen Abhängigkeit im Ölsektor zu befreien suchte. Auch das durch eine faschistische Diktatur regierte NATO-Gründungsmitglied Portugal, das Angola und Mosambik kolonialistisch beherrschte und Kaffee- und Baumwoll-Plantagen dieser Länder ausbeutete, genoss die Unterstützung der USA.[141]

Die noch kolonialistisch agierenden NATO-Gründungsmitglieder offenbarten, wohin eigentlich die Reise mit der NATO-Gründung gehen sollte. Sie suchten nach gleichgesinnten Verbündeten, um gemeinsam die kolonialistische in die neokolonialistische Weltarbeitsteilung zu überführen. Und die USA waren darauf angewiesen, die Einbettung der neokolonialistischen Weltarbeitsteilung mit der Weltbank und dem IWF in das von ihnen geführte Hegemonialsystem mithilfe von erfahrenen Bündnispartnern zu

139 Ebenda
140 Ebenda
141 Ebenda

meistern. Genau genommen verbarg sich hinter der sich erst in den 1950er Jahren anbahnenden Blockkonfrontation immer die Verteidigung der neokolonialen Weltarbeitsteilung, die nach dem Zusammenbruch des sowjetischen Blocks in zahlreichen Kriegen der USA und der NATO in den Ländern des Globalen Südens offen zutage trat. In den meisten dieser Kriege, beispielsweise gegen Irak, Libyen, Syrien u. v. a. m. waren oft auch die ehemaligen Kolonialstaaten – und immer Großbritannien, der größte Kolonialstaat in der Geschichte – wie selbstverständlich mit dabei. Nachweislich stellte auch die politische Kooperation der NATO-Staaten gegen die Länder des Globalen Südens in allen internationalen Wirtschaftsinstitutionen wie IWF und der Welthandelsorganisation WTO einen Grundkonsens innerhalb der NATO dar.

Europa soll seine Sicherheit selbst in die Hand nehmen

Europa ist sicherheitspolitisch unbestritten von den USA abhängig, richtiger: abhängig gemacht worden. Die beiden Kriege der USA in Europa, der Jugoslawien- und der Ukraine-Krieg, dienen den obigen Ausführungen zufolge der weiteren Intensivierung dieser Abhängigkeit. Einerseits haben europäische Regierungen mit ihrer Absage an die gemeinsame Sicherheit mit Russland die sicherheitspolitische Abhängigkeit Europas selbst mitgeschaffen. Andererseits empfinden sie diese Abhängigkeit zunehmend als Problem. Der alte und neue US-Präsident Donald Trump hat erheblich zu der Unsicherheit und Irritation in Europa beigetragen. Die Art und Weise wie Trump über die NATO gesprochen hat, veranlasste den Münchener Politikwissenschaftler Tim Büthe zu der Feststellung, sie erinnere »eher an ein Vasallensystem aus dem Mittelalter (…) als an ein modernes Verständnis von einem Bündnis demokratischer Staaten, etwa, wenn er Geld für Sicherheitsgarantien forderte.«[142]

Donald Trump hat mit seiner Drohung in seiner ersten Amtszeit, »NATO-Verbündeten unter bestimmten Bedingungen die Verteidigung zu verweigern«, in der Tat in Europa massive Ängste geschürt und manche Europa-Politikerinnen wie Katarina Barley von der SPD veranlasst, über eigene

142 Florian Naumann, Teils »eher wie ein Vasallensystem aus dem Mittelalter«, in: *Merkur* vom 9.11.2024.

Atomwaffen für die Europäische Union nachzudenken. Die EU-Kommissionspräsidentin Ursula von der Leyen hatte Mitte Februar 2024 auf der Münchner Sicherheitskonferenz den ersten Schritt für den Aufbau einer europäisch selbstständigen Sicherheitsarchitektur gemacht und angekündigt, im Falle einer zweiten Amtszeit einen neuen Posten in der EU-Kommission zu schaffen und einen Verteidigungskommissar einzusetzen.[143] Die Verwirrung erreicht ihren Höhepunkt, wenn ein Transatlantiker es gut findet, dass »die USA mit einer geeigneten Strategie Europa dazu drängen würden, seine Sicherheit selbst in die Hand zu nehmen und sich vom ›Sicherheitsabhängigen‹ zum Sicherheitspartner zu wandeln.«[144] Die neue nationale Sicherheitsstrategie der USA, die Anfang Dezember 2025 vorgelegt wurde, bestätigt diesen Trend: Das Dilemma der Europäer und das Privileg der USA, aus ihrer Position als Hegemonialmacht mehrfachen Gewinn herauszuschlagen.

Erstens würden die Europäer trotz all ihrer Anstrengungen, sich sicherheitspolitisch von den USA unabhängig zu machen, in deren Abhängigkeit verbleiben, solange sie sich als einen festen Bestandteil der durch die USA dominierenden NATO definieren. Denn das Ziel, eigene Unabhängigkeit von den USA durch massive Aufrüstung in allen EU-Staaten, würde in erster Linie und mit an Sicherheit grenzender Wahrscheinlichkeit eine noch größere Abhängigkeit der EU vom US-militärisch-industriellen Komplex mit sich bringen. Dieser dürfte jedenfalls angesichts seines Wettbewerbsvorsprungs gegenüber der EU-Rüstungsindustrie in der globalisierten Weltwirtschaft der Hauptprofiteur einer solchen Strategie werden. Möglicherweise ist dies auch das Ziel von Donald Trump bei seinem Vorstoß. Ein neues Wettrüsten wäre dann nicht nur zwischen USA und EU, sondern auch zwischen allen Großmächten sehr wahrscheinlich.

Zweitens würden die Europäer als Teil der NATO de facto auf die sicherheitspolitische Alternative der gemeinsamen Sicherheit mit Russland verzichten, die eigentlich nach den Regeln der Vernunft die einzig denkbare Alternative darstellt, sicherheitspolitisch von den USA unabhängig zu werden, weil dadurch die russische Bedrohung einfach wegfallen würde, gegen die sich die USA als Schutzmacht der Europäer aufdrängen. Insofern sind es

143 Braucht Europa eigene Atomwaffen, in: *Deutschlandfunk* vom 16.07.2024.
144 Max Bergmann, Europa allein zu Haus, in *IPG*-Journal vom 03.08.2022.

nicht die Europäer, die objektiv und zwingend auf ein militärisches Bündnis mit den USA angewiesen sind, sondern umgekehrt, es sind die USA, die ohne ein militärisches Bündnis mit Europa gegen Russland und inzwischen auch gegen die VR China keine Hegemonialmacht mehr wären und dadurch sämtliche ihrer damit verbundenen Privilegien verlieren würden. Das Dilemma der Europäer im Verhältnis zu den USA, in dem sie seit mehreren Dekaden stecken, ist vielleicht vergleichbar mit dem Dilemma von Untertanen, die im guten Glauben, sie seien die glücklichsten Untertanen, sich freiwillig in die Obhut eines mächtigen Herrschers begeben.

Drittens gehören zu den Privilegien, die die USA durch ihre Hegemonie erlangen und diese möglichst lange auch bewahren wollen, umfangreiche Rüstungsexporte nach Europa, durch die sie den US-Rüstungssektor nachhaltig stärken; des Weiteren der Export von eigenen teuren fossilen Energieträgern nach Europa bei gleichzeitiger Unterbindung der Importe billiger Energieträger aus Russland, indem europäisch-russische Konflikte, beispielsweise durch den Ukraine-Krieg, geschürt werden. Dieses Beispiel zeigt erneut die Fassade der US-Strategie der Militarisierung des globalen Energiesektors, die auch bei den Öl- und Gasexporten aus dem Globalen Süden angewandt wird. Es gehört offensichtlich zur Hegemonialpolitik der USA zu verhindern, dass Europa – und im Grunde alle Staaten der Welt – die eigene Energieversorgung über den Freihandel organisieren. Vielmehr sollte der gesamte globale Energiesektor unter dem Vorwand der Energiesicherheit militarisiert und von der US- Kontrolle abhängig gemacht werden. Außer dem Abhängigkeitsaspekt ist die billige Energieversorgung ein entscheidender Wettbewerbsfaktor auf dem Weltmarkt gegenüber den USA, während die Verteuerung der Energieversorgung, wie man nach dem Beginn des Ukraine-Krieges in Europa beobachten kann, erhebliche Strukturprobleme und Krisen hervorruft. In dieselbe Richtung wirken die Kriegskosten, die den Europäern zwangsläufig auferlegt werden. Die Verschlechterung der ökonomischen Rahmenbedingungen in Europa und Japan befeuert außerdem einen massenhaften Kapitalabzug in die USA, der dank des Dollars als Leitwährung, wie im nächsten Kapitel näher begründet wird, ohnehin stattfindet.

Kapitel 6: Machtressource Dollar als Leitwährung

Die USA sind der Staat mit der größten Verschuldung in der Welt, sowohl in absoluter Höhe als auch im Verhältnis zu ihrem Bruttoinlandsprodukt. Ende Oktober 2025 betrug die US-Staatsverschuldung die astronomische Summe von 38,6 Billionen Dollar und die Schuldenquote lag bei 125 Prozent.[145] Die US-Wirtschaft hat seit mehreren Dekaden eine defizitäre Handelsbilanz. 2021 erreichte das US-Handelsbilanzdefizit die Rekordsumme von 861 Milliarden Dollar. In den Jahren zwischen 1987 und 2021 weist die US-Handelsbilanz ununterbrochen Defizite auf, die in diesem Zeitraum kumulativ angehäufte Defizitsumme beträgt 16,932 Billionen Dollar. Ursächlich dafür ist, dass die US-Ökonomie in Teilen gegenüber ihren Hauptkonkurrenten EU, China und Japan längst nicht mehr wettbewerbsfähig ist. Hinzu kommen chronisch steigende Haushaltsdefizite, die aus drastisch steigenden Rüstungsausgaben resultieren.

Jede andere Volkswirtschaft mit diesen Indikatoren hätte ihre Kreditwürdigkeit auf den Finanzmärkten längst eingebüßt und wäre im Grunde genommen bankrott. Nicht jedoch die USA. Ganz im Gegenteil: Der Dollar ist die stärkste und stabilste Währung der Welt. Der US-Finanzmarkt ist weiterhin vielleicht sogar der attraktivste Markt für Kapitalanleger aus allen Ländern der Welt. Wie ist aber dieser offensichtlich paradoxe, ja rätselhafte Sachverhalt – ein höchst attraktiver Finanzmarkt trotz einer Ökonomie, die in weiten Bereichen nicht wettbewerbsfähig ist – zu erklären? Auf diese doch sehr komplexe Frage gibt es eine plausible Antwort: Vereinfacht zusammengefasst befähigt der Dollar als internationale Leitwährung die Vereinigten Staaten dazu, einen gigantischen Kapitalfluss in die eigene Ökonomie in Gang zu setzen und aufrechtzuerhalten. Dadurch erzielen sie eine chronisch positive Kapitalbilanz, die das Strukturproblem der US-Ökonomie, nämlich das *chronische Handelsbilanzdefizit*, wettmacht und nicht nur die USA vor einem Bankrott rettet, sondern auch den US-Regierungen über das nationale Steueraufkommen hinaus eine leistungslose Einnahmequelle

145 Zeit Online 18/2024

in gigantischer Höhe beschert. Diese positive Kapitalbilanz deckt nicht nur ihre chronischen Haushaltsdefizite, sondern dient auch der Finanzierung der umfangreichen US-Rüstungskosten. Diese Argumentation wurde bereits 2014 in mehreren Beiträgen formuliert und empirisch begründet.[146] Im Folgenden werden ihre zentralen Elemente gestrafft wiedergegeben und teilweise auch ergänzt:

US-Staatsanleihen als Hebel

Das Auflegen von Staatsanleihen ist ein allgemein probates Mittel von Regierungen, um zusätzlich zum Steueraufkommen befristete Kredite für die Finanzierung des Staatshaushalts zu generieren. Diese auf dem Kapitalmarkt erworbenen Kredite müssen jedoch in der Regel nach Ablauf der Termine zurückgezahlt werden. Insofern sind dieser Form der Kreditbeschaffung und Staatsverschuldung in parlamentarischen Demokratien auch Grenzen gesetzt. Die Regierungen verschulden sich in dem Umfang, wie sie die Schulden durch zu erwartende Steuereinnahmen auch zurückzahlen können. Genau diese Regel können die US-Regierungen praktisch außer Kraft setzen und den US-Staat beinahe unbegrenzt verschulden. Das US-Finanzministerium gibt zu diesem Zweck Jahr für Jahr festverzinsliche Staatsanleihen in großer Menge heraus und tauscht sie bei der *Federal Reserve Bank of New York* gegen Dollar ein. Diese faktisch als Zentralbank der USA fungierende Finanzinstitution vermarktet einerseits die international sehr begehrten US-Staatsanleihen, wodurch die US-Kapitalbilanz enorm anwächst und überschüssiges Kapital aufweist. Andererseits überweist die Bank im Austausch mit den Staatsanleihen Dollars, die die US-Regierungen für die Deckung des laufenden Haushalts einsetzen. Dieser technische Vorgang impliziert im Prinzip eine entsprechende Geldschöpfung durch die Federal Reserve, indem neue Dollars gedruckt und in Umlauf gebracht werden.

Durch die jährliche Ausgabe der Staatsanleihen werden diese nach Ablauf ihrer Fristen durch neue Anleihen ersetzt. So werden alte Schulden durch neue ausgeglichen und der Kreislauf der Fremdfinanzierung des

146 Ausführlicher dazu siehe Mohssen Massarrat, Chaos und Hegemonie, in: *Blätter für deutsche und internationale Politik*, Mai 2014 und derselbe, Zauberformel: Öl- statt Gold-gedeckte Weltwährung, in: *Lunapark21*, Heft 26/2014

US-Haushaltsdefizits beginnt von Neuem. Die Voraussetzung für das Funktionieren des Systems ist allerdings, dass der Dollar weiterhin in der Weltwirtschaft nachgefragt wird und als Weltwährung stabil bleibt. Fortan sind die US-Regierungen daher mit dem Problem konfrontiert, mit allen ihnen zur Verfügung stehenden Mitteln für die Stabilität des Dollars zu sorgen. Um sich jedoch ohne Einschränkungen zu verschulden, waren die USA gezwungen, die im Bretton-Woods-System festgelegte Golddeckung des Dollars aufzugeben.

Das Ergebnis dieser einzigartigen Geldschöpfungs- und Verschuldungspolitik ist die gigantische Staatsverschuldung der USA, die zwischen 2003 und 2021 von 6.731 auf 29.463 Milliarden Dollar – also auf den beinahe vierfachen Betrag – kletterte, wodurch die Staatsschuldenquote im selben Zeitraum von 60 auf 128 Prozent stieg. Demgegenüber ist im selben Zeitraum die Staatsschuldenquote der 27 EU-Staaten von 60 auf deutlich unter 50 Prozent gesunken. Durch die Staatsverschuldungspolitik gelang es den Vereinigten Staaten, ihr Handelsbilanzdefizit mit dem Kapitalbilanzüberschuss auszugleichen. Diese Kapitalüberschüsse betrugen allein zwischen 2001 und 2013 insgesamt 11.550 Milliarden Dollar. Im Klartext flossen jährlich im Schnitt reale Wirtschaftsleistungen im Wert von 962,5 Milliarden Dollar aus der ganzen Welt in die USA, während sie sich darauf beschränkten, neues Geld zu drucken und in Umlauf zu bringen.

Um es an einem Beispiel noch anschaulicher zu machen: 2012 machte die in die USA geflossene Kapitalmasse von 1.250 Milliarden Dollar 7,9 Prozent des US-amerikanischen BIP aus. Dieser zusätzlich in die US-Wirtschaft geflossene Kapitalstock erklärt auch, dass die US-Sparquote in diesem Zeitraum dramatisch abgesunken ist. Die Amerikaner konsumierten nahezu ihre gesamten selbst produzierten Waren und Dienstleistungen, während der Rest der Welt für die Investitionen aufkam, um Amerikas Wirtschaft am Laufen zu halten. Im Grunde ähneln die USA immer mehr den arabischen Rentierstaaten, die ihre Staatseinnahmen aus den Ölquellen beziehen. Statt Öl benutzen die USA jedoch den Dollar – die internationale Leitwährung – als Hebel zur Aneignung der globalen Kaufkraft. Während Saudi-Arabien immerhin Öl gegen Leistungen anderer Nationen exportiert, pumpen die USA lediglich Papier bzw. Ziffern auf Computerbildschirmen in den globalen Geldkreislauf.

Wie erklärt sich aber diese Macht der Vereinigten Staaten, die Dollarinhaber in der ganzen Welt auf diese mehr oder weniger unsichtbare Weise zu enteignen? Im Bretton-Woods-System war doch die Golddeckung von Dollar ein elementarer Bestandteil des Systems. Dadurch sollte gerade der Willkür der USA, beliebig und ohne Deckung Dollar zu drucken, ein Riegel vorgeschoben werden. Tatsächlich wirkte auch die Golddeckung des Dollars bis zur Aufkündigung des Bretton-Woods-Systems im Jahr 1971 wie Fesseln gegen die Expansionsgelüste der US-Regierungen. Die Aufhebung der Golddeckung des Dollars scheint in der Tat, wie unten dargestellt wird, die Vereinigten Staaten von diesen Fesseln befreit zu haben, die ihnen die übrigen Mitgliedsstaaten des Bretton-Woods-Systems angelegt hatten.

Der Wechsel von Gold- in Öl-gedeckte Dollar

Der bei weitem größte Teil des Welthandels wurde und wird immer noch in Dollar abgewickelt. Deshalb ist die weltweite Nachfrage nach Dollar ungeheuer groß, und sie wächst in dem Maße, wie der Welthandel ansteigt. Das Monopol an der Weltwährung bringt den Vereinigten Staaten erhebliche Vorteile: *Erstens* können die USA das globale Finanzsystem kontrollieren. *Zweitens* verfügen sie über ein ökonomisch wirkungsmächtiges Instrument, um feindliche Staaten durch das globale Bankensystem zu sanktionieren. Und *drittens* schöpfen die USA, wie oben dargelegt, überschüssige Kaufkraft und Kapitalmassen aus der ganzen Welt ab und schleusen sie in die US-Ökonomie. Deshalb haben sie auch ein existenzielles Interesse daran, das globale Währungsmonopol so lange wie möglich beizubehalten.

Dabei spielt seit dem Zusammenbruch des Bretton-Woods-Systems 1971 der Umstand, dass der globale Ölhandel in Dollar abgewickelt wird, eine Schlüsselrolle. Dies bedarf der näheren Erläuterung: Grundsätzlich ist das Vertrauen in die Stabilität einer Währung das Fundament für die Anerkennung dieser Währung als Zahlungsmittel. Dies gilt in besonderer Weise für eine Weltwährung. Damit ein dauerhaftes Vertrauen der Weltgemeinschaft in die Weltwährung Dollar garantiert wird, wurde nach dem Bedeutungsverlust des britischen Pfunds im Juni 1944 in dem US-Ort Bretton Woods ein neues nach diesem Ort benanntes Finanz- und Weltwährungssystem geschaffen. Demnach wurde der Tauschwert des Dollar in eine Unze Gold mit

35 Dollar festgelegt. Und damit der Dollarwert für Jahrzehnte stabil bleibt, hat sich die Federal Reserve Bank of New York verpflichtet, jederzeit unbegrenzt Gold zu diesem Preis gegen Dollar umzutauschen. Um einen reibungslosen Handel zu ermöglichen und zahlungsfähig zu sein, besorgten sich die Zentralbanken aller Staaten Dollar als Reservewährung.

Die Geldschöpfung durch die FED war jedoch im Bretton-Woods-System nicht geregelt. Damit hatten die USA freie Hand, Dollars auch ohne Golddeckung in Umlauf zu bringen. Von dieser Möglichkeit haben die US-Regierungen auch z. B. für die Finanzierung des Vietnamkrieges oder den Ausgleich der in den 1960er Jahren wachsenden US-Leistungsbilanzdefizite reichlich Gebrauch gemacht. Sie exportierten so die Dollarinflation in die Weltwirtschaft. Frankreich mit General de Gaulle reagierte als erstes Land 1966 auf diesen offensichtlichen Betrug mit der Forderung an die FED, die französischen Dollarreserven gegen Gold umzutauschen. Hätten alle anderen Staaten sich zu diesem Zeitpunkt Frankreich angeschlossen, wäre das Bretton-Woods-System schon 1966 zusammengebrochen, da die weltweit akkumulierten Dollarmengen in den Zentralbanken die bei der FED angehäuften Goldmengen bei weitem überstiegen. Vor diesem Hintergrund haben die USA zunächst den Umtausch von Dollar gegen Gold drastisch eingeschränkt. Schließlich kündigte 1971 der US-Präsident Nixon das brüchig gewordene Bretton-Woods-System auf.

Die Aufkündigung der Golddeckung des Dollars und des Bretton-Woods-Systems, das sämtlichen Staaten den Dollar als Reservewährung bei ihren Zentralbanken auferlegte und dadurch die Nachfrage nach Dollar absicherte, fand vor dem Hintergrund der Erkenntnis der US-Finanzexperten statt, dass die Nachfrage nach der US-Währung auch ohne das Bretton-Woods-System steigen würde. Der in Dollar abgewickelte Ölhandel mit kontinuierlich steigendem Handelsvolumen war nämlich inzwischen faktisch an die Stelle der Golddeckung des Dollars getreten und sorgte somit auch ohne das Bretton-Woods-System für steigende Dollar-Nachfrage und Stabilität der US-Währung. Öl ist ein homogener und knapper Rohstoff mit steigender Nachfrage in der Weltwirtschaft. Der Ölhandel hatte also bei einem entsprechenden Ölpreis das Potenzial, auch die Funktion der Golddeckung zu übernehmen, vorausgesetzt, das Öl würde für möglichst lange Zeit in Dollar gehandelt. So erlangte die US-Währung eine geopolitische

Dimension, und der Mittlere Osten mit seinen umfangreichen Ölressourcen und Ölexporten geriet nun auf der ganzen Linie ins Visier der US-Außenpolitik. Diese Weltregion gewann so aus zwei Gründen einen Sonderstatus für die US-Hegemonialstrategie: Zum einen wegen des Ölreichtums des Mittleren Ostens und dessen Bedeutung für das Konzept der hegemonialen Energiesicherheit, wie oben im Kapitel 2 dargestellt wurde. Und zum anderem wegen der Aufrechterhaltung des Ölhandels in Dollar.

Der niedrige Ölpreis von 1 bis 2 Dollar je Barrel war ursprünglich, wie im Kapitel 2 ausführlich dargelegt, das Ergebnis der Ölüberproduktion als Folge der neokolonialistischen Abkommen Großbritanniens und der USA mit den Ölstaaten des Mittleren Ostens und das hegemonialpolitisch begründete Streben aller US-Regierungen, ihre westlichen Verbündeten durch Energiesicherheit (störungsfreien Fluss von Billigöl) an sich zu binden. Dieser äußerst niedrige Ölpreis reichte jedoch nicht aus, um den Anteil des Ölhandels am Welthandel auf ein Niveau zu heben, das ihm die Schlüsselfunktion für eine steigende Nachfrage nach Dollar gewähren könnte. Fortan verfolgten US-Regierungen das Ziel, das Konzept von Billigöl zu modifizieren und zuzulassen, dass der Ölpreis auf ein deutlich höheres, jedoch ökonomisch akzeptables Niveau ansteigt, das dem anderen hegemonialen Interesse der Energiesicherheit, nämlich niedrige Energiekosten, nicht zuwiderläuft. Drastische Ölpreissteigerungen hingen aufgrund des künstlich niedrig gehaltenen Preises ohnehin in der Luft. Die arabischen Ölstaaten, an der Spitze der größte Ölexporteur der Welt, Saudi-Arabien, erhöhten im Oktober 1973 den Ölpreis von 1,3 auf 11,5 Dollar je Barrel, nachdem sie den Ölhahn wegen des arabisch-israelischen Krieges im Oktober 1973 auf null gedreht hatten.[147]

Dadurch erhöhte sich der weltweite Anteil der Ölexporte von ca. 6 Prozent 1970 deutlich und erreichte 1980 wegen erneuter Ölpreissteigerung auf 40 Dollar je Barrel sogar über 21 Prozent. In den letzten zwei Jahrzehnten schwankte der Anteil zwischen 8 und 12 Prozent.[148] Die USA korrigier-

147 Ich habe ursprünglich diese Ölpreissteigerung als eine autonome Entscheidung der Ölförderstaaten OPEC interpretiert. (Vgl. dazu Mohssen Massarrat, Energiekrise oder Krise des Kapitalismus, in: Probleme des Klassenkampfs, 1974, Heft 11/12). Aus heutiger Sicht erfolgte die drastische Ölpreissteigerung, die 1974 weltweit eine ernsthafte Energiekrise auslöste, auf jeden Fall mit Zustimmung der USA.

148 Die zeitliche Nähe zwischen der Aufkündigung des Bretton-Woods-Systems 1971 durch die US-Regierung und die drastische Ölpreiserhöhung im Gefolge des arabisch-israelischen Krieges im Oktober 1973

ten seitdem ihre Strategie für die Ölstaaten des Mittleren Ostens von der Zielsetzung Ölüberproduktion zu möglichst niedrigen Preisen auf die Sicherstellung der Ölüberproduktion zu moderaten Ölpreisen und zwar auf Dollar-Basis. Dazu unternahm Washington alles, um Saudi-Arabien, den bis heute mit Abstand größten Ölexporteur der Welt, für einen langfristigen Deal zu verpflichten. Spekulationen über ein geheimes Abkommen über den Verkauf von saudischem Öl in Dollar machten alsbald die Runde. Fest steht auf jeden Fall, dass das saudische Königshaus sich auf den Deal, Ölverkäufe in Dollar und Investitionen der saudischen Einnahmen und Vermögenswerte in Dollar gegen den langfristigen Schutz seines Regimes in Saudi-Arabien eingelassen hat.[149]

Nixons Aufkündigung des Bretton-Woods-Systems hat dem Status des Dollar als Weltwährung keinen Abbruch getan, ganz im Gegenteil. Die USA hatten sich sogar der lästigen Fesseln des Bretton-Woods-Systems entledigt, fortan konnten sie ihre Staatsschulden hemmungsloser als bisher steigern und ihre Rüstungsprojekte sowie Kriege durch den Verkauf von Staatsanleihen und Dollarschöpfung reibungslos finanzieren. Anstelle der Golddeckung war nämlich die Öldeckung getreten.

Deshalb können die USA auch mithilfe der FED laufend Dollars in Umlauf bringen und damit ihre Leistungsbilanz- und Haushaltsdefizite, letztlich auch ihre steigende Staatsverschuldung, mitfinanzieren. Der Wirtschafts-Nobelpreisträger Roger B. Myerson macht sich wegen steigender Staatsschulden der USA auch keine Sorgen. Denn, so Myerson: »Die US-Schulden sind in Dollar und die USA können Dollar drucken. (…) Wir werden vielleicht

---

veranlasste manche Beobachter, so Valentin Katastanof in seinem Artikel »Halbes Jahrhundert Öl-Dollar Standard« auf der Webseite der russischen Stiftung für Cultural Strategic im Herbst 2022 zu der Spekulation, die US-Regierung sei der eigentliche Anstifter des genannten Krieges gewesen. Richtig ist es auf jeden Fall, dass die USA die drastische Ölpreissteigerung in 1973 aus Eigeninteresse mit Wohlwollen bedachten und jedenfalls nichts gegen die Ölpreiserhöhung unternahmen.

149 So berichtet Michel Hudson von einer Sitzung im Weißem Haus, dass »amerikanische Diplomaten den Regierungen Saudi-Arabiens und anderer Länder der Region zu verstehen gegeben hatten, diese könnten für ihr Öl so viel verlangen wie sie wollten, aber die Vereinigten Staaten würden es als kriegerischen Akt deuten, würden sie ihre Einnahmen aus dem Ölexport nicht in Vermögenswerten anlegen, die in US-Dollar denominiert waren«, Michael Hudson, Finanzimperialismus, Stuttgart 2017, S. 11f. In dieselbe Richtung verweist der CIA-Agent John Perkins in seinem Buch, Bekenntnisse eines Economic Hit Man, München 2004 S. 163f., auf die Zusicherung der Sicherheit des saudischen Königshauses auch durch Einsatz von Militär, wenn sich die Königsfamilie für eine störungsfreie Ölversorgung zu akzeptablen Preisen innerhalb der OPEC einsetzen würde.

Inflation haben. Aber wir werden die Schulden sicher zurückzahlen.« Dass aber die USA ihre Schulden, entgegen Myersons Behauptung, »tatsächlich nie zurückzahlen werden«, wusste der US-Ökonom Michael Hudson bereits in den 1970er Jahren: »Da diese Anleihen des Finanzministeriums in die monetäre Basis der Weltwirtschaft eingebaut sind, müssen sie nicht zurückgezahlt werden, sondern werden unbegrenzt erneuert. Auf dieser unendlichen Umschuldung beruht die finanzielle Freifahrt der Vereinigten Staaten, eine Steuer, die der ganzen Welt auferlegt wird.«[150] Um alte Schulden zu begleichen, schaffen die USA neue Staatsanleihen und erhöhen dafür abermals die Staatsverschuldung.

Die Bedeutung des Dollars als Weltgeld für die USA beschränkt sich jedoch nicht auf die Möglichkeit, sich durch ununterbrochene Vermarktung von US-Staatsanleihen Kapitalmassen aus der ganzen Welt anzueignen. Mit 58 Prozent der Devisenreserven der Welt ist Dollar die mit Abstand wichtigste Währung.[151] Dadurch besitzen die USA das Privileg, auf allen internationalen Finanzmärkten Kredite zu besonders günstigen Zinsen zu erhalten und sie zu höheren Zinsen weiterzugeben. Da die USA die Importe in eigener Währung tätigen können, sind die Transaktionskosten gleich Null. Ein weiterer Vorteil, der bei den USA durch ihre Währungsdominanz zu Buche schlägt, sind die Mehreinnahmen aus dem Globalen Süden, die 2023 laut einer OECD-Studie 50 Milliarden Dollar betragen sollen, die die Schwellen- und Entwicklungsländer mehr bezahlt haben, als sie in Form von Darlehen und Zuschüssen erhalten haben.[152] Durch diese und andere Vorteile erzielen die USA jährlich vermutlich mehrere Billionen leistungslose Einnahmen. Putin bezifferte diese Einnahmen auf der Basis von russischen Expertenberechnungen auf die stattliche Summe von 10 Billionen Dollar.[153]

Diese hier dargestellte neue Quelle von gigantischen leistungslosen Einnahmen, die man auch als Hegemonialrente bezeichnen könnte, ermöglicht den US-Regierungen, die Rüstungsausgaben unabhängig von Steueraufkommen, und damit von innenpolitischen Debatten, zu finanzieren und auch auf astronomische Höhen zu steigern.

150 Zit. Nach David Graeber, Schulden, Stuttgart 2012, S. 384f

151 Stephan Kaufmann, Die Geldmächte in: *Frankfurter Rundschau* vom 24. Mai 2024

152 Ebenda

153 Putin bei der abschließenden Pressekonferenz nach seinem Besuch im Mai 2024 in China.

Um jedoch die Abwicklung des globalen Ölhandels in Dollar, der sich zu einem entscheidenden Baustein der Dollar-Stabilität entwickelt hat, für weitere Jahrzehnte sicherzustellen, bedurfte es eines Mittleren Ostens, der von den USA möglichst vollständig kontrolliert wird – und zwar durch Regimewechsel überall dort, wo dies nötig erscheint, um eventuelle Antidollar-Allianzen im Keim zu ersticken. Das neokonservative *Project for the New American Century* mit dem Ziel der Schaffung eines weitestgehend den USA untergeordneten Greater Middle East, zielte daher von Beginn an in diese Richtung. In den Dokumenten dieses von den US-Neokonservativen um Ronald Reagan und George W. Bush angedachten Projekts ist von der Herstellung der Bedingungen für Frieden an keiner einzigen Stelle die Rede, umso mehr jedoch von Kriegen, vom Ausbau der Militärstützpunkte in der ganzen Welt, von militärischer Überlegenheit zu Lande, zu Wasser und in der Luft, von nuklearen Verteidigungsschilden in der Erdatmosphäre und vor allem von der weiteren Erhöhung der Rüstungsausgaben.

In der letzten Dekade haben die USA mit einem Verteidigungshaushalt, der jährlich zwischen 500 bis 800 Milliarden Dollar betrug, so viel für Rüstung ausgegeben wie der Rest der Welt zusammen. Jede andere Volkswirtschaft wäre mit derart großen unproduktiven Ausgaben längst zusammengebrochen. Tatsächlich hat das Wettrüsten im Kalten Krieg zum Zusammenbruch der Sowjetunion geführt, während nach dem Ende der Blockkonfrontation die USA ihre jährlichen Rüstungsausgaben exponentiell steigerten, nämlich von 150 Milliarden Dollar in 1990 auf die astronomische Summe von 558 Milliarden Dollar im Jahr 2005 und 752 Milliarden Dollar im Jahr 2011. In der letzten Dekade schwankten die regulären Rüstungsausgaben zwischen 633 Milliarden Dollar im Jahr 2015 und dem Rekordstand von 800 Milliarden im Jahr 2021. Der Anteil der Rüstungsausgaben am Bruttoinlandsprodukt der USA schwankt um 4 Prozent, mehr als doppelt so viel wie bei anderen westlichen Industrieländern. Die Opposition, die bei Erhöhungen anderer Haushaltstitel mit der Regierungspolitik streng ins Gericht geht, hält sich grundsätzlich beim Militärhaushalt mit Kritik merklich zurück, es sei denn wegen der unzureichenden Steigerung. Und auch in den Medien und in der Gesellschaft finden trotz der immensen Rüstungsquote keine substanziellen Debatten statt. Eine Finanzierung der Kriegskosten durch direkte Steuern würde dagegen die Bevölkerung gegen jeden Krieg mobilisieren.

Das faktische Monopol am Weltgeld erklärt, wieso eine Volkswirtschaft wie die der USA, die in vielen Bereichen seit längerem auf dem Weltmarkt nicht wettbewerbsfähig ist und chronisch defizitäre Handelsbilanzen aufweist, nicht nur derartige Megaprojekte wie den militärisch-industriellen Komplex und mehrere sehr kostenträchtige Kriege finanzieren kann, sondern auch einen relativ stabilen Finanzsektor aufweist.

Auf diese Weise treffen jedenfalls alle drei Stränge des Dollarimperialismus zusammen: Öl, Dollar, Rüstungsindustrie. Allein die Option, die eigenen Rüstungsausgaben mit US-Staatsanleihen und beinahe unbegrenzter Dollarschöpfung zu finanzieren, im Klartext also, die Welt militärisch zu dominieren und ihr obendrein die Kosten dafür aufzuerlegen, erklärt, warum der Dollar sich zu einem wirkungsmächtigen Hebel der imperialistischen Hegemonialpolitik entwickelt hat und warum die USA in den letzten Dekaden alles unternahmen, um eine Schwächung des Dollars als Welt-Geld zu verhindern. Donald Trump, der ehemalige und gegenwärtige US-Präsident, brachte die Bedeutung des Dollars für die US-Hegemonie auf den Punkt: »Ich hasse es, wenn Länder sich vom Dollar lösen.« Verlöre das US-Geld seinen globalen Status, so Trump, »so wäre das der größte Krieg, den wir je verloren hätten.«[154] Trump hat kurz vor dem erneuten Einzug in das Weiße Haus im Dezember 2024 seine Warnung in unüberhörbarer Klarheit wiederholt und die Feinde des Dollar schon vor seiner Regierungsübernahme nicht nur unverkennbar ausgemacht, sondern ihnen den Wirtschaftskrieg erklärt:

»Die Vorstellung, dass die BRICS-Staaten versuchen, sich vom Dollar zu lösen, während wir tatenlos zusehen, ist vorbei. Wir verlangen von diesen Ländern eine Zusage, dass sie weder eine neue BRICS-Währung schaffen noch eine andere Währung unterstützen werden, um den mächtigen US-Dollar zu ersetzen. Andernfalls werden sie mit 100 % Zoll belegt und sollten sich vom Verkauf in die wunderbare US-Wirtschaft verabschieden. Sie können sich einen anderen ›Sucker‹ [Trottel] suchen! Es besteht keine Chance, dass die BRICS-Staaten den US-Dollar im internationalen Handel ersetzen, und jedes Land, das dies versucht, sollte sich von Amerika verabschieden.«[155]

154 Stephan Kaufmann, a. a. O.

155 Zitiert nach: Peter Hänseler, Trump droht BRICS – grundlos. Diplomatie geht anders. In: Seniora.org vom 07.12.2024.

Für Donald Trump stellen die BRICS-Staaten offensichtlich den Hauptfeind des Dollars dar. Dieser neue Block von Staaten ist trotz der ökonomischen Bedeutung mancher von ihnen jedoch nach meiner Auffassung ökonomisch zu zersplittert und noch weit davon entfernt, einen gemeinsamen Markt und eine eigene Währung einzuführen, die mit dem Dollar konkurrieren könnte und um eine echte Gefahr für die Dollar-Dominanz in der Weltwirtschaft darzustellen. Der Deep State in den USA dürfte daher den eigentlichen Feind des Dollars aller Wahrscheinlichkeit nach ganz woanders verorten. Beispielsweise würde eine solche Gefahr gegeben sein, wenn alle Ölstaaten des globalen Südens zusammen mit Russland (OPEC plus) übereinkommen würden, das Öl fortan nicht mehr nur in Dollar, sondern auch in einer anderen Währung – z. B. in Euro – auf dem Weltmarkt zu verkaufen. Dies zu verhindern, wird allerdings durch die USA längst und sehr erfolgreich versucht: Die Zersplitterung von widerstrebenden Machtzentren in den Ölstaaten durch ethnische und religiöse Konflikte, Bürgerkriege, Chaos und tiefes Misstrauen im gesamten Mittleren Osten ist – immer nach der bewährten Devise »teile und herrsche« – die gängige Praxis der US-Außenpolitik. Aus diesem Grund ist auch kein einziger Ölstaat auf Jahrzehnte in der Lage, überhaupt nur zu erwägen, den Ölhandel in einer anderen Währung als in Dollar abzuwickeln. Hinzu kommt: Da sämtliche Kontrahenten in den Bürgerkriegen Petrodollars benötigen, um sich Waffen zu besorgen, sprudeln die Ölquellen munter weiter – wie man gegenwärtig im von täglichen Terroranschlägen und Chaos gelähmten Irak und Libyen sowie in den gegenseitig feindlich gesinnten Ölstaaten Iran und Saudi-Arabien beobachten kann.[156]

Im Grunde ist der »Dollar-Imperialismus« jedoch eine höchst instabile Konstruktion mit schwer vorstellbaren Absurditäten. Zum einen hält diese einen gigantischen Gewaltapparat in den USA am Leben – zu Lasten und letztlich finanziert von der gesamten Menschheit. Zum anderen stützt sich diese Konstruktion auf Chaos, Gewalt und Bürgerkriege, insbesondere in

156 Tatsächlich schloss Saudi-Arabien in den Jahren 2016/17 Waffenimportverträge im Umfang von über 100 Milliarden Dollar mit der US-Regierung ab, nachdem das Land 2016 seine diplomatischen Beziehungen mit dem Iran abgebrochen hatte. Hintergrund dieser diplomatischen Krise war die Hinrichtung des saudisch-schiitischen Geistlichen Nimr Baker al-Nimr und als Reaktion darauf die heftigen antisaudischen Proteste und die Inbrandsetzung der saudischen Botschaft in Teheran. Beide Ölstaaten haben inzwischen durch die Vermittlung der VR China ihre diplomatischen Beziehungen wieder aufgenommen.

den ölreichen Regionen, die deshalb auch jederzeit zusammenbrechen und die Welt in schwerwiegende Krisen stürzen könnten.

Kurzum: Was könnte absurder sein als die Tatsache, dass wir alle mit unserem Geld den US-militärisch-industriellen Komplex mitfinanzieren, dessen Fortbestand in letzter Instanz voraussetzt, dass Frieden auf dem Planeten niemals zustande kommen darf?

Angesichts dieser langfristig angelegten Strategie des US Deep State und des militärisch-industriellen Komplexes als dessen Hauptprofiteur ist es nicht verwunderlich, dass Donald Trump als jemand, der ein eifriger Verfechter dieses Sektors ist, nun die BRICS-Staaten als den neuen Dollar-Feind ausgemacht hat.

Kapitel 7: Israel: Vorposten der US-Hegemonie im Mittleren Osten[157]

Die humanitäre Katastrophe in Gaza offenbart: Israel und die USA haben sämtliche »westlichen Werte« über Bord geworfen. Die Hamas beging am 7. Oktober 2023 mit ihrem Angriff auf den israelischen Kibbuz Kafr Aza im Süden Israels zweifelsohne ein Kriegsverbrechen. Sie tötete 1200 Menschen und nahm 200 Personen als Geisel. Israel nimmt anlässlich dieses Verbrechens seitdem ein ganzes Volk in Geiselhaft.

Ein neuer Völkermord vor laufenden Kameras?

Das Leid, das seitdem den über 2 Millionen Palästinensern in Gaza widerfährt, ist mit Worten nicht zu beschreiben: Beinahe 70.000 Menschen, darunter mehrheitlich Frauen und Kinder, wurden bis Ende des Krieges im Oktober 2025 getötet. Die Menschen werden systematisch heimatlos gemacht, über 80 Prozent ihrer Häuser sind zerstört. Es ist schwer mit anzusehen, wie ausgemergelte Männer, Frauen, Kinder, Kranke und Gebrechliche samt ihrem Hab und Gut permanent hin und her kommandiert werden, vom Norden in den Süden und umgekehrt. Ganz besonders menschenverachtend ist das systematische Aushungern der Bevölkerung von Gaza durch die völlig unbegründete Blockade der Nahrungsmittellieferungen der UNO und die entwürdigende Verteilung durch eine dubiose US-Privatfirma und die wahllose Beschießung der Hungernden an den Verteilungsstellen. Benjamin Netanjahu verneint zynisch die Existenz des Aushungerns in Gaza, während die Weltöffentlichkeit zusehen muss, wie tagtäglich hungernde Kinder mit leeren Töpfen an den Verteilungsstellen um einen Löffel Suppe kämpfen. Mehr Entmenschlichung und Entwürdigung gehen nicht. In Gaza findet unzweifelhaft ein Völkermord statt, mehr noch: In Israel selbst würden

157 Für die hier untersuchte Region wird in Literatur und Medien irreführenderweise der Begriff Naher Osten verwendet, der aus europäischem Blickwinkel lediglich die Staaten Israel-Palästina, Libanon, Jordanien, Syrien und die arabischen Staaten in Nordafrika umfasst. Der Mittlere Osten, richtiger Westasien, umfasst jedoch über die Staaten des Nahen Ostens hinaus sämtliche Staaten am Persischen Golf (und am Roten Meer) sowie Afghanistan, Pakistan und die Türkei.

»mittlerweile Vergleiche gezogen«, sagt der israelische Historiker Tom Segev, »die noch vor Kurzem undenkbar gewesen wären, da ist die Rede von Konzentrationslagern.« Israels Politik mit den Nazis zu vergleichen, sei in Israel eigentlich ein Tabu, meint Segev.[158] Mich persönlich treibt seit einigen Wochen das ungute Gefühl um – das ich nach dem Tabubruch in Israel hier zum Ausdruck bringen möchte –, einen neuen Völkermord vor laufenden Kameras zu erleben.

Ein Völkermord, der von der Regierung eines jüdischen Staates verübt wird, ist der schlimmste Vorwurf, den man Netanjahus Regierung machen kann. Und dennoch sind selbst westliche Verbündete des jüdischen Staates machtlos, wirkungsvoll dagegen vorzugehen, sie greifen hilflos zu symbolischen Maßnahmen wie der Anerkennung eines palästinensischen Staates. Ausgerechnet die deutsche Bundesregierung, die angesichts der Naziverbrechen gegen Juden, gegen Sinti und Roma und die gesamte Menschheit moralisch am stärksten berufen wäre, ihre Stimme gegen Netanjahu zu erheben, lieferte noch bis Anfang August 2025 weiter Waffen an Israel und wurde dadurch sogar mitverantwortlich für die Fortsetzung des Völkermords am palästinensischen Volk. Dass die Hilflosigkeit der internationalen Gemeinschaft, den Genozid zu beenden, damit zu tun hat, dass die USA mit ihrer ganzen Macht bedingungslos die Verbrechen der halbfaschistischen Regierung in Israel legitimieren, weiß inzwischen die gesamte Welt. Offen sind jedoch die genaueren Umstände des beinahe unerschütterlichen Bündnisses zwischen USA und Israel. Im Folgenden möchte ich dazu einige Gedanken formulieren und diese auch soweit möglich belegen:

Die Vereinigten Staaten decken Israels Besatzungspolitik in Palästina nahezu bedingungslos seit der Gründung des Staates Israel 1948 bis heute. Israel erhielt bisher hunderte Milliarden Dollar Militärhilfe für einen Staat im Herzen der arabisch-islamischen Welt, der – wie Edward Said (amerikanisch-palästinensischer Philosoph) es nannte – »ein auf Eroberung aufgebauter Staat ist«, der in die »umliegenden Länder eingedrungen ist, nach Belieben bombardiert und zerstört« und der »libanesisches, syrisches, palästinensisches Territorium besetzt«.[159] Die USA hielten an der Unterstützung

158 *Frankfurter Rundschau* vom 29. Juli 2025

159 Zitiert nach David Ray Griffin, Bush und Cheney. Wie sie Amerika und die Welt ins Verderben stürzten, Berlin 2020, S. 168

für den Besatzerstaat fest, obwohl israelische Regierungen den 1993 unter der Vermittlung der USA geschlossenen Vertrag von Oslo, der zur Gründung eines selbstständigen Palästinenserstaates führen sollte, mit allen Mitteln hintertrieben haben.

Auch die Tatsache, dass sich Israel heimlich nukleare Kapazitäten beschaffte und damit den Atomsperrvertrag verletzte, hinderte die USA nicht daran, Israel weiter zu unterstützen. Ganz im Gegenteil: Indem die USA Irans Bestrebungen, ebenfalls nukleare Kapazitäten aufzubauen, zu verhindern suchen, verfolgen sie offensichtlich das Ziel, Israels nukleares Monopol im Mittleren Osten aufrechtzuerhalten. Eine andere Form der bedingungslosen Unterstützung der USA für Israel ist ihr Votum gegen jegliche Israel-kritischen Resolutionen im UN-Sicherheitsrat. Allein seit Beginn der Bush-Regierung im Jahr 2001 bis 2011 legten die USA 16 Mal ihr Veto gegen Resolutionen ein, die im Sicherheitsrat anlässlich israelischer Menschenrechtsverletzungen, territorialer Vergehen, Kriegseinsätze, etc. eingebracht worden sind.[160] Die USA legen auch während des Gaza-Libanon-Krieges gegen Resolutionen für einen Waffenstillstand im UN-Sicherheitsrat – so beispielsweise am 21. November 2024 – konsequent ihr Veto ein.

Die USA stehen trotz aller menschenrechts- und völkerrechtswidrigen Aktionen unmissverständlich auf der Seite Israels und haben keinerlei Skrupel, dies auch, wie man an zwei Beispielen belegen kann, offen zu demonstrieren: *Zum einen* bei dem Besuch Netanjahus in Washington am 25. Juli 2024. Wie bei keinem anderen Staatsgast empfingen die Repräsentanten beider Kammern der US-Legislative den wegen Völkermord[161] und Kriegsverbrechen bei dem Haager Gerichtshof angeklagten israelischen Regierungschef wie ihren Held und zollten ihm bei seiner Rede frenetischen Beifall. Und *zum anderen* genehmigte die US-Regierung Mitte August 2024, während die israelische Armee der palästinensischen Zivilbevölkerung in Gaza eine von Bombardierungen begleitete von Ort-zu-Ort-Flucht auferlegte, Israel eine weitere Militärhilfe im Umfang von 20 Milliarden Dollar.

Eine derartige Verbundenheit der USA mit Israel ist beispiellos. Wie kann aber eine solche Haltung der USA und deren unerschütterliche

160 Ebenda, S. 173f.

161 Arn Strohmeyer, Von der Unmoral der Moral, in: *NachDenkSeiten* vom 3. September 2024

Unterstützung für Israel und dessen diverse Regierungen, wie die von rechtsradikalen und halbfaschistischen Kräften getragene Netanjahu-Regierung, erklärt werden? Viele Beobachter führen diese US-Politik auf die Israel-Lobby in den Vereinigten Staaten zurück. Die US-Politikwissenschaftler John J. Mearsheimer und Stephen M. Walt verfassten zu diesem Thema ein umfassendes Werk.[162] Die Autoren belegen darin ihre These aufgrund von über einen längeren Zeitraum laufenden Beobachtungen politischer Entscheidungen der US-Regierungen im Zusammenhang mit dem Israel-Libanon- und dem Israel-Iran-Konflikt. Die Israel-Lobby mit ihrer einflussreichen Organisation AIPAC in Washington ist ein sehr wichtiger Faktor, er stellt jedoch nur einen Teil der Wahrheit dar.

Hegemonialinteressen der USA

Die andere wahrscheinlich noch wichtigere Dimension der einzigartigen Allianz dieser zwei Staaten wurzelt in umfassenden Hegemonialinteressen der USA im Mittleren Osten, die allerdings hinter der offensichtlichen Lobbyarbeit der jüdischen Diaspora in den Vereinigten Staaten unsichtbar werden. Für sämtliche US-Regierungen galt und gilt immer noch Brzezińskis Vermächtnis, jedwede »Allianzen in Eurasien, die der US-Vorherrschaft zuwiderlaufen« könnten, zu unterbinden.[163] Eine solche Allianz könnte sich im Mittleren Osten beispielsweise zwischen Saudi-Arabien und Iran sowie mit den anderen Ölstaaten am Persischen Golf herausbilden. Sie wäre trotz mancher Gegensätze nicht nur grundsätzlich denkbar, sie hätte auch den handfesten materiellen Grund, im gemeinsamen Verbund den größtmöglichen Nutzen aus ihren fossilen Energieressourcen ziehen zu wollen. Eine solche Allianz hätte sogar das Potenzial, wichtige Fundamente des US-Hegemonialsystems als Ganzes, nämlich die Kontrolle der globalen Energieversorgung und die Funktion des Dollars als Weltwährung, zu erschüttern. Solche Bündnisse zu verhindern, ist erklärtes Ziel der USA.

162 John Mearsheimer and Stephen M. Walt, The Israel Lobby and US Foreign Policy, 2007 New York.

163 Vgl. Zbigniew Brzezinski, Die einzige Weltmacht. Amerikas Strategie der Vorherrschaft, Frankfurt am Main 1999. Das hier formulierte Prinzip bildet tatsächlich auch die analytische Grundlage in allen Buchkapiteln, in denen Brzeziński die geopolitischen Interessen der USA in den einzelnen Kontinenten diskutiert.

Zwei Staaten aus gleichem Stoff

Israel als Besatzungsmacht eines arabischen Landes, mitten im arabisch-islamischen Raum und Kulturkreis, stellt ein besonders wirksames Instrument der US-Hegemonie dar und kann in Anlehnung an die eigene staats- und außenpolitische Maxime jene tiefgreifenden und vielfältigen Spaltungen im Mittleren Osten erzeugen, die man in der Praxis auch auf religiösen, ethnischen und machtpolitischen Ebenen beobachten kann. In diesem Sinne übernimmt Israel nach dem Motto *divide et impera* die Funktion, eine ohnehin instabile Region so tief zu spalten und gegeneinander aufzubringen, dass daraus keine antiisraelisch-antiamerikanische Allianz erwachsen kann. Doch bevor untersucht wird, wie die Interessen einer globalen Hegemonialmacht mit den Interessen einer regionalen Hegemonialmacht wie das Zahnrad einer Maschine ineinandergreifen, sollten einige Gedanken dazu verwendet werden, wo die einzigartig reibungslose Verständigung zwischen den beiden über viertausend Kilometer entfernten Staaten herrührt.

Bei näherer Betrachtung scheinen beide Staaten unverkennbar aus ein und demselben Stoff zu bestehen: Die USA und Israel sind beide Einwanderungsstaaten mit einer vergleichsweise kurzen Geschichte. Die USA sind bekanntlich ein siedlungskolonialistischer Staat,[164] in dem europäische Einwanderer die indigene Bevölkerung durch Vertreibung von ihren angestammten Siedlungsgebieten ihrer Ländereien beraubt und dann die Grundlage eines auf Sklaverei beruhenden Kolonialstaats geschaffen haben. Diskriminierung, Rassismus und gewaltsame Verfolgung von »Feinden« gehören so gesehen zur DNA der Vereinigten Staaten. Die ersten Opfer der Staatsentwicklung waren die indigenen Völker. Ihnen folgten Schwarzafrikaner, die zunächst als Sklaven und, nach der Abschaffung der Sklaverei, auch noch als Menschen zweiter Klasse rassistischer Ausgrenzung und Erniedrigung ausgesetzt waren. Die Einwanderer waren ethnisch und kulturell durchweg inhomogen und die Ausgrenzung von »Andersartigen« diente der Identitätsbildung und dem eigenen gesellschaftlichen Zusammenhalt. Donald Trump kündigte bereits vor seiner Wahl an, die über 11 Millionen »illegalen« Einwanderer deportieren zu wollen. Eine solche an Faschismus erinnernde Ansage schadete

164 Hans Rudolf Guggisberg, Geschichte der USA, Stuttgart, 2002.

dennoch nicht seiner Wiederwahl im November 2024. Ganz im Gegenteil: Der renommierte US-Soziologe Richard Sennett nannte als einen wichtigen Grund für seinen Sieg, dass Trump »die dämonischen Eigenschaften der Menschen weckt«. Er glaube nicht, »dass Nichtamerikaner jemals das Ausmaß des Rassismus in diesem Land verstanden haben. Und das ist etwas, worüber die Amerikaner normalerweise nie sprechen.« Trump sei, so Sennett, »ein offener Rassist. Und das ist für viele in den USA sehr attraktiv.«[165]

Auch Israel ist ein siedlungskolonialistischer Einwandererstaat. Ilan Pappé, israelischer Historiker und wichtigster Chronist von Israels Staatsgründung,[166] stellte in seinem umfangreichen Werk die jüdische Einwanderung nach Palästina und die Besiedlung der Gebiete minutiös dar. Demnach beschlossen Anfang des 20. Jahrhunderts die zionistischen Führer, dass »der einzige Weg, sich des europäischen Antisemitismus zu erwehren, die Kolonisation Palästinas sei (...), so wie es in Nordamerika geschah, in Australien und Südafrika, sich der ursprünglichen Bevölkerung zu entledigen.«[167] Die jüdische Besiedlung Palästinas begann tatsächlich bereits vor dem Sieg der Nationalsozialisten in Deutschland. Der Holocaust puschte jedoch die massenhafte Migration der Juden aus Europa und anderen Regionen der Welt. Jüdische Einwanderer waren, wie die europäischen Einwanderer in Amerika, ethnisch und kulturell inhomogen. Die Abgrenzung und gewaltsame Vertreibung der palästinensischen Bevölkerung wurde von Anfang an für den Zusammenhalt der jüdischen Gemeinschaft, ähnlich wie in den Vereinigten Staaten, identitätsstiftend.

Gewaltsame ethnische Säuberungen wurden nach der Gründung der Hagana 1920, dem militärischen Arm der zionistischen Bewegung, alsbald zu einem legitimen Mittel der Staatsgründung[168] und der Staatswerdung weit über das Gründungsdatum von 1948 hinaus. Die Vertreibung der Hälfte der arabisch-palästinensischen Bevölkerung und die Zerstörung ganzer Dörfer und Städte[169] machten Krieg und Gewalt zum Rückgrat der israelischen Gesellschaft, eine Tendenz, die bis heute genauso fortexistiert wie die Spaltung

165 Interview in der *Frankfurter Rundschau* vom 22. November 2024

166 Ilan Pappe, Die ethnische Säuberung Palästinas, Frankfurt, 2024. Siehe ferner Rashid Khalidi, Der Hundertjährige Krieg um Palästina, Zürich 2024

167 Ebenda., S. 7

168 Ebenda, S. 36ff.

169 Ebenda, S. 29

der israelischen Staatsbürger in zwei Klassen von Menschen, in Juden und Araber. Diese nationalistisch wie messianisch begründete strukturelle Ausgrenzung zwischen »Wir« und »den Anderen« lieferte die von Anfang an ideologisch untermauerte Konstruktion des »ausschließlich jüdischen Staates«.[170] Michael Lüders, ein ausgewiesener Kenner der Geschichte und Gegenwart der Staaten im Mittleren Osten, führt in seinem Buch[171] die Wurzeln der bis heute andauernden gewaltsamen Vertreibung der palästinensischen Bevölkerung aus ihrer Heimat durch israelische Regierungen auf die Anfänge der zionistischen Bewegung zurück:

»Im Zuge der israelischen Staatswerdung 1947/48« waren die Kämpfer der Hagana (…) »gut gerüstet und geschult, um (…) die militärische Eroberung von 78 Prozent des Mandatsgebietes Palästina und dessen ethnische Säuberung zu gewährleisten. Mehr noch als die nationalsozialistische Judenverfolgung bewirkte die Niederschlagung der arabischen Revolte bis 1939 eine politische Verhärtung auf der zionistischen Führungsebene. Mochten sich etwa Ben-Gurion oder Weizmann nach außen hin bislang diplomatisch gegeben und die ›Transfer‹-Lösung gegenüber Dritten nicht forciert haben, änderte sich das mit der Biltmore-Konferenz in New York im Mai 1942 grundsätzlich. Benannt nach dem Tagungshotel verabschiedeten 600 Delegierte aus 18 Ländern, dominiert von US-Vertretern, das sogenannte ›Biltmore-Programm‹. Darin erheben sie einen jüdischen Anspruch auf das gesamte Palästina.«[172] Bezugnehmend auf die israelische Historikerin Anita Shapira konstatiert Lüders, dass »von nun an unter maßgeblichen Entscheidern Konsens darüber (bestand), dass der Konflikt zwischen Juden und Arabern ausschließlich militärisch gelöst werden könne, mit Feuer und Schwert.«[173]

Diese Historie, die Lüders untermauert, mag erklären, warum der Friedensvertrag von Oslo mit zahlreichen Wenn und Aber versehen wurde und warum Israel das besetzte Westjordanland Schritt für Schritt durch Schaffung unzähliger jüdischer Siedlerkolonien und Autobahnen zwischen diesen

170 Ebenda, S. 30ff.

171 Michael Lüders, Krieg ohne Ende. Warum wir für Frieden im Nahen Osten unsere Haltung zu Israel ändern müssen, München 2024

172 Ebenda, S. 104f.

173 Ebenda

Siedlungen, die palästinensische Dörfer umschließen und nur durch Juden befahren werden dürfen so zerstückelte, dass auf diesem 28 Prozent Restpalästina die Gründung eines palästinensischen Staates faktisch unmöglich geworden ist.[174] Man hat sich nach der Besetzung des Westjordanlandes und des Gazastreifens im Sechstagekrieg im Juni 1967 nicht für die Annexion dieser Gebiete entschieden, da »in diesem Fall (…) die dortigen Palästinenser zwangsläufig Staatsbürger Israels würden – undenkbar.« Stattdessen wurde »ein militärisches Besatzungsregime« eingeführt und dauerhaft beibehalten. Man setzte somit auf eine langfristige Strategie, »das Leben der Palästinenser unerträglich zu gestalten, damit so viele wie nur möglich den Weg ins Exil antreten.«[175] Lüders zitiert den bekanntesten israelischen Philosophen im letzten Jahrhundert, Jeschajahu Leibowitz, der als der schärfste Kritiker der israelischen Besatzung galt und »sehr klarsichtig voraussah, was auf die israelische Gesellschaft zukam«. Der Weg der neuen Politik »geht von Humanität durch Nationalität zur Bestialität«, mahnte nach Lüders der Philosoph Leibowitz. »Das ist der Weg«, schrieb er weiter, »den das deutsche Volk bis ans Ende ging und wir haben ihn nach dem Sechstagekrieg betreten.« Denn »der Staat Israel verwandelte sich in den Apparat brutaler jüdischer Herrschaft über ein anderes Volk. Seitdem hat unser Staat keinen anderen Zweck mehr als die Aufrechterhaltung dieser Herrschaft.«[176] Leibowitz erklärte nach Lüders 1980 in einem Vortrag, »Israel werde sich infolge seines Vorgehens in den besetzten Gebieten zwangsläufig in einen faschistischen Staat verwandeln. Erst wenn dieser Zustand überwunden ist, wird Israel eine wahrhafte Demokratie sein können.« »Ein Prophet?« fügte Lüders hinzu.[177] Der gegenwärtig stattfindende Völkermord in Gaza, 44 Jahre später, ist ein schreckliches Indiz für jene prophetische Prognose von Leibowitz.

Über 70 Jahre seit der Staatsgründung Israels und beinahe 60 Jahre nach dem Sechstagekrieg kommen Israel, Palästina und die gesamte Region nicht zur Ruhe. Ein Nebeneinander von zwei Staaten Israel und Palästina ist heute

174 Lüders zeichnet diese Entwicklung sehr ausführlich, faktenreich und gut dokumentiert nach, in: Ebenda, S. 181ff. Im Sechstagekrieg 1967 wurden außer dem Westjordanland, Gazastreifen und Jerusalem auch die syrischen Golanhöhen und die Sinai-Halbinsel besetzt.

175 Ebenda, S. 189

176 Ebenda, S. 189f.

177 Ebenda, S. 190

weiter entfernt als jemals zuvor. Die Umwälzung der israelischen Bevölkerung zur rechtsradikalen, religiös-messinanischen Mehrheit mit biblischem Anspruch auf Ganz-Palästina verspricht nichts Gutes. In diesem historischen Kontext verabschiedete die Knesset 2018 auch »ein Gesetz mit Verfassungsrang, dass Israel der Nationalstaat des jüdischen Volkes sei. Dieses Gesetz besagt, dass es ein Volk in diesem Land gibt, das ein Recht auf Selbstbestimmung hat: das jüdische Volk.«[178]

Ein weiteres Merkmal der beiden siedlungskolonialistischen Hegemonialstaaten USA und Israel, das beide miteinander verbindet, ist die propagandistisch sehr wirksame Taktik, »die anderen hätten provoziert«, um ihre Kriege nach außen als legitim und alternativlos erscheinen zu lassen. Die Herrschenden in beiden Staaten fühlen sich bei allen ihren Rechtsverletzungen moralisch im Recht, sie scheinen die Legitimation ihrer Handlungen aus einer überirdischen Quelle zu beziehen und dadurch für sich einen über die gesamte Menschheit stehenden Rechtsstatus zu beanspruchen. Weiße europäische Einwanderer nach Amerika berufen sich wie alle kolonisatorischen Eindringlinge auf ihre überlegene Kultur. Und jüdische Einwanderer nach Palästina berufen sich auf das biblische Versprechen. Damit glauben die Einwanderer in beiden Fällen, stets rechtens zu handeln. Wer sich ihnen entgegensetzt und seine Heimat verteidigt, provoziert.

In Amerika rechtfertigten weiße europäische Einwanderer ihre Eroberungszüge und Vertreibung von indigenen Völkern mit dem Vorwand, sie seien von diesen angegriffen worden. Diese Taktik zieht sich als eine Selbstverständlichkeit durch die gesamte Geschichte der USA bis heute. Heute wird jedoch die vermeintlich äußere Bedrohung als Grund für die Interventionen der USA genannt. Die kommunistische Bedrohung diente als Vorwand für die Gründung der NATO und als deren Folge entstand die Blockkonfrontation in der zweiten Hälfte des 20. Jahrhunderts. Auch die Interventionen der 1960er- und 1970er Jahre im Mittleren Osten begründeten die USA mit der Bedrohung der Sowjetunion, sich durch den Persischen Golf den Zugang zum Indischen Ozean verschaffen und dadurch US-Interessen verletzen zu wollen. Als besonders schlitzohrig und epochal stellte sich die Provokation der USA heraus, die Sowjetunion in den 1970er Jahren in einen

178 Rashid Khalidi, Es gab noch nie etwas in diesem Ausmaß, in: *Frankfurter Rundschau* vom 7. Mai 2024

verlustreichen Krieg mit den afghanischen Mudjaheddin zu verwickeln, der schließlich zum Zusammenbruch der Sowjetunion führte.[179] Schließlich haben die USA mit ihrer konsequenten Politik der NATO-Osterweiterung 40 Jahre danach, im Februar 2022, die Russische Föderation zu einem »unprovozierten« Aggressionskrieg gegen die Ukraine, so der US-Präsident Joe Biden, veranlasst.

Seit der Gründung des israelischen Staates zieht sich eine Kette von Provokationen durch die israelische Politik im Verhältnis zu den Palästinensern und den Arabern. Es beginnt mit der ersten Nakba, der Vertreibung von 750.000 Palästinensern aus ihrer angestammten Heimat, nachdem Araber im Mai 1948 unmittelbar nach der Staatsgründung[180] gegen den jungen jüdischen Staat vergebens einen Krieg angezettelt und Israel »provoziert« hatten. Es geht weiter mit dem Sechstagekrieg vom Juni 1967, den Ägypten, Jordanien und Syrien vom Zaun gebrochen haben und damit den Vorwand für Israel lieferten, mit einem Schlag das Westjordanland, Jerusalem, den Gazastreifen, die Golanhöhen und die Halbinsel Sinai zu besetzen. Doch wissen wir heute, dass Israel auf die günstige Gelegenheit nur gewartet hatte, um weitere Teile der arabisch-palästinensischen Gebiete zu besetzen. Nach Ilan Pappé[181] und Michael Lüders wurde bereits 1963, also vier Jahre vor dem Juni-Krieg, der »Shacham-Plan« dem Generalstab präsentiert, der schon damals »das Westjordanland in acht Bezirke unterteilte, um eine geordnete Einführung der Militärherrschaft zu gewährleisten.«[182] Darüber hinaus enthielt der Plan ein ausgefeiltes juristisches Regelwerk, das der geplanten Besatzung den Anschein von Legalität verleihen sollte.

»Der Plan ging so weit«, so Lüders, »bereits die künftigen Führungsposten des ins Auge gefassten Besatzungsregimes auszuloben.«[183] »Anschließend übernahm ein Team der militärischen Staatsanwaltschaft die weitere Planung, entwickelte ihn unter dem Codenamen ›Granit‹ fort und legte im Mai 1967 – also einen Monat vor dem Juni-Krieg – ein bis ins Detail geregeltes Organigramm der Besatzung sowohl des Westjordanlandes als auch

179 Dies erklärt freimütig Zbigniew Brzeziński, der ehemalige Sicherheitsberater des US-Präsidenten Jimmy Carter in einem Interview mit Denis Stute, vgl. Qantara vom 20.10.2008

180 Ilan Pappe, a. a. O. S. 177f.

181 Ilan Pappe, The Biggest Prison on Earth. A History of the Occupied Territories, London, 2017, S. XIVf.

182 Michael Lüders, a. a. O., S. 175f.

183 Ebenda, S. 176

des Gazastreifens vor. Nicht zu vergessen eine Region, die als ›Syrien‹ bezeichnet wird.«[184] Bis ins Kleinste vorbereitet, nahm Israel die Schließung des Golfs von Akaba für Schiffe mit Fahrtziel in Richtung der israelischen Hafenstadt Eilat durch Ägypten zum Vorwand, begann am 5. Juni 1967 den Krieg und vernichtete mit Hilfe der von den USA gelieferten modernsten Kampfjets die gesamte ägyptische Luftwaffe und Teile der syrischen Luftwaffe gleich am ersten Kriegstag.[185]

Israels Ziel: Die Vertreibung der Palästinenser

Schließlich haben die Hamas-Kämpfer am 7. Oktober 2023 mit ihrem Terror den handfesten Vorwand geliefert, in den folgenden Monaten einen großen Teil von Gaza dem Erdboden gleichzumachen und einen Völkermord an den Palästinensern zu begehen. Die generalstabsmäßige Kriegsführung nach dem Hamas-Überfall und die unmittelbare Reaktion der israelischen Armee lassen jedoch die Vermutung aufkommen, dass Israels Regierung sehr wohl über die Hamas-Pläne für den Überfall im Bilde war, den Überfall und die Folgen jedoch bewusst in Kauf nahm, um ihn als Vorwand für die eigene, längst vorbereitete Vertreibungsstrategie der palästinensischen Bevölkerung zu nehmen und die eigenen wahren Absichten sogar mit internationaler Unterstützung unter dem Label *Recht auf Verteidigung* zu legitimieren. In der Tat thematisierte bisher auch keine einzige Regierung der westlichen Welt die historische Ursache des Hamas-Überfalls, den man auch als den verzweifelten Versuch eines Ausbruchs aus dem *größten Freiluft*-Gefängnis *der Welt* (Ilan Pappe) beschreiben könnte. Tatsächlich wäre auch die Annahme gänzlich unglaubwürdig und naiv, dass der Mossad, seines Zeichens *der perfekteste Geheimdienst der Welt*, mit seinen zahlreichen Agenten innerhalb des Hamas-Systems, zwar auf der Basis der von diesen Agenten gelieferten Informationen über den Wohnort sämtlicher Hamas-Führungspersonen genauestens Bescheid wusste und darauf beruhend die israelische Armee befähigte, alle diese Wohnungen samt allen Bewohnern in die Luft zu sprengen, jedoch trotz umfassender Überwachung von Gaza

184 Ebenda
185 Ebenda, S. 179ff.

die dort seit Monaten stattfindenden umfangreichen Hamas-Vorbereitungen einfach verschlafen hat.

Provokationen haben in Israels Expansionsstrategie offensichtlich System. »Aus Anlass des 40. Jahrestages des Junikrieges 1967«, konstatiert Lüders, »erklärte der holländische Oberst Jan Mühren, der 1966 und 1967 zum Kontingent der UN-Beobachter auf den Golanhöhen und im Westjordanland gehörte, dass Israel die meisten Grenzzwischenfälle mit Syrien provoziert haben, und zwar als Teil der Strategie, mehr Land zu annektieren.«[186] Selbst Moshe Dayan, der israelische Verteidigungsminister von Juni 1967 bis 1974, räumte in einem Interview mit der *New York Times* am 11. Mai 1967, also noch vor Beginn des Junikrieges 1967, »freimütig ein, dass die israelische Politik gegenüber Syrien in jener Zeit ›provokativ‹ war und vor allem die Absicht verfolgte, den jüdischen Siedlern an der syrischen Grenze gefällig zu sein.« Viele der Grenzscharmützel, so Dayan, »wurden absichtlich von Israel provoziert auf Druck der Kibbutz-Bewohner« (…), die »der Appetit auf mehr Farmland umgetrieben habe«. »Sie haben«, so Dayan, »nicht einmal versucht, ihre Gier auf dieses Land zu verbergen.«[187]

Siedlungskolonialismus, Rassismus und Vertreibung von Bevölkerungen von ihrer angestammten Heimat unter Anwendung von Provokationen als bewährte Taktik scheinen nach obiger Darstellung Haltungen zu sein, die in der Geschichte beider Einwanderungsstaaten tief verankert sind. Beide Staaten erheben sich über die universalen Werte wie das Menschenrecht und das Völkerrecht, sie verletzen diese Rechte jedoch gnadenlos, wenn sie das für richtig halten. »Begründet wird«, beispielsweise im Falle Israels, »das auch damit, dass der Zionismus eine eigene Moral habe und die universellen Menschenrechte ihm nichts bedeuten. Die Empathielosigkeit der Regierungen beider Staaten bei ihren Kriegseinsätzen und Massentötungen, so in Vietnam und Irak durch die USA und Israels Kriege in Palästina und Libanon, mag auch durch die eigene Vorstellung erklärt werden, sie hätten Sonderrechte und müssten sich an die universalen Werte nicht halten.«[188]

186 Ebenda, S. 174

187 Ebenda

188 Verbündete der USA und Israel und ihre Medien – ganz besonders in Deutschland untermauert durch die »Staatsraison« – machen sich allerdings durch ihr taktisches Schweigen bei allen Fällen, wo diese Staaten die universellen Rechte verletzen, mitschuldig.

Gemeinsame Interessen und gegenseitige Abhängigkeit von Israel und USA

Israel und die USA verbindet ein dezidiert gemeinsames Interesse am Mittleren Osten. Niemand anders als Hannah Arendt hat das perspektivische Dilemma eines Judenstaates im Mittleren Osten durch die totale Abhängigkeit von den USA so prägnant beschrieben. Schon 1944 war sie der Meinung »dass die Juden selbst im Falle einer vollständigen Vertreibung der Palästinenser, wie es die Revisionisten verlangten, nur zwei Möglichkeiten hätten. Sich entweder mit den arabischen Nachbaren ins Benehmen zu setzen – oder aber dauerhaft auf die Unterstützung ›einer äußeren Macht‹ angewiesen zu sein. ›Wenn die Zionisten weiterhin die mediterranen Völker ignorieren und sich auf äußere, weit entfernte Mächte verlassen, wird das zu einer neuen Welle des Judenhasses führen.‹ Eine Nation, die im Geiste Theodor Herzls in erster Linie ›durch einen äußeren Feind‹ zusammengehalten werde, folge einer ›absurden Doktrin‹. Sollte es einen jüdischen Staat geben, dann infolge ›des politischen Einflusses amerikanischer Juden‹. Mit der Folge, dass dieser Staat ›für lange Zeit‹ auf die Unterstützung der USA angewiesen bliebe und riskiere, in der Region als ›Lobbyist der Mächtigen‹ als ›Agent ausländischer Interessen‹ wahrgenommen zu werden.«[189]

Es ist in der Tat genauso gekommen, wie Hannah Arendt 1944, vier Jahre vor Israels Staatsgründung, beinahe »prophetisch«, so Michael Lüders, vorausgesagt hatte. Die USA erkannten nach ihrem faktischen Aufstieg zur Hegemonialmacht ab 1950 allmählich, wie wertvoll ein jüdischer Staat mit einer expansionistischen Ideologie mitten in der arabisch-islamischen Welt und der ölreichen Region sein würde. Zusammengefasst verfolgten die USA im Mittleren Osten mehrere strategische Ziele: *erstens* die Entstehung einer feinmaschigen antiamerikanischen Allianz der ölreichen Staaten im Mittleren Osten zu verhindern, *zweitens* die Kontrolle der globalen Ölversorgung langfristig zu festigen, *drittens* sicherzustellen, dass der globale Ölhandel in Dollar abgewickelt wird, und schließlich *viertens* einen

189 Zitiert nach Michael Lüders, Krieg ohne Ende. Warum wir für Frieden im Nahen Osten unsere Haltung zu Israel ändern müssen, München 2024, S. 106f

finanzkräftigen Markt für die Rüstungsexporte der US-Rüstungsindustrie und Rückführung eines Teils der Petro-Dollars in die US-Ökonomie zu generieren, der möglichst lange anhält.

Israel als Besatzungsmacht und regionaler Hegemonialstaat ist aufgrund der Analyse der historischen Ereignisse existenziell darauf angewiesen, *erstens* in der gesamten Region eine militärische Hegemonialmacht zu sein, was die nukleare Aufrüstung und die schlagkräftigen Luftwaffenkapazitäten des Landes erklärt, *zweitens* die territoriale Expansion des Staatsgebietes anzustreben, wie Israel es mit der Besetzung des Westjordanlandes und Ost-Jerusalems sowie der Besetzung der Golanhöhen, wie oben erwähnt, im Zuge des Sechstagekrieges im Juni 1967 unter Beweis gestellt hat,[190] *drittens* den Besatzungsstatus nie aus der Hand zu geben und einen Frieden mit den Palästinensern und der arabischen Welt, beispielsweise in Gestalt der Duldung eines unabhängigen Staates Palästina, dauerhaft auszuschließen und schließlich *viertens* mittels ständiger Provokationen alte Feindschaften zu festigen und neue zu schaffen.

Die Ereignisse im Israel-Palästina-Konflikt seit der Gründung des Staates Israel 1948 bis zum 7. Oktober 2023, einschließlich des darauffolgenden Gaza-Krieges, lassen sich bei einer unvoreingenommenen Betrachtung anhand der obengenannten und aus der israelischen Sicht existenziellen Ziele erklärbar machen. Hinter dieser über 70-jährigen Besatzung und hegemonialpolitischen Geschichte Israels verbirgt sich ein Politikmuster, das auch das Handeln der USA in ihrer Hegemonialgeschichte bestimmt. Freilich lassen sich die Ereignisse aus der Perspektive beider Staaten, der USA und Israels, auch anders erklären. Ganz in diesem Sinne und eines medial weit verbreiteten Narrativs hätte der jüngste Gaza-Krieg überhaupt erst mit dem Terror von Hamas am 7. Oktober 2023 begonnen, weil die Hamas durch Terror die Vernichtung Israels anstrebe. Israel hätte Gaza den Palästinensern zurückgegeben, statt Dankbarkeit hätten sie unter Gaza ein Tunnelsystem aufgebaut, um gegen Israel Terroraktionen vorzubereiten. Überdies wollten Palästinenser und ihre Organisationen ohnehin keinen Frieden und bedrohten durch Terroraktionen permanent die Sicherheit des israelischen

190 Ilan Pappe, a. a. O., illustriert in seinem Buchabschnitt »Ein Kleinimperium im Werden« S. 253ff. dieses Expansionsbestreben der zionistischen Zirkel in allen Richtungen bereits im Jahre der Staatsgründung 1948.

Staates usw. In dieser Erzählung kommt allerdings der einfache und empirisch schwer zu leugnende Sachverhalt überhaupt nicht vor, dass Israel eine Besatzungsmacht ist und dass es das palästinensische Volk aus seiner Heimat vertrieben hat und weiter vertreibt.

Frappierende Ähnlichkeiten der Staatswerdung und strategische Handlungs- und Politikmuster beider Staaten, der USA und Israels, als globale bzw. regionale Hegemonialmächte, können nach obiger Analyse die Einzigartigkeit ihrer Allianz begründen, die Israel zum hegemonialen Vorposten der USA im Mittleren Osten macht und die die USA demgegenüber verpflichtet, Israel mit allen seinen expansionistischen Ambitionen bedingungslos und mit Hunderten von Milliarden Dollar Wirtschafts- und Militärhilfe zu unterstützen. Es besteht zwischen beiden Staaten eine gegenseitige Abhängigkeit und Machtbeziehung: Die Macht der USA gegenüber Israel besteht darin, die Existenz des Landes zu garantieren. Und die Macht Israels im Verhältnis zu den USA besteht darin, ganz im Sinne der oben aufgezählten US-Hegemonialinteressen im Mittleren Osten zu wirken. Israel ist jedenfalls der mit Abstand zuverlässigste Verbündete der USA im Mittleren Osten, vielleicht sogar überhaupt. So viel steht allerdings auch fest: Ohne den Kapitalfluss von den USA nach Israel und ohne die konkrete militärische Unterstützung hätte Israel längst seine Besatzungsmacht aufgeben, sich mit dem palästinensischen Volk und der arabisch-islamischen Welt in der geopolitischen Umgebung auf ein friedliches Miteinander einlassen müssen, oder aber seine Existenz aufs Spiel gesetzt.

Arabischer Nationalismus und die Radikalisierung des politischen Islams

Die israelische Besatzung von Palästina, mitten im Herzen der arabisch-islamischen Welt, hat den *arabischen Nationalismus* – ursprünglich als Reaktion des antikolonialen Kampfs gegen die Kolonisierung arabischer Völker während des Zerfalls des Osmanischen Reiches zu Beginn des 20. Jahrhunderts – ganz sicher beflügelt. So wurde die Befreiung Palästinas zu einem der wichtigsten Ziele und treibenden Motive des arabischen Nationalismus in Ägypten, im Irak, in Syrien, im Grunde in der gesamten arabischen Welt und der nationalistischen Baath-Partei in den letztgenannten zwei Staaten.

Der bereits erwähnte Sechs-Tage-Krieg Ägyptens, Jordaniens und Syriens gegen Israel 1967 und der 1973 darauffolgende Jom-Kippur-Krieg sowie die damit einhergehende Militarisierung in den arabischen Staaten sind das Resultat des weiter um sich greifenden arabischen Nationalismus. In Palästina selbst schlug der arabische Nationalismus, angesichts des erfolglosen Kampfes gegen die fortdauernde Besatzungspolitik Israels, in die Radikalisierung der palästinensischen Befreiungsorganisation PLO um, die in den 1970er Jahren ihren Kampf gegen Israel auf Terroraktionen umpolte, auf die schließlich 1982 Israel mit einem Krieg gegen die PLO im Libanon und dem darauffolgenden Bürgerkrieg in diesem Land reagierte.

Des Weiteren wurzelt der sich radikalisierende politische Islam in Palästina zweifelsohne weitestgehend in Israels Besatzungspolitik. Das Scheitern des arabischen Nationalismus und der PLO im Kampf gegen Israels Besatzung einerseits und die Islamische Revolution im Iran 1979 andererseits beflügelten den Aufstieg des politischen Islams in der gesamten arabisch-islamischen Welt. Es ist kein Zufall, dass die Gründung der Hamas im Jahr 1987 in Gaza in diesen Zeitraum fällt.[191] Genau hier schließt sich der Kreis der beiden globalen und regionalen Entwicklungen: einerseits die Radikalisierung des politischen Islams durch Israels Besatzung von Palästina und die arabischen Niederlagen in den arabisch-israelischen Kriegen der 1960er Jahre. Und andererseits die Islamische Revolution 1979 im Iran als historische Reaktion auf den CIA-Putsch gegen die demokratisch gewählte Regierung von Mossadegh 1953. Die USA wollten mit dem durchgesetzten Regime Change im Iran verhindern, dass die Erlangung der Souveränität über die eigenen Ölressourcen und die Überwindung von neokolonialistischen Beziehungen auch in allen anderen Ölstaaten des Mittleren Ostens Schule macht. Damit haben die USA sich jedoch 26 Jahre später nicht nur die Islamische Revolution im Iran eingehandelt, sondern auch der Perspektive diverser radikalisierter islamischer Strömungen, einschließlich von Terrororganisationen wie *Al-Qaida* und des *Islamischen Staates*, einen entscheidenden Anstoß erteilt. Vielleicht illustriert diese miteinander stark verzahnte und aus dem hegemonialen Wirken beider Staaten, USA und Israel, hervorgegangene

191 Zur Gründung von Hamas vgl. Helga Baumgarten, Hamas: Der politische Islam in Palästina, München 2006.

Entwicklung wie kein anderes Phänomen, warum beide Staaten für zahlreiche aufeinanderfolgende politische, menschenrechtliche und humanitäre Katastrophen im Mittleren Osten verantwortlich sind.

Schauplatz des Wettrüstens und drei Golfkriege

Der Mittlere Osten ist dank der hegemonialen Allianz von USA und Israel seit mehreren Dekaden Schauplatz eines gigantischen nuklearen und konventionellen Wettrüstens. Israel ist vermutlich seit Mitte der 1980er Jahre unter Verletzung des völkerrechtlich bindenden Vertrags über die Nichtweiterverbreitung von Atomwaffen (Atomsperrvertrag) die einzige Nuklearmacht im Mittleren Osten, ohne dies allerdings offiziell zuzugeben.[192] Die Vermutung liegt nahe, dass Israel, auf der Basis der eigenen Expertise, seine bei den arabischen Nachbarn inakzeptable Besatzungspolitik in einer von »Feinden umgebenen Region« langfristig nur durch eigene Atomwaffen aufrechterhalten kann. Obwohl Israels Regierungen sich bisher nicht dazu bekannt haben, verfügt das Land inzwischen über ca. 250 bis 300 Atombomben. Dieser Umstand ist allerdings die Hauptquelle von zahlreichen Versuchen anderer Staaten in der Region, so des Irak unter Saddam Hussein und des Iran nach der Islamischen Revolution, ebenfalls Atommächte zu werden. Umgekehrt unterließ Israel keinen Versuch, genau das zu unterbinden. Beispielsweise bombardierte Israel 1981 den im Aufbau befindlichen irakischen Atomreaktor Osirak und zerstörte ihn vollständig.

Tatsächlich ruft Israels Monopol an Atomwaffen ein Sicherheitsdilemma für alle Staaten im Mittleren Osten hervor. Israels arabische Nachbarstaaten wie Jordanien und Ägypten haben sich mit Israel arrangiert, Saudi-Arabien und kleinere Golfstaaten sind ohnehin Satelliten der USA in der Region und haben mit Israels Atommonopol kein Problem. Allein die islamische Republik Iran besitzt das Potenzial, mit eigenen Atomwaffen auf das nukleare Sicherheitsdilemma im Mittleren Osten zu reagieren. Tatsächlich entwickelte der Iran seit 2002 Schritt für Schritt ein eigenes Atomprogramm, das allerdings nicht mit dem Sicherheitsdilemma begründet, sondern als nichtmilitärisch und zum Zwecke der Stromerzeugung deklariert wurde. Mit

192 Vgl. dazu: Wie Israel zur Atommacht wurde, in: *Jacobin* vom 30. Juni 2024.

dieser – angesichts der eigenen umfangreichen fossilen und erneuerbaren Energiequellen – unglaubwürdigen Begründung erhielten Israel und die USA eine probate propagandistische Handhabe, den Iran mit der Behauptung, er verfolge heimlich den Bau der Atombombe, um Israel zu vernichten, auf die Anklagebank zu setzen, während das Sicherheitsdilemma und Israels nukleare Bedrohung aller Staaten der Region, somit das eigentliche Problem, in der internationalen Diskussion bis heute nicht vorkommen.[193]

Seitdem die USA den Iran mit den umfassendsten Sanktionen überzogen, erklärten Israels Regierungen den Iran zum Hauptfeind und dessen Atomprogramm für die größte Bedrohung für Israels Sicherheit. Es folgten über zwei Dekaden israelisch-amerikanische Sabotageaktionen, die Tötung etlicher iranischer Atomwissenschaftler und Kriegsdrohungen, die im Juni 2025 vorerst in den 12-Tage-Krieg gegen den Iran mündeten.[194]

Der Mittlere Osten war schon einmal Schauplatz eines folgenreichen Wettrüstens, das die USA in der ersten Hälfte der 1970er Jahre durch umfangreiche Waffenlieferungen an das Schah-Regime im Iran entfacht hatten. Saddam Hussein, der Statthalter des arabischen Nationalismus im Irak, mit regionalem Führungsanspruch und ideologisch durch den arabischen Nationalismus aufgeputschter Vertreter eines radikal antiwestlichen Kurses, beteiligte sich an diesem Wettrüsten und rüstete durch umfangreiche Waffenkäufe in der Sowjetunion und Frankreich ebenso massiv auf wie der Iran. Er beging, zum Unglück der Menschen im Iran und Irak, auch die Dummheit, 1980 nach dem Sturz des Schah-Regimes einen Krieg gegen den Iran vom Zaun zu brechen und eine verhängnisvolle Entwicklung einzuleiten.[195] Der acht Jahre andauernde Krieg zwischen den beiden wichtigen OPEC-Staaten (der erste Golfkrieg), ganz eindeutig eine Folge des Wettrüstens in den 1970er Jahren, verursachte auf beiden Seiten zum einen eine Million Opfer, darunter 300.000

193 Ausführlicher dazu Mohssen Massarrat, Teherans Atompolitik. Die Balance of Power und das regionale Sicherheitsdilemma, in: Blätter für deutsche und internationale Politik 04/2004; Ferner Seyed Hossein Mousavian, A New Structure for Security, Peace, and Cooperation in: The Persian Gulf, London 2020.

194 Das Iran-Atomabkommen (JCPoaA), das Barack Obama unter Mitwirkung von drei europäischen Staaten, Großbritannien, Frankreich, Deutschland, sowie China und Russland 2015 mit Iran geschlossen hat, um auf diplomatischem Weg Iran daran zu hindern, in den Besitz von Atombomben zu kommen, ist nie in Kraft getreten. Donald Trump hat es 2018 einseitig aufgekündigt.

195 Mohssen Massarrat, Neue Entwicklungen im Mittleren Osten – Saudi-Arabien contra Iran. In: Lühr Henken (Hrsg.), Abrüsten statt Aufrüsten – Konfliktanalysen und Lösungsansätze aus der Friedensbewegung, Kassel 2018

tote Soldaten und Zivilisten, und zum anderen die Zerstörung der Umwelt und der Infrastruktur, ferner in erheblichem Ausmaß die Schrumpfung der Wirtschaft und den Verlust des Wohlstands in beiden Staaten.

Hinzu kommt schließlich die massive Schwächung der OPEC, weil beide Staaten durch den Krieg gezwungen wurden, ihre Ölproduktion auszuweiten, um für Wiederaufbau und neue Aufrüstung die erforderlichen Einnahmen zu generieren. Bezeichnend sind die subtil listigen Waffenlieferungen der USA und Israels an beide Seiten, um den Krieg zu verlängern. Angesichts anhaltender Ölüberproduktion erlebte die OPEC über einen längeren Zeitraum den Tiefpunkt ihrer Interventionsmacht und sinkende Ölpreise. Die Hauptgewinner dieses Wettrüstens und des daraus entstandenen Iran-Irak-Krieges waren vor allem *erstens* der militärisch-industrielle Komplex der USA, der nicht nur durch das Wettrüsten und den Krieg selbst, sondern auch durch die Wiederaufrüstung aller Staaten im Mittleren Osten sich mit neuen Rüstungsaufträgen eindeckte, *zweitens* die USA selbst, die ihre Hegemonie stärkten, während die OPEC in den Nachkriegsjahren deutlich geschwächt wurde und schließlich *drittens* sämtliche Industriestaaten und Verbündeten der USA, die über Jahre von sinkenden Ölpreisen profitierten.[196]

Dem ersten Golfkrieg folgten zwei weitere Golfkriege.[197] Der zweite Golfkrieg, der 1991 durch den irakischen Diktator Saddam Hussein aufgrund der Besetzung Kuwaits und einer US-geführten antiirakischen Kriegsallianz zur Rückeroberung Kuwaits geführt wurde, muss aus heutiger Sicht als Nachklang des ersten Golfkrieges und der damit verbundenen Durchmilitarisierung des Irak angesehen werden. Die Motive für den Überfall auf Kuwait waren durchsichtig. Der Irak war nach dem Ende des Iran-Irak-Krieges vor allem bei den arabischen Bruderstaaten am Persischen Golf, darunter Kuwait, hoch verschuldet. Nach dem Krieg bestanden diese Staaten darauf, dass der Irak diese Schulden zurückzahlt, was den Zorn des irakischen Diktators hervorrief. Saddam Hussein glaubte, mit der Besetzung Kuwaits mehrere Fliegen mit einer Klappe zu schlagen: sich *erstens* die Ölreserven Kuwaits, immerhin 9,3 Prozent der Ölreserven der Welt, anzueignen. Dazu fühlte er sich gewissermaßen auch berechtigt, weil er glaubte,

196 Ebenda

197 Ausführlich dazu vgl. Mohssen Massarrat, Amerikas Weltordnung, Hegemonie und Kriege ums Öl, Hamburg, 2003, hier vor allem Kapitel 8, S. 148f.

den Krieg gegen den Iran auch im Interesse der anderen arabischen Golfstaaten geführt zu haben, die jedoch statt Dankbarkeit und Schuldenerlass auf der Rückzahlung der Schulden bestanden. *Zweitens* den Zugang des Irak zum Persischen Golf und so auch zu den Weltmeeren auszubauen. Dabei übersah der irakische Diktator, dass der mit dem irakischen Zugriff auf die kuwaitischen Ölreserven verbundene Verlust von den USA und dem Westen insgesamt niemals hingenommen worden wäre. Offensichtlich hatte er die im Januar 1980 verkündete Carter-Doktrin, wonach »jeder Versuch einer anderen Macht, Kontrolle über den Persischen Golf zu gewinnen, von uns als Angriff auf die lebenswichtigen Interessen der USA angesehen (wird)«, nicht ernst genommen und vor allem die damit verbundene Drohung, »ein solcher Angriff würde mit allen erforderlichen Mitteln, einschließlich militärischer Gewalt, abgewehrt werden«, auf die leichte Schulter genommen. Die irakische Besatzungsarmee in Kuwait wurde durch die US-Armee im selben Jahr dezimiert, dem Irak eine schwere Niederlage zugefügt und die nach Saudi-Arabien geflohene kuwaitische Herrscherfamilie an die Macht in Kuwait zurückgehievt.[198]

Der dritte Golfkrieg wurde 2003 durch die neokonservative US-Regierung von George W. Bush – und im Gegensatz zum zweiten Golfkrieg ohne Legitimation durch die Vereinten Nationen – vom Zaun gebrochen. Unter mehreren nachweislich frei erfundenen Vorwänden, der Irak sei dabei, Massenvernichtungswaffen herzustellen oder das Land hätte sich außerdem an dem Al-Qaida-Terroranschlag gegen die Zwillingstürme in New York beteiligt, stürzte die US-Armee 2003 die irakische Regierung und den amtierenden Präsidenten Saddam Hussein.[199] Sein Sturz war der wichtigste Baustein einer Serie von Regimewechseln, die die Neokonservativen um Dick Cheney, Donald Rumsfeld und Paul Wolfowitz, um hier die eifrigsten von ihnen zu nennen, anstrebten, um den Mittleren Osten nach ihren extremistischen Ideen der territorialen Umkrempelung durch die Schaffung eines *Greater Middle East* zu einer weitestgehend abhängigen Region von den USA neu zu gestalten.[200] Das Ergebnis dieser Politik ist bekannt: Zerstörung des

198 Ebenda

199 Ausführliche Darstellung der Lügen der CIA und des britischen Geheimdienstes sowie der propagandistischen Vorbereitung des Irak-Krieges vgl. David Ray Griffin, a. a. O. S. 45ff.

200 In einem viel beachteten Brief an den amtierenden US-Präsidenten Clinton vom 26. Januar 2018 hatten

Irak, Bürgerkrieg und Instabilität in Syrien, die Entstehung der Terrororganisation *Islamischer Staat* und die Instabilität in der gesamten Region.

Bei allen drei Golfkriegen war Israel ein treuer Verbündeter der USA und hat sich im Interesse seiner eigenen regionalen Hegemonie oft indirekt am Kriegsgeschehen beteiligt. Bei dem ersten Golfkrieg lieferte Israel, wie bereits erwähnt, beiden Kriegsparteien Waffen, um den Krieg zwischen Iran und Irak möglichst lange zu verlängern und um dadurch beide israelfeindlichen Staaten zu schwächen.

Das durch die USA geschürte Wettrüsten im Mittleren Osten in den 1970er Jahren führte beispielsweise zu dem acht Jahre andauernden irakisch-iranischen Krieg in den 1980er Jahren, der ähnlich wie der Vietnamkrieg der USA in den 1960er Jahren nicht nur menschliche Opfer größeren Ausmaßes gefordert hat. Im Mittleren Osten bedeutete dieses Wettrüsten und der Krieg auch mehr Ölüberproduktion, noch mehr Konkurrenz innerhalb der OPEC und mehr Einfluss der USA bei der Kontrolle der globalen Ölversorgung. Die erzeugte Feindschaft und Unsicherheit als Ergebnis des irakisch-iranischen Krieges bewirkte ferner die massive Aufrüstung bei fast allen Staaten in der Region, somit höhere Rüstungsausgaben und eine höhere Ausbeutung der Ölquellen, noch mehr Zerstörung der Umwelt und des Klimas, während der US-militärisch-industrielle Komplex für mehrere Dekaden auf volle Auftragsbücher setzen konnte. Das neue Wettrüsten, das Donald Trump mit Waffenlieferungen im Umfang von mehreren 100 Milliarden Dollar an Saudi-Arabien, Katar und andere Ölstaaten am Persischen Golf nach seiner Wahl zum US-Präsidenten im Jahr 2018 entfacht hat, sollte durch jene verhängnisvolle Entwicklung aus dem letzten Jahrhundert auch jetzt wiederholt werden. Erst durch die Vermittlung der VR China ist zwischen beiden Staaten am Persischen Golf, Iran und Saudi-Arabien, die Wiederaufnahme diplomatischer Beziehungen erreicht worden. Die dadurch zwischen diesen Staaten entstandene Entspannung lässt hoffen, dass sich das furchterregende Irak-Iran-Kriegsszenario der 1980er Jahre nicht wiederholt.

---

die US -Neokonservativen bereits zwei Jahre vor dem Sieg von George W. Bush ihren Plan für den Mittleren Osten als *Project for the New American Century* genau skizziert, den sie nach der Regierungsübernahme von George W. Bush tatsächlich begannen, umzusetzen.

Spalten, um zu herrschen

Israel verfolgt nicht nur im Verhältnis zu den Palästinensern, sondern auch zu seinen arabisch-islamischen Nachbarn grundsätzlich eine Strategie der Spaltung, der Zwietracht und der Provokation: Dazu gehört vor allem die systematische Spaltung der Palästinenser, seit sich im besetzten Palästina neben der nationalistisch geprägten PLO die Hamas – eine militante Vertreterin des politischen Islams – 1987 in Palästina gegründet und auch Fuß gefasst hat. Um die PLO und ihren charismatischen Führer Jassir Arafat zu schwächen, ließ Israel die später zum Hauptfeind erklärte Hamas in den Gründungsjahren ziemlich frei agieren, während es die PLO brutal bekämpfte.[201] Nachdem die Hamas sich radikalisierte und sich einer immer größeren Anhängerschaft unter den Palästinensern erfreute, machte Israel der PLO-Führung mit der Bildung der Autonomiebehörde im Westjordanland vermeintliche Zugeständnisse, versuchte jedoch, die Hamas mit allen Mitteln zu isolieren. Einen Höhepunkt dieser Politik stellte die erfolgreiche Intervention Israels dar, den Hamas-Sieg bei den Wahlen 2006 in ganz Palästina nicht anzuerkennen und dafür zu sorgen, dass dieses doch sehr wichtige demokratische Votum der Palästinenser auch international abgelehnt wurde.[202] Genau diese Intervention Israels und seiner Verbündeten, der USA und der EU und vor allem Deutschlands, stellt einen historischen Wendepunkt dar, der als Gegenreaktion in die Hamas-Terroraktion vom 7. Oktober 2023 mündete.

Ähnlich wie im Innenverhältnis zu den Palästinensern verfolgt Israel auch regional eine Außenpolitik, die grundsätzlich spalterisch ist. Nach zwei Kriegen gegen Ägypten hat Israel 1979 mit Ägypten ein bilaterales Friedensabkommen geschlossen und die eroberte Sinai-Halbinsel zurückgegeben, während es mit Syrien seit dem Sechs-Tage-Krieg 1967 bis heute – auch nach dem Regimewechsel in Damaskus im Dezember 2024 – in einem Zustand des Dauerkrieges verweilt, weil Syrien nicht bereit war, die völkerrechtswidrige Besetzung der Golanhöhen hinzunehmen.[203] Mit dem Abraham-Abkommen

201 Helga Baumgarten, a. a. O. S. 56f.

202 Mohssen Massarrat, Frieden mit der Hamas, in: *Frankfurter Rundschau* vom 22. Februar 2006; derselbe, Offener Brief an Angela Merkel anlässlich des Israel-Krieges in Gaza, Januar 2009, vgl. Mohssen Massarrat, Weebly, Interventionen, open letters.

203 In punkto Expansion und Landraub ist Israel wahrlich sehr konsequent: so besetzte Israel unmittelbar nach

zwischen Israel und den Vereinigten Arabischen Emiraten, das 2020 auf die Initiative von Donald Trump und Benjamin Netanjahu zustande gekommen ist, soll ein amerikanisch-israelisches Netzwerk mit arabischen Staaten am Persischen Golf geschaffen werden, das neben dem Ausbau von kulturellen Beziehungen auch und vor allem eine militärische Kooperation zwischen ihnen zum Ziel hat. Andere arabische Staaten am Persischen Golf, vor allem aber Saudi-Arabien, sollen sich nach und nach dem Projekt Abraham anschließen.

Doch kann dieses unter dem Deckmantel des Ausbaus kultureller Beziehungen deklarierte Projekt nicht darüber hinwegtäuschen, dass es auch als eine militärische Einkreisung des Iran von Süden her angesehen werden kann. Diese Absicht erhärtet Israel mit seiner militärischen Kooperation mit der Republik Aserbaidschan im Norden des Iran, wo Israel bereits auch einen Militärstützpunkt eingerichtet hat. Israel unterstützt ferner separatistische Bewegungen in den Vielvölkerstaaten der Region, so beispielsweise die Autonomiebestrebungen der Kurden in den vier Staaten mit kurdischen Siedlungsgebieten, Irak, Iran, Türkei und Syrien. Als 2017 die kurdisch-nationalistische Barzani-Partei im Nordirak ein Referendum für die Abspaltung kurdischer Gebiete vom Irak durchführte, die aller Wahrscheinlichkeit nach das Ende des Irak als Staat besiegelt hätte, hat Israel Irakisch-Kurdistan als einen selbstständigen Staat anerkannt, bevor die kurdische Verwaltung im Nordirak den eigenen kurdischen Staat überhaupt ausgerufen hatte. Jene Staatsgründung hat jedoch unter dem Druck der irakischen Nachbarstaaten nie stattgefunden.

Frieden? Nein danke

Um es gleich vorwegzunehmen: Der Israel-Palästina-Konflikt könnte rasch gelöst und ein dauerhafter Frieden zwischen Palästinensern, arabischen Staaten und Israel erreicht werden, wenn nur die USA es wollten. Dies ließe sich etwa auf der Basis des unter halbherziger Vermittlung der Vereinigten Staaten zustande gebrachten Abkommens von Oslo, das die Gründung

dem Sturz des Assad-Regimes am 08.12.2024 in Syrien kurzerhand die 1974 unter die Kontrolle der UNO gestellte Pufferzone zwischen Syrien und den von Israel besetzten Golanhöhen.

eines Palästinenser-Staates neben dem Staat Israel vorsieht, verwirklichen. Denn Israels Existenz hängt ganz entscheidend von der umfassenden ökonomischen und militärischen Unterstützung der USA ab. Die Israel-Lobby in den USA ist sicherlich ein wichtiger Machtfaktor im Verhältnis beider Staaten. Demgegenüber stünde allerdings ein parteiübergreifender Konsens der US-Elite, der Israel jederzeit den Frieden mit den Palästinensern und der arabisch-islamischen Welt als Ganzes auferlegen könnte. Dass die USA keine Anstrengungen zur Herstellung eines dauerhaften Friedens im Mittleren Osten unternehmen, hat schlicht und ergreifend damit zu tun, dass sie eben kein strategisches Interesse an einem friedlichen Mittleren Osten haben. Ganz im Gegenteil besteht das US-Interesse darin, im Mittleren Osten einen Zustand herzustellen, der geeignet ist, zwischen den Völkern Feindseligkeit, Spaltung und Zwietracht zu befördern und schließlich auch Wettrüsten und Kriege hervorzurufen. Und genau hier deckt sich das Interesse Israels mit dem der USA. Die These, dass eine feindschaftliche Umgebung für Israel sogar identitätsstiftend sein kann, dürfte nicht übertrieben sein. Ein Zustand der Instabilität im Mittleren Osten ermöglicht beiden Staaten logischerweise, ihre Hegemonie zu festigen – Israel in der Region und die USA global.

Achse des Widerstands

Die Islamische Republik Iran betrachtet sich nach eigenem Selbstverständnis als ein Gegengewicht zu dem hegemonialen amerikanisch-israelischen Bündnis im Mittleren Osten. Aus dieser Perspektive entwickelte die Islamische Republik nach der Islamischen Revolution 1979 Schritt für Schritt und im Kontext historischer Ereignisse ein paramilitärisches Netzwerk, das das iranische Staatsoberhaupt Ali Khamenei als *Achse des Widerstands* bezeichnet. Dieses Netzwerk »richtet sich in erster Linie gegen den israelischen Staat und die militärische Präsenz der USA im Nahen und Mittleren Osten. Es handelte sich dabei um ein breites Netzwerk aus nichtstaatlichen und substaatlichen Gruppierungen. Dazu gehören die Islamische Republik als militärisches und finanzielles Gravitationszentrum der Achse, ferner neben der libanesischen Hisbollah auch die Hamas, der palästinensische Islamische Dschihad und mittlerweile auch die sogenannten Huthi-Rebellen im

Jemen. Hinzu kommen eine Reihe irakischer und syrischer Milizen.«[204] Im Grunde gehörte auch Syrien als ein weiterer Staat zur Achse des Widerstands, weil das syrische Assad-Regime – vor seinem endgültigen Sturz im Dezember 2024 – aller Wahrscheinlichkeit nach ohne die direkte militärische Unterstützung der Achse des Widerstands und der russischen Luftwaffe den massiven Angriff der von den USA tolerierten Terrororganisation *Islamischer Staat* im Jahr 2015 nicht überlebt hätte.

Das Rückgrat dieses militärischen Netzwerkes bildete die Abteilung der iranischen Revolutionsgarden für Auslandseinsätze, die Al-Quds-Brigaden, die Ende der 1990er Jahre zur Unterstützung der Nordallianz in Afghanistan im Kampf gegen die Taliban gegründet wurden und die seinerzeit auch dazu beitrugen, dass die Taliban an der vollständigen Eroberung Afghanistans gescheitert sind.[205] Die Al-Quds-Brigaden wurden erst seit Mitte der 2000er Jahre, nach dem Krieg der USA im Irak und der Befürchtung Irans, ebenfalls Opfer eines Krieges der USA zu werden, deutlich gestärkt. Sie entwickelten sich allerdings erst nach 2011 bei ihrer Mitwirkung zur Bekämpfung des terroristischen *Islamischen Staates* in Syrien und im Irak zu einer schlagkräftigen paramilitärischen Armee.[206]

Die Hisbollah im Südlibanon war – vor ihrer Schwächung durch den israelischen Krieg im November 2024 – mit Abstand der wichtigste Verbündete der Islamischen Republik in der Achse des Widerstands. Die Geschichte dieser Verbundenheit geht zurück auf jahrhundertealte Beziehungen der libanesischen Schiiten mit der schiitischen Geistlichkeit im Iran. Dies erklärt auch die enge Verbindung zwischen den Revolutionsgarden der Islamischen Republik und der Gründung von Hisbollah unmittelbar nach der Islamischen Revolution im Iran. Schon 1982 wurden Hisbollah-Kämpfer durch die Revolutionsgarden ausgebildet und systematisch aufgerüstet. Bis zum Herbst 2024 war sie der stärkste Machtfaktor weit über den Libanon hinaus. Mit über 150.000 Raketen unterschiedlicher Reichweite und Bauart stellte die Hisbollah die größte nichtstaatliche Bedrohung für Israel dar. Es ist durchaus

204 Azadeh Zamirirad, Achse des Widerstands: Iran und der Nahostkrieg. Interview mit der Bundeszentrale für politische Bildung am 13.12.2023.

205 Guido Steinberg, »Die Achse des Widerstands«. Irans Expansion im Nahen Osten stößt an Grenzen, in: *SWP*-Studie 2021/S 08-

206 Ebenda

auch denkbar, dass aus der Perspektive der iranischen Sicherheitsstrategie von der *Balance of Power* das militärische Potenzial der Hisbollah ein konventionelles Gegengewicht zum atomaren Monopol an der Fähigkeit zum Erstschlag darstellen sollte, um Israel vom Einsatz seiner Atombomben in einem möglichen Krieg gegen den Iran abzuhalten.

Die Hisbollah gewann ihr machtpolitisches Selbstbewusstsein in dem im Juli/August 2006 34 Tage andauernden Krieg gegen Israel, bei dem sich die israelische Armee aus Südlibanon geschlagen zurückziehen musste.[207] Hisbollah beteiligte sich nach 2015 mit den Al-Quds-Brigaden zusammen an der militärischen Unterstützung des Assad-Regimes, an der Gründung und Ausbildung von mehreren dezentral aufgebauten Milizen in Syrien und Irak, die ebenfalls zur Achse des Widerstands zählen.[208] Auch im Irak hatte sie zusammen mit den Al-Quds-Brigaden entscheidend zur Niederlage der Truppen des Islamischen Staates, die bis kurz vor Bagdad vorgedrungen waren, beigetragen. Ein wichtiger Bestandteil der Achse des Widerstands sind auch die Huthis im Jemen. Sie sind »ein noch junger Verbündeter Teherans, Die Rebellen haben sich nicht nur in dem seit 2014 andauernden jemenitischen Bürgerkrieg behaupten können; sie bedrohen heute auch Saudi-Arabien mit Raketen, Marschflugkörpern und Drohnen«, schreibt Guido Steinberg, ein einflussreicher Mittel- und Nahostexperte, der die deutsche Bundesregierung berät. Außer den obengenannten Teilen der Achse des Widerstands, die alle der schiitischen Richtung des Islams anhängen, muss auch die palästinensische Hamas dazu gerechnet werden, die im Unterschied zu allen anderen Teilen sich nicht zu dem schiitischen, sondern zu dem in fast allen arabischen Staaten sunnitisch dominierten Islam bekennt. Der Iran unterstützt die Hamas seit den 1990er Jahren finanziell, aber auch militärisch bei der Ausbildung des Personals und bei logistischen Aufgaben.

Die Einzelteile der Achse des Widerstands agierten weitgehend selbstständig und verfolgten lokale Eigeninteressen, sie verband jedoch der Widerstand gegen die militärische Präsenz der USA im Mittleren Osten, gegen die israelische Besatzung Palästinas und die Loyalität zur Islamischen Republik

207 Vgl. dazu Massarrat, Mohssen, 2006: Im Libanon prallen auch Israel und Iran aufeinander, in: *Frankfurter Rundschau* vom 23. August 2006.

208 Ebenda

Iran. Sie alle haben den Palästinensern nach dem Beginn des Gaza-Krieges, jeweils auf eigene Weise, teilweise auch militärisch, Solidarität bekundet. Aus westlicher Perspektive stellte die Achse des Widerstands und insbesondere die Islamische Republik einen Faktor der Instabilität im Mittleren Osten und einen Beleg für die »regionale Expansion« des Irans dar, wie beispielsweise Guido Steinberg in dem oben aufgeführten Zitat meint. Aus der Perspektive der Islamischen Republik Iran und ihrer Verbündeten war sie jedoch ein Faktor der Stabilität. Die Tatsache der Entstehung der Achse des Widerstands in ihrem chronologischen Verlauf spricht jedoch deutlich dafür, dass diese Achse defensiven Charakter hatte und als Reaktion auf die hegemonialpolitischen Aktivitäten von USA und Israel im Mittleren Osten entstanden war.

Die Achse des Widerstands hatte im Ergebnis die Kräfteverhältnisse im Mittleren Osten zugunsten Irans deutlich verschoben. Aus diesem Grund geriet sie auch zur Zielscheibe militärischer Aktionen der USA und Israels. Die USA liquidierten im Januar 2020 unter Anweisung von Donald Trump den legendären iranischen General Ghassem Soleimani, den Kommandeur der Al-Quds-Brigaden, der bei dem Aufbau der Achse eine zentrale Rolle gespielt hatte.[209] Die Achse des Widerstands folgte der Logik der Abschreckung durch Aufrüstung, die bekanntlich eine Rüstungsspirale auslöste. Um es zu konkretisieren: Israel hat als Reaktion auf den Aufbau eines gegen seine militärische Vormachtstellung gerichteten Abschreckungspotenzials begonnen, seinerseits aufzurüsten, um eine Veränderung der Kräfteverhältnisse zu seinen Ungunsten nicht zuzulassen.

Israels Krieg gegen die libanesische Hisbollah ist genau das Ergebnis des Wettrüstens zwischen dem Iran und dessen militärischen Verbündeten in der Region einerseits und Israel (und in dessen Hintergrund die USA) andererseits. Viele Indizien sprechen dafür, dass Israel mit seinem Krieg gegen Hamas seit dem 8. Oktober 2023 und gegen die Hisbollah seit November 2024 sowie mit der Zerschlagung eines beachtlichen Teils von deren militärischen und personellen Kapazitäten die Oberhand gewinnen und dank seiner Überlegenheit schließlich Ende November desselben Jahres einen 60-tägigen

209 Vgl. dazu ausführlich Mohssen Massarrat, Krieg, Bürgerkrieg oder Militärdiktatur, in: *NachDenkSeiten* vom 16. Januar 2020

Waffenstillstand zu eigenen Bedingungen diktieren konnte. An diesen veränderten Kräfteverhältnissen zugunsten Israels, der USA und des Westens[210] insgesamt änderte der umfangreiche Raketen-Schlagabtausch zwischen Iran und Israel nichts grundsätzlich. Die USA und die Europäische Union werden unter dem massiven Druck Israels ihre bisherige Politik zur Verhinderung einer iranischen Atombombe fortsetzen und damit dafür sorgen, dass Israel sein Monopol an Nuklearwaffen im Mittleren und Nahen Osten beibehält. In diesem Kontext muss der Versuch des Iran durch den Aufbau der Achse des Widerstands gegen die militärische Überlegenheit Israels in der Region vorzugehen, als gescheitert angesehen werden.

Der überraschend schnelle und unblutige Sturz des syrischen Diktators Baschar al-Assad im Gefolge der Schwächung der libanesischen Hisbollah hat die geopolitischen Karten im Mittleren und Nahen Osten neu gemischt. Der Durchgangskorridor zwischen der Islamischen Republik Iran und der Hisbollah für Waffenlieferungen wurde vorerst zerstört. Das Assad-Regime hat sich durch die iranisch-russische Unterstützung offensichtlich allzu lange in einer von außen gelieferten Sicherheit gewähnt, sodass es so gut wie nichts unternommen hat, um durch den Abbau von Repressionen, durch Rücksichtnahme auf Bedürfnisse von Minderheiten und durch interne Wirtschaftsreformen das Leben für die Menschen erträglicher zu machen. So ist es auch erklärbar, dass Baschar al-Assad von allen Seiten, dem Iran, Russland und der Hisbolla fallengelassen wurde. Auch von seinen internen Unterstützern, den Aleviten, seiner sozialen Basis, und auch von den eigenen Generälen und Soldaten wurde Assad die Gefolgschaft verweigert. So wurde es unausweichlich, dass sein Regime buchstäblich wie ein Kartenhaus zusammenbrach.[211] Wichtig ist in diesem Zusammenhang, dass die von der Türkei unterstützten, militärisch gut ausgebildeten Oppositionsgruppen, vor allem die gemäßigt-islamistische Miliz aus Idlib mit Al Dscholani (Ahmed al-Sharaa) als deren Führer, »schon lange auf den richtigen Moment« gewartet hatte, um ihre Strategie durchzusetzen«. Diese Gruppe, zusammen

210 Inzwischen sind viele westliche Staaten, darunter die Bundesrepublik Deutschland, Großbritannien, Frankreich etc. mit ihren umfangreichen Waffenlieferungen an Israel zweifelsohne Konfliktparteien.

211 Eine zutreffende Analyse dazu vgl. das Interview mit dem renommierten französischen Nah- und Mittelost Experten Olivier Roy, »Der Iran ist raus aus dem Nahen Osten« in: *Frankfurter Rundschau* vom 10. Dezember 2024.

mit der »islamistischen Miliz Hajat Tahrir al Sham, die auch mit demokratischen und säkularen Kräften kooperierten«,[212] ist vom Norden über Homs in Richtung Damaskus beinahe ohne Widerstand durchmarschiert.

Israel macht die Drecksarbeit für uns

Olivier Roy schätzt gut begründet ein, dass der Iran im Gefolge der Ereignisse seit der israelischen Bodenoffensive Ende September 2024 im Libanon »aus dem Nahen Osten raus« ist.[213] Ich gehe deutlich darüber hinaus und bin überzeugt, dass der vom Iran eingeschlagene Weg des militärischen Aufbaus von Abschreckungspotenzialen gegen Israel auf der ganzen Linie gescheitert ist. Der israelisch-amerikanische Angriffskrieg gegen den Iran vom 13. bis zum 24. Juni 2025, der »Zwölftage-Krieg«, ist der beste Beleg für diese These. Dieser Krieg war zwischen Trump und Netanjahu minutiös abgestimmt. Führende Regierungen der westlichen Welt, vor allem der französische Präsident Emmanuel Macron und der deutsche Bundeskanzler Friedrich Merz, verteidigten diesen Angriffskrieg. Letzterer begründete die deutsche Position damit, dass »Israel für uns die Drecksarbeit macht«. Damit offenbarte Friedrich Merz wie kein anderer Politiker des US-dominierten Westens zuvor die strategische Bedeutung Israels für den Westen und die USA.

Israel ist der militärische Arm der US-Hegemonie in Westasien und sorgt sehr erfolgreich für die Mobilisierung des ethnischen, religiösen, ideologischen und geopolitischen Konfliktpotenzials, das die Region permanent in Wettrüsten, Zwietracht und Kriege stürzt. Das ist offenbar genau der Beitrag Israels, den Friedrich Merz mit »Drecksarbeit für uns« bezeichnet, der im Ergebnis die störungsfreie Zufuhr von Öl und Gas in die Weltwirtschaft mit möglichst niedrigen Preisen möglich macht. Diese gigantische Leistung Israels ist auch der Preis dafür, dass westliche Staaten den israelischen Angriffskrieg gegen alle Konventionen der UNO legitimiert. Friedrich Merz verletzt damit den Artikel 26 des eigenen deutschen Grundgesetzes, der jeglichen Angriffskrieg verbietet.

212 Ebenda
213 Ebenda

Frankreich, Großbritannien und Deutschland beteiligten sich durch logistische Arbeit am US-israelischen Krieg gegen den Iran in zweiter Reihe. Auch mehrere Staaten aus der Region wie Jordanien, Saudi-Arabien und die Republik Aserbaidschan beteiligten sich in ähnlicher Weise an diesem Krieg. Vordergründig verfolgten Israel und die USA mit ihrem Krieg das Ziel, Irans Nuklearprogramm stoppen zu wollen. Iran weigerte sich, die Urananreicherung einzustellen. Israel nahm dies zum Anlass, gegen den Iran nach dem Muster wie gegen die libanesische Hisbollah loszuschlagen. Am 13. Juni 2025 überraschte die israelische Armee Iran mit der gezielten Tötung von über 30 militärischen Führungskräften und Nuklearwissenschaftlern sowie der Ausschaltung sämtlicher Luftabwehrkapazitäten des Landes. Gleichzeitig griff Israel zahlreiche militärische Ziele im ganzen Land an, insbesondere Nuklearanlagen in Natans und Isfahan, darüber hinaus auch das berüchtigte Evin-Gefängnis in Teheran, in dem zahlreiche Regime-Oppositionelle gefangen gehalten werden. Nachdem Netanjahu die iranischen Regime-Gegner parallel zu den Militärangriffen aufgefordert hatte, zu rebellieren und das Regime der Islamischen Republik zu stürzen, stellte sich heraus, dass es Israel und USA nicht nur um die Zerstörung von Irans Atomanlagen, sondern auch oder sogar vor allem um Regime Change im Iran und die Zerschlagung dessen militärischer Hegemonie in ganz Westasien ging, um schließlich Israel als die uneingeschränkte regionale Hegemonialmacht zu etablieren. Kein anderes Ereignis wie der Zwölftage-Krieg der beiden Hegemonialmächte USA und Israel gegen den Iran offenbarte, wie engmaschig verschmolzen das Bündnis dieser zwei Staaten in Wahrheit ist. Donald Trump bezeichnete den israelischen Angriff gegen den Iran als »exzellent«, bevor er selbst die US-Luftwaffe beauftragte, die 80 Meter tiefe unterirdische Urananreicherungsanlage in Ferdo mit zwei US-B2-Bombern durch betonbrechende Raketen zu bombardieren.

Entgegen der Ziele der israelisch-amerikanischen Regierungen hat ein Sturz der islamischen Herrschaft nicht stattgefunden. Vielmehr schaffte es die Islamische Republik trotz erheblicher eigener personeller und materieller Verluste in den ersten fünf Tagen, durch die blitzartige Berufung neuen Personals an die Spitze der militärischen Führung und den massiven Einsatz ihrer ballistischen Raketen, das Blatt zu wenden. Der iranischen Führung gelang es sogar, das Tabu von Israels Unbesiegbarkeit zu brechen und trotz

»Iron Dome« eine Vielzahl militärischer Einrichtungen und Infrastruktur in Tel Aviv, Haifa und anderswo durch 500 eigene ballistische Raketen zu zerstören. Nahezu alle ExpertInnen sind sich darüber einig, dass dieser Krieg der USA und Israels ein völkerrechtswidriger Krieg war, der auf die Initiative von Donald Trump mit einem Waffenstillstand am 24. Juni 2025 vorläufig beendet wurde. Einigkeit gibt es unter den Experten auch darüber, dass dieser Hegemonialkonflikt noch lange nicht entschieden ist.

Perspektiven für gemeinsame Sicherheit als Alternative zu Krieg und regionalem Wettrüsten

Denn wie in diesem Kapitel ausführlich dargestellt, haben seit dem Zweiten Weltkrieg sämtliche Versuche der einzelnen Staaten, die regional vielschichtigen territorialen, kulturellen und machtpolitischen Konflikte militärisch zu lösen, stets neues Wettrüsten hervorgerufen und sind letztlich gescheitert: Die Aufrüstung Irans und der Versuch der USA, dieses Land unter dem Regime der Pahlavi-Monarchie in den 1960er- und 1970er Jahren zum regionalen Gendarmen zu machen, führten zu dem acht Jahre andauernden iranisch-irakischen Krieg in den 1980er Jahren (erster Golfkrieg). Diesem folgten 1990 und 2003 der zweite und der dritte Golfkrieg. Schließlich haben alle Versuche Irans unter der islamischen Theokratie, der israelischen Militärdominanz mit ihren 100 modernsten Kampfjets und 1000 Panzern sowie seinen nuklearen Kapazitäten im Mittleren Osten, mit Irans eigenem Atomprogramm, mit umfassender Aufrüstung, mit diversen Raketenprogrammen sowie mit dem Aufbau der Achse des Widerstands zu trotzen, keine der Konflikte in der Region gelöst und keiner der beteiligten Nationen mehr Sicherheit gebracht. Ganz im Gegenteil riefen sämtliche militärische Vernichtungsorgien Israels vor und nach dem 7. Oktober 2023 blutige Racheaktionen hervor, die die Region des Mittleren und Nahen Ostens in den nächsten Jahren und Jahrzehnten intensiv beschäftigen dürften.

Mit Fug und Recht muss daher heute noch deutlicher als in der Vergangenheit über die nichtmilitärischen Alternativen für die Region, insbesondere die Alternative *Kooperation und gemeinsame Sicherheit*, nachgedacht werden, über die der Verfasser dieses Buches seit beinahe zwei Jahrzehnten publiziert und darüber hinaus auch mithilfe zivilgesellschaftlicher Organisationen

Workshops, Seminare, Konferenzen und regionale Zusammenkünfte initiiert.[214] Heute ist die Richtigkeit dieses friedenspolitischen Ansatzes nach Jahrzehnten der Zerstörung der menschlichen und materiellen Ressourcen in der gesamten Region stärker denn je unter Beweis gestellt.

Dabei sind die beträchtlichen ökonomischen, ökologischen, sozialen und kulturellen Potenziale für Kooperation und gemeinsame Sicherheit in der Region unübersehbar. Diese können und müssen zum gegenseitigen Vorteil und einer langfristig angelegten regionalen Integration schöpferisch genutzt werden. Somit sind die Grundlagen einer nichtmilitärischen Perspektive zur Lösung von vielschichtigen Konflikten gegeben. Doch hat die Entwicklung in dieser Perspektive nur dann eine Chance Realität zu werden, wenn die gegenwärtig dominierende Situation von Drohung, Angst und Gewalt nicht nur zwischen den arabisch-islamischen Staaten und Israel, sondern auch innerhalb der arabisch-islamischen Staaten durch eine Atmosphäre gegenseitigen Vertrauens und gemeinsamer Sicherheit schrittweise ersetzt würde. Außerdem müsste das egoistische Sicherheitsbedürfnis durch die Bereitschaft, auch die Sicherheit der anderen zu respektieren, ersetzt werden. *Die Sicherheit der anderen ist auch meine Sicherheit, ist die Philosophie des Konzepts der Gemeinsamen Sicherheit.* Diese Philosophie bildete die Grundlage für die ständige Konferenz für Sicherheit und Zusammenarbeit (KSZE) für Staaten unterschiedlicher Systeme und Werte, die während der Kalten-Kriegs-Ära 1973 in Helsinki ins Leben gerufen wurde und ab 1995 in die Organisation für Sicherheit und Zusammenarbeit (OSZE) überführt worden ist. Europa hat für diese Entwicklung viele Jahrzehnte benötigt. Und dennoch ist sie gegenwärtig im Begriff, durch egoistische Interessen der USA und deren hegemonialer Praxis gestoppt oder gar ganz zerstört zu werden.

Der Mittlere und Nahe Osten hat für eine Perspektive der regionalen Kooperation und gemeinsamen Sicherheit noch einen langen Weg vor sich. Dabei wären hier zwei Probleme zu lösen: *Erstens* die Entideologisierung und Entreligiösisierung der israelischen Existenz vom biblischen Anspruch sowie die Integration Israels in den Nahen und Mittleren Osten. Letzteres setzt voraus, dass Israel auch seine Abhängigkeit von den USA, einschließlich

214 Gemeint sind umfangreiche Aktivitäten, die zusammen mit dem deutschen Zweig der internationalen Friedensorganisation IPPNW (International Physicians for the Prevention of Nuclear War) und deren langjährigem Mitglied Christoph Krämer nach 2005 entfaltet wurden.

seiner Rolle als deren hegemonialer Vorposten im Mittleren und Nahen Osten, aufgibt; und *zweitens* der Aufbau von kooperativen Strukturen und des Systems der gemeinsamen Sicherheit im Mittleren und Nahen Osten. Beide Prozesse können und müssen sogar unabhängig voneinander forciert werden. Im Idealfall könnten sie sich miteinander verbinden.

Uri Avnery, einer der bekanntesten Vorkämpfer der israelischen Friedensbewegung, hat in einem bemerkenswerten Artikel anlässlich des Libanon-Krieges von 2006 den gegenwärtigen Zustand Israels – um die Perspektive Israels zu diskutieren – sehr zutreffend mit einer komplizierten Organtransplantation verglichen, die für den Patienten tödlich enden kann, aber nicht muss. Avnerys wegweisender Vergleich soll hier ausführlich zitiert werden:

»Das ganze zionistische Unternehmen ist mit einer Organtransplantation in einem menschlichen Körper verglichen worden. Das natürliche Immunsystem revoltiert gegen ein fremdes Implantat, der Körper mobilisiert alle seine Kräfte, um es wieder los zu werden. Die Ärzte benutzen eine hohe Dosis Medizin, um diesen Widerstand des Körpers zu überwinden. Das kann eine ganze Zeit lang dauern, manchmal bis zum Tod des Körpers selbst, einschließlich des transplantierten Organs. (Natürlich sollte dieser Vergleich – wie jeder andere auch – vorsichtig verwendet werden. Aber ein Vergleich kann helfen, Dinge besser zu verstehen, aber eben auch nicht mehr als das). Die zionistische Bewegung hat einen fremden Körper in ein Land gepflanzt, das damals ein Teil der arabisch-muslimischen Welt war. Die Einwohner des Landes und der ganzen arabischen Region lehnten die zionistische Entität ab. Inzwischen hat die jüdische Ansiedlung hier Wurzeln geschlagen und ist zu einer echten neuen Nation geworden, die in diesem Lande verwurzelt ist. Seine Verteidigungskraft gegen die Zurückweisung ist gewachsen. Dieser Kampf dauert nun schon 125 Jahre und wird von Generation zu Generation immer gewalttätiger. Der letzte Krieg (der Libanon-Krieg 2006, M. M.) war nur eine weitere solche Episode. Was ist bei dieser Auseinandersetzung unser historisches Ziel? Ein Dummkopf wird sagen: eine höhere Dosis Medikamente verabreichen, die von Amerika und den Juden in aller Welt geliefert werden. Der größte Dummkopf wird hinzufügen: Es gibt keine Lösung. Diese Situation wird auf immer so bleiben. Dagegen kann nichts gemacht werden, außer dass wir uns in einem Krieg um den anderen verteidigen. Und der nächste Krieg klopft schon an unsere Tür. Der Weise wird sagen: Unser Ziel ist es, dass der Körper das eingepflanzte Organ als seines akzeptiert, damit sein Immunsystem uns nicht weiter wie einen Feind behandelt, der um jeden Preis abgestoßen werden muss. Und wenn dies das Ziel ist, müssen unsere Bemühungen in erster Linie in diese Richtung gehen. Das heißt: jede unserer Aktionen muss gründlich an diesem einfachen Kriterium überprüft werden: Dient es unserem Ziele, oder behindert es dieses? Nach diesem Kriterium war der zweite Libanonkrieg eine Katastrophe.«[215]

Die mentale Umorientierung und die Bereitschaft Israels, sich als organischen Bestandteil einer Region, in der Juden ihre staatliche Heimat gefunden haben, zu fühlen, ist sicherlich eine große Herausforderung für Israels jüdische Bevölkerung. Die Nachbarstaaten als solche zu akzeptieren und sich auf eine Partnerschaft auf Augenhöhe mit ihnen einzustellen, ist allerdings eine der wichtigsten Voraussetzungen für einen dauerhaften Frieden in der Region. Auch aus diesem Grund ist der Aufbau einer multipolaren Weltordnung, in der die USA hegemoniale Ambitionen, einschließlich der Unterstützung des zionistischen Projekts, hinter sich lassen müssten, eine zivilisatorische Aufgabe. Dazu weiter unten mehr.

Die zweite Flanke dieses »Paradieses auf Erden« wäre ein Mittlerer und Naher Osten, in dem die beteiligten Nationen ihre Beziehungen auf Kooperation in allen ökonomischen, sozialen, ökologischen und kulturellen Bereichen aufbauen und für ihre Sicherheit gemeinsame Strukturen entwickeln. Bezogen auf den Mittleren und Nahen Osten haben bereits Sozialdemokraten aus der leider in Vergessenheit geratenen Ära der Entspannungspolitik der 1960er- und 1970er Jahre diese Idee als die globale Erweiterung der friedlichen Koexistenz und gemeinsamen Sicherheit in Europa ins Spiel gebracht.

So schrieb der Sicherheitsexperte und SPD-Fraktionsvorsitzende im Deutschen Bundestag, Rolf Mützenich, bereits 2004: »Es besteht trotz der bislang fehlgeschlagenen Initiativen« im Mittleren und Nahen Osten »eine realistische Chance, dem Ziel einer massenvernichtungswaffenfreien Zone näher zu kommen – wenn mit Realismus und Geduld an die Verhandlungen

215 Avnery, Uri, 2006: Amerikas Rottweiler, in: uri-avnery.de / *ZNet Deutschland* 26.08.2006.

herangegangen wird.«[216] Auch die deutsche Bundesministerin für wirtschaftliche Zusammenarbeit in der rot-grünen Bundesregierung, Heidemarie Wieczorek-Zeul, äußerte sich in gleicher Richtung. Im Sommer 2006 schrieb sie in der *Frankfurter Rundschau*: »Ich plädiere für eine internationale Nahostkonferenz, an der auch die arabischen Staaten teilnehmen, über die ja schließlich mit verhandelt wird. Zugegeben, die bisherigen Nahost-Konferenzen, beginnend mit Madrid 1991, waren nicht langfristig tragfähig und in diesem Sinne nicht erfolgreich. Durch eine Nah- und Mittelost-Konferenz könnte ein Prozess für Frieden und Sicherheit in Gang gesetzt werden, durch den sie in den zentralen Fragen der wirtschaftlichen Zusammenarbeit, der Sicherheit und der menschlichen Sicherheit Zusammenarbeit organisiert. Die Menschen in der Region wollen in ihrer übergroßen Mehrheit Frieden.«

Eine der ersten Initiativen zur Entnuklearisierung der Region kam, das mag überraschen, 1957 aus Israel, als zwei Mitglieder der israelischen Regierung aus Protest gegen das Atomwaffenprogramm der Regierung zurücktraten und *das Committee for Denuclearization of the Arab-Israel Conflict* gründeten. 1962 rief dieses Komitee erstmals öffentlich zur Errichtung einer atomwaffenfreien Zone in der Region auf. Leider hat diese historisch sehr wichtige Friedensinitiative keine entsprechende Resonanz innerhalb und außerhalb von Israel gefunden. Die UN-Generalversammlung verabschiedete 1974 auf Vorschlag von Ägypten und Iran eine Resolution für eine nuklearfreie Zone im Mittleren Osten, die sie seitdem wie ein Ritual jedes Jahr aufs Neue verabschiedet, seit 1980 sogar einstimmig, d. h. also auch mit israelischer Zustimmung, allerdings ohne praktische Bedeutung, weil alle beteiligten Seiten ihre Maximalforderungen zur Voraussetzung der Verhandlungen machten. Dass trotz des Scheiterns aller Initiativen die UN-NPT (Non-Proliferation Treaty) im Mai 2010 noch einmal beschlossen hat, eine Konferenz für einen massenvernichtungsmittelfreien Mittleren und Nahen Osten im Dezember 2012 in Helsinki einzuberufen, belegt die Notwendigkeit, nicht zu resignieren. Die Konferenz scheiterte allerdings daran, dass die USA und Israel ihre Teilnahme kurz vor dem Konferenzbeginn aus durchsichtigen Motiven abgesagt hatten.[217] Leider hatte die genannte NPT-Konferenz nach meiner

216 Mützenich, Rolf, 2004: Ein Mittlerer Osten ohne Massenvernichtungswaffen – Von der Utopie zum Konzept, in: *Internationale Politik und Gesellschaft*, 4/2004.

217 Der Verfasser hatte seinerzeit die Gelegenheit, als Vertreter der deutschen Sektion von IPPNW an der

Auffassung den Fehler begangen, die Teilnahme aller Staaten der Region sowie der USA zur Bedingung der Konferenz zu machen. Damit war der Weg für die USA und Israel frei geworden, durch ihre Absage die geplante Helsinki-Konferenz kurzerhand zu verhindern.

Das Scheitern der bisherigen Initiativen untermauert die Annahme, dass Initiativen zur Kooperation und gemeinsamen Sicherheit aus der Region selbst kommen müssen, an keine Vorbedingungen und schon gar nicht an Maximalbedingungen geknüpft sein dürfen und am besten mit willigen Teilnehmerstaaten beginnen, aber ganz offen für alle Staaten sein müssten. Die Hormuz-Initiative, die der damalige Präsident der Islamischen Republik Iran, Hassan Rouhani, im September 2019 bei der UN-Vollversammlung vorgeschlagen hatte, könnte einen solchen Schritt darstellen, dessen Kern darin besteht, dass die Anrainerstaaten des Persischen Golfes selbst für die Sicherheit der Schifffahrt im Golf aufkommen sollten.[218] Diese Initiative entstand als Reaktion auf internationale Diskussionen innerhalb der Europäischen Union und in den USA, zur Sicherheit der Öltransporte eigene Flugzeugträger in den Persischen Golf zu entsenden, nachdem im Sommer 2019 anlässlich von Kriegsdrohungen der USA gegen den Iran mehrere Öltanker zur Zielscheibe von iranischen Raketenangriffen geworden waren.[219]

Doch sind aus diesem klugen Vorschlag keine weiteren Schritte hervorgegangen. Dem Initiator-Staat – sollte ein solcher Vorschlag zu Beginn einer kooperativen Entwicklung ernst genommen werden – kommt jedoch große Verantwortung zu. Er müsste über einen längeren Zeitraum zahlreiche weitere Sondierungen und Diskussionen initiieren, bis allmählich zwischen den beteiligten Staaten eine Verständigung über kurz- und langfristige Schritte und Ziele hergestellt wird. Es müsste über die Verständigung für Sicherheit der Schifffahrt hinaus in kleinen Schritten auch eine Verständigung über kooperative Nutzung der Ressourcen des Persischen Golfes (Erdgas, Fischerei, etc.) erreicht werden. Dazu gehören auch kooperative Umweltschutz-Maßnahmen, die dringend erforderlich sind. Selektive Eingriffe in das Ökosystem des Golfes, wie beispielsweise die umfangreichen Entsalzungseinrichtungen der arabischen Golfanrainerstaaten zur Bereitstellung

---

parallel vorbreiteten internationalen NGO-Konferenz in Helsinki teilzunehmen.

218 Mohssen Massarrat, Gemeinsame Sicherheit am Persischen Golf, in: *IPPNW Forum* Nr. 160/ Dezember 2019

219 Ebenda

von Süßwasser, die eine Zunahme der Salzkonzentration im Golf hervorgerufen haben, müssten zugunsten eines Gesamtkonzepts für alle Anrainerstaaten mit geringstmöglichen ökologischen Schäden zurückgestellt werden. Wie man sieht, sind kooperative Aufgaben im Interesse aller Anrainerstaaten am Persischen Golf gigantisch. Ein weiterer, für den Ausbau friedlicher Beziehungen zwischen den Anrainerstaaten wichtiger Aufgabenbereich ist der Tourismus zwischen diesen Staaten mit unterschiedlichen Kulturen, der vom gegenwärtigen Null-Niveau ausgehend durch Kooperation gemeinsam aufgebaut werden müsste.

Diese Perspektive erfordert wirksame Kommunikationsstrukturen, sinnvollerweise eine KSZE-ähnliche Konferenz für Kooperation und gemeinsame Sicherheit im Mittleren Osten (KSZMO), die als eine ständige politische Plattform und ein wichtiges Forum den Prozess der regionalen Kooperation begleitet.[220] Erst wenn die ökonomischen Vorteile der Kooperation bei den beteiligten Nationen erlebbar würden, könnte eine Dynamik entstehen, der sich auf Dauer selbst die hartnäckigsten Verweigerer nicht werden entziehen können. Nicht nur neue Aufgaben, wie beispielsweise die Schaffung klimaneutraler Transformationen der regionalen Energie- und Verkehrssysteme, die Schaffung gemeinsamer Universitäten und Forschungseinrichtungen etc., sondern auch neue Staaten des Mittleren und Nahen Ostens könnten hinzukommen.

Die Europäische Union wurde ursprünglich 1952 durch 6 Staaten und lediglich für die Kooperation in den Bereichen Kohle und Stahl (Montanunion) geschaffen. Heute sind 27 Staaten Mitglieder der EU und die ökonomische Kooperation in der Gemeinschaft erstreckt sich auf alle Sektoren und Bereiche. Und es sind ferner 10 Staaten, die auf den Beitritt in diese Gemeinschaft warten. Um Missverständnissen vorzubeugen: Die Europäische Union ist dennoch kein Paradies auf Erden, sie ist ein fester Bestandteil der kapitalistischen Weltwirtschaft und wie der gesamte globale Norden, der den globalen Süden ausbeutet, imperialistisch. Im Gegensatz zum Europa um die Wende des 19. zum 20. Jahrhundert als Ausgang von zwei Weltkriegen, schließt die heutige Europäische Union angesichts von internen ökonomisch

220 Erste Überlegungen dazu vgl. Mohssen Massarrat, Perspektiven für den Mittleren und Nahen Osten, in: *Friedensjournal* 4/2009

und sicherheitspolitisch kooperativen Strukturen Kriege zwischen den Mitgliedsstaaten aus. Insofern ist die Europäische Union trotz der teils ungelösten inner-nationalen Konflikte, wie Katalonien und Baskenland, historisch gesehen eine zivilisatorische Errungenschaft.

Der Mittlere und Nahe Osten (Westasien) verkörpert alle Voraussetzungen, um eine Union Westasien entstehen zu lassen. Die iranische Hormuz-Initiative ist im Prinzip das Pendant zur europäischen Montanunion für Kohle und Stahl von 1952, die sich zu der gegenwärtigen Europäischen Union hin entwickelt hat. Eine Westasien-Union (WU) könnte sich zu einem gemeinsamen Markt für 400 bis 500 Millionen Menschen entwickeln. Zwischenstaatliche Kriege gehörten in dieser Union genauso verbannt, wie sie in der EU längst ins Museum gehören. Die Westasien-Union dürfte eine unsichtbare Mauer hervorbringen, die von keiner auch noch so mächtigen Großmacht, wie dies gegenwärtig der Fall ist, zwecks hegemonialpolitischer Ziele durchdrungen werden könnte.

Kapitel 8: Die US-Hegemonie als größte Gefahr für den Weltfrieden

Krieg statt Freihandel

Die Menschheit steht mit dem US-Hegemonialsystem vor gewaltigen Herausforderungen. Ein Land des Planeten mit 1,9 Prozent der Erdoberfläche und knapp 4 Prozent der Erdbevölkerung, genau genommen die Elite dieses Landes, hat den Planeten und dessen Bewohner seit über einem Jahrhundert zur Geisel seiner egoistischen Interessen gemacht. Diese zahlenmäßig winzige Elite maßt sich an, die Geschicke der gesamten Weltbevölkerung, einschließlich der eigenen besitzlosen Bevölkerungsschichten, von der eigenen gigantischen militärischen Macht der Vorherrschaft abhängig zu machen. Die Vereinigten Staaten sind selbst aus internem Kolonialismus, aus Völkermord an den Ureinwohnern, aus Sklavenausbeutung und zahlreichen regionalen Kriegen und Bürgerkriegen hervorgegangen. Seit sie die globale Hegemonie von der ehemaligen Hegemonialmacht Großbritannien übernommen haben, schufen sie Schritt für Schritt komplexe globale Abhängigkeitsstrukturen, die ein friedliches Zusammenleben der Völker und eine auf ökonomischer Kooperation und nachhaltigem Umgang mit natürlichen Ressourcen des Planeten beruhende Weltwirtschaft verhindern, stattdessen jedoch Gewalt- und Zerstörung produzierende Verhältnisse beflügeln. Der gegenwärtige krisenhafte Zustand der Welt relativiert beträchtlich den historisch positiven Beitrag der USA, den sie bei der Bekämpfung des deutschen Faschismus geleistet haben.

Die USA als ein monopolistisches Weltunternehmen, um auf die analytischen Ausführungen im Kapitel 1 zurückzukommen, scheinen inzwischen mit Freihandel, frei ausgehandelten Abkommen und internationalen Institutionen ein grundsätzliches Problem zu haben. Beispielsweise könnten sie ihre sicherheitspolitischen und ökonomischen Interessen in Grönland wie bisher durch Kooperation mit der dänischen und der lokalen Regierung erreichen. Sie ziehen es offensichtlich jedoch vor, Grönland militärisch besetzen zu wollen. Es geht ihnen schlicht um den Besitz, es geht ihnen um das Monopol.

Sanktionen als Geheimwaffe der Hegemonialpolitik

Zu den brutalsten hegemonialen Methoden gehören Sanktionen, die die USA mittels ihres Zugriffs auf IWF und Dollar gegen sämtliche Staaten der Welt verhängen können. Davon haben sie in ihrer Geschichte reichlich Gebrauch gemacht. Mit Sanktionen können Rivalen niederkonkurriert, schwache Staaten gefügig gemacht und auch Regimewechsel herbeigeführt werden. Der Vorteil dieses Instruments besteht darin, dass dessen soziale Folgen für die Zivilbevölkerung unsichtbar bleiben und daher Sanktionen innenpolitisch leichter zu legitimieren sind. 60 Prozent aller armen Länder leiden unter irgendeiner Art von US-Sanktionen.[221]

Der Iran wurde beispielsweise schon 1952 mit einem Ölembargo in eine existenzielle Finanzkrise gestürzt, um dann 1953 die widerständige Regierung durch die CIA aus dem Weg zu räumen. »Kuba wird seit Beginn der 1960er Jahre bis heute mit einem immer umfassenderen Netz von Wirtschaftsblockaden stranguliert«.[222] Dem Irak wurden in den 1990er Jahren Wirtschaftssanktionen mit den bisher schwersten humanitären Folgen auferlegt. Unter das Importverbot von Waren in den Irak »fielen Nahrungsmittel, Milchpulver, Impfstoffe, viele wichtige Medikamente, Waschmittel, Wasserpumpen, Stromgeneratoren, Kleidung, Landwirtschaftszubehör, Reifen und Ersatzteile und sogar Kinderfahrräder.«[223] Auch in diesem Fall waren Sanktionen der erste Schritt, um dann 2003 die irakische Regierung durch eine völkerrechtswidrige Militärintervention zu beseitigen. Als die US-Botschafterin Madeleine Albright bei den Vereinten Nationen 1966 gefragt wurde, ob es den Preis wert gewesen sei, dass durch diese Sanktionen mehr Kinder getötet wurden als in Hiroshima, antwortete sie: »Es ist diesen Preis wert«.[224] Neben Kuba und dem Irak ist der Iran das Land mit den meisten Sanktionen der USA.

»Eine breit angelegte Studie der medizinischen Fachzeitschrift *The Lancet* ergab, dass zwischen 1971 und 2022 einseitige westliche Wirtschaftssanktionen jährlich zu über 500.000 zusätzlichen Todesfällen führten. Kinder unter fünf Jahren machten dabei über die Hälfte aller Sanktionsopfer aus.

221 Rainer Mausfeld, Hegemonie oder Untergang. Die letzte Krise des Westens, Neu-Isenburg, 2025, S. 25
222 Ebenda, S. 26
223 Ebenda, S. 27
224 Ebenda, S. 28

Auf dieser Berechnungsgrundlage hat der Westen von 1971 bis heute 27 Millionen zusätzliche Todesfälle verursacht, davon 13 Millionen Kinder unter fünf Jahren«.[225]

Diese wenigen Beispiele mögen vor Augen führen, wie die USA in der Lage sind, gegen ihre Gegner Krieg führen zu können, ohne sehr hohe Kosten verursachende Militärs einzusetzen. Die USA verhängen inzwischen auch gegen Russland Sanktionen, drohen sogar ihrem Hauptrivalen China mit dieser Waffe. In einer multipolaren Weltordnung würden die USA ihr Monopol an globalen Finanzsystemen und -instrumenten und damit wichtige ihrer unsichtbaren Macht- und Sanktionspotenziale teilweise oder ganz verlieren.

Veränderungen nur durch Druck von außen

Rechtsradikale Rassisten haben eine lange Tradition in den USA. Ihre Zahl ist unter Donald Trump besorgniserregend angestiegen. Der Terrorismusforscher Peter Neumann schätzt ihre Zahl auf zwei bis drei Millionen. Sie setzen sich aus sämtlichen Bevölkerungsschichten zusammen, zu ihnen gehören auch Mandatsträger, Polizisten und Militärs, Teile von ihnen sind schwer bewaffnet und können als Gefährder eingestuft werden.[226] Das Terrorpotenzial der militanten Bewegungen ist nach Neumann jedenfalls erheblich. Angesichts dieser Bedrohung, die sich zuallererst gegen farbige US-Bürgerinnen und US-Bürger sowie ethnische und religiöse Minderheiten richtet, ist es naheliegend und auch verständlich, dass die potenziellen Opfer der rechtsradikalen Bewegungen anfangen, sich präventiv ebenfalls zu bewaffnen. Schon die leiseste Ahnung, dass in den Vereinigten Staaten ein Bürgerkrieg in den Bereich der Möglichkeiten innenpolitischer Konflikte rücken könnte, müsste weltweit die Alarmglocken zum Läuten bringen. Davon ist jedoch weit und breit nichts zu spüren.

Die innenpolitische Instabilität in den USA hat sich mit der Erfindung von grenzenloser Staatsverschuldung dramatisch verschärft und die auf Gewalt und Kriegen beruhenden globalen Instabilitäten hervorgerufen. Bei genauerem Hinsehen ist ein national und global ineinandergreifender

225 https://www.thelancet.com/journals/langlo/article/PIIS2214-109X(25)00189-5/fulltext
226 Peter Neumann, am 14. Januar 2021 im Gespräch im *Deutschlandfunk*.

Teufelskreis entstanden. Gesellschaftliche Kräfte, die die innere Instabilität in den USA durch die Zurückdrängung des militärisch-industriellen Komplexes und darauf beruhender Reformen überwinden könnten, sind selbst in die Abhängigkeit dieses Teufelskreises geraten. Das gesamte durch die US-Hegemonie geführte unipolare System scheint sich aus eigener Kraft offensichtlich nicht mehr reformieren zu können. Jeffrey Sachs und Oskar Lafontaine, beide international erfahrene Finanzpolitiker, kommen in einem aufschlussreichen Gespräch zu einer ähnlichen Einschätzung:

»Ich selbst bin der Meinung« sagt Sachs, »dass die USA nur von außen und nicht von innen gezügelt werden können. Der Rest der Welt muss sagen: ›Wir wollen nicht in einem Atomkrieg sterben. Wir wollen keinen Konflikt mit China haben. Wir wollen den Krieg mit Russland beenden. Wir wollen die Zwei-Staaten-Lösung im Nahen Osten‹. Den USA muss sehr deutlich gesagt werden: ›Ihr müsst damit aufhören, denn Ihr seid nicht die einzige Macht auf der Welt‹.«[227] Oskar Lafontaine stimmt Sachs in diesem Gespräch prinzipiell zu und hält es für notwendig, »den Deep State der USA von außerhalb aufzuhalten«. Dazu setzt er »auf die BRICS-Staaten«. Denn diese »haben sich in den letzten Jahren zu einem mittlerweile unbestreitbar gewichtigen Staatenbündnis entwickelt und das Machtgefüge der Welt so weit verändert, dass die USA in Zukunft nicht mehr dieselbe Politik machen können wie in der Vergangenheit.« Lafontaine hält es darüber hinaus auch »ebenso wichtig, dass sich auch die europäischen Staaten gegen die US-Politik auflehnen, weil diese für die gesamte Weltgemeinschaft gefährlich ist.«[228]

In der Tat sind am Horizont der Weltgesellschaft Triebkräfte in Sicht, die das Potenzial besitzen, von außen diesem System einen Anstoß zu versetzen, der für dringend erforderliche Reformen in den Vereinigten Staaten und den internationalen Beziehungen unumgänglich geworden ist. Zu diesen Triebkräften gehört der Aufstieg der VR China, die sich in den letzten vier Dekaden zu einer ökonomischen Weltmacht entwickelt und schon jetzt beträchtliche Machtverschiebungen hervorgerufen hat. So wird laut Prognosen der Anteil der USA am Weltbruttoinlandsprodukt, der im Jahr 2000 mehr als 20 Prozent betrug, bis 2028 auf 14,6 Prozent sinken, während im

227 Jeffrey Sachs, ebenda, S. 152
228 Ebenda, S. 152f.

gleichen Zeitraum der Anteil der VR China von etwa 7 auf 19,5 Prozent steigen wird.[229] Die VR China ist dank der rasanten ökonomischen Entwicklung und der großen Bevölkerungszahl im Begriff, die größte Wirtschaftsmacht der Welt zu werden. Damit liegt es auch in der Natur der neuen Veränderungen, dass die US-dominierte unipolare Weltordnung ins Wanken gerät und die USA und die von ihnen abhängigen westlichen Staaten anfangen müssen, den neuen Realitäten Rechnung zu tragen. Die zukünftige Weltordnung wird so oder so eine multipolare Weltordnung sein. Der Dreh- und Angelpunkt dieser historischen Veränderung ist allerdings die Beseitigung des Monopols des Dollars als Weltwährung und die Demokratisierung des globalen Weltwährungssystems durch Schaffung konkurrierender globalen Währungen. Denn dadurch würde den USA – dieser Faktor kann nicht genug hervorgehoben werden – ein wirkungsmächtiges Instrument aus der Hand genommen, die Kosten ihrer Hegemonie dem Rest der Welt aufzuerlegen: *die grenzenlose Staatsverschuldung*.

Die USA und in ihrem Schlepptau ihre westlichen Bündnispartner stehen in der gegenwärtig herrschenden unipolaren Weltordnung grundsätzlich vor zwei entgegengesetzten Alternativen: entweder auf die veränderten Verhältnisse hin zu einer multipolaren Weltordnung mit Rationalität und Vernunft zu reagieren und sich friedlich darauf einzulassen sowie im Ergebnis eine sich entwickelnde multipolare Weltordnung und ihren Abbau der auf Dominanz basierenden Regeln zu akzeptieren, oder mit allen Mitteln gegen die multipolare Weltordnung einen konfrontativen Weg zu gehen und neue globale Konflikte, Kriege oder gar einen neuen Weltkrieg zu riskieren.

Die offensichtlich feindlichen Reaktionen der USA und ihrer Verbündeten, darunter Deutschland, gegenüber der VR China als den entscheidenden Triebkräften dieser Entwicklung zeigen jedoch, dass sie sich für die konfrontative Alternative entschieden haben. Die Signale für diese gefährliche Entscheidung können daran festgemacht werden, dass China als der neue Feind definiert wird und dass ein Teil der US-militärischen Armada in den Pazifischen Ozean verlegt wird. Hinzu kommt, dass die bis vor einigen Jahren wenig beachtete Taiwanfrage zu einem globalen Konfliktthema

229 Statista, zitiert nach Sevim Dağdelen, ebenda, S. 47

hochstilisiert und als Vorwand für Sanktionen oder kriegerische Handlungen gegen China instrumentalisiert wird. Genauso gefährlich ist der Versuch, die intensiven Wirtschaftsbeziehungen zur VR China unter dem abstrusen Vorwand der Abhängigkeitsreduzierung zu kappen. Alle diese schwer zu leugnenden und vor unseren Augen ablaufenden Ereignisse belegen, dass die USA leider die Entwicklung der Welt in Richtung auf eine multipolare Weltordnung torpedieren wollen, um die aus der Hegemonialposition erwachsenden immensen Vorteile nicht aus der Hand geben zu müssen. Die Reaktionen der USA auf den Aufstieg der VR China zu einer ökonomischen Weltmacht zeigen allerdings, dass die daraus folgenden globalen Veränderungen auch mit Risiken verbunden sind. Doch bevor diskutiert wird, wie diese Risiken reduziert werden können, soll in aller Kürze der Charakter von Chinas Aufstieg analysiert und die historische Leistung dieses Landes für die globalen Veränderungen herausgearbeitet werden.

Kapitel 9: Aufstieg der VR China

China war vor der Revolution von 1949 eine halbkoloniale Gesellschaft und wie fast alle Länder des Globalen Südens in die imperialistisch-merkantilistische Weltarbeitsteilung eingebunden. Die chinesische Revolution war von der Kommunistischen Partei unter der Führung von Mao Zedong und der Epoche der sowjetisch dominierten Kommunistischen Internationale geprägt. Der Versuch, in der nachrevolutionären Ära einen eigenen Entwicklungsweg einzuschlagen und die Industrialisierung – z. B. mit dem Aufbau von kleinen dezentralen Hochöfen für eine massenhafte Stahlproduktion – voranzutreiben, ist – begleitet von Kollektivierung in der Landwirtschaft mit millionenfachen Hungertoten – letztendlich gescheitert. Die Umstellung der Wirtschaft auf die in der Sowjetunion praktizierte Planwirtschaft brachte sämtliche negativen Nebenwirkungen wie Fehlplanung, gigantische Bürokratie, fehlende Effektivität und vieles mehr mit sich. Auch Maos Kulturrevolution ebnete nicht den Weg zu einer befriedigenden Alternative. Erst die vom Reformer Deng Xiaoping entwickelte Industrialisierungsstrategie, die nach Maos Tod ab 1978 systematisch umgesetzt wurde, ebnete den Weg, Chinas Ökonomie innerhalb von vier Jahrzehnten zu der zweitgrößten Volkswirtschaft zu machen.

Chinas Industrialisierungsstrategie: Kommunistischer Kapitalismus

Deng Xiaopings Idee war einfach und genial. Sie bestand darin, die Industrialisierung den neu zu schaffenden chinesischen Kapitalisten zu überlassen, den Kapitalismus jedoch durch die Kommunistische Partei so einzuhegen, dass *erstens* die chinesische Wirtschaft möglichst flächendeckend auf dem Weltmarkt wettbewerbsfähig wird, dass *zweitens* der innere Markt unter Einbeziehung von immer neuen Regionen expandiert und dass *drittens* immer mehr Chinesen durch spürbare Wohlstandssteigerungen aus der Armut befreit werden. Das alles sollte möglichst ohne die für den Kapitalismus des Westens inhärenten Folgen wie ökonomische Krisen, imperialistische Expansion zu Lasten dritter Staaten und Unterordnung der Menschen unter die rücksichtslosen Profitinteressen der Kapitalisten stattfinden. Das ist das unten noch genauer darzustellende Geheimnis von Chinas Aufstieg zum Wohlstand durch flächendeckende Industrialisierung innerhalb von nur vier Dekaden und zwar mit menschlichen Kollateralschäden auf einem möglichst niedrigen Niveau.[230] Für den vergleichbaren Entwicklungsweg brauchten westliche Staaten über zwei Jahrhunderte, und sie bescherten dabei der Menschheit den Kolonialismus, den Imperialismus, zwei Weltkriege, die Katastrophe des Faschismus und des Holocaust sowie unzählige Kriege.

Dabei ist der Kerngedanke des chinesischen Industrialisierungsweges gar nicht so neu. Deutschlands Industrialisierung in der zweiten Hälfte des 19. Jahrhunderts ist genau genommen die Folie für den chinesischen Weg. Der deutsche Ökonom Friedrich List empfahl in seinem Hauptwerk bereits 1837 deutschen Regierungen massive Importbeschränkungen gegenüber der überlegenen britischen Wirtschaft bei gleichzeitigem Abbau von Schranken für britische Direktinvestitionen.[231] Britische Kapitalisten wurden so gezwungen, einen Teil der Industrialisierung von Großbritannien nach Deutschland zu verlegen. Daraus folgte die Erweiterung des inneren Marktes, die Steigerung der Kaufkraft und des allgemeinen Wohlstandsniveaus in Deutschland und schließlich die Erhöhung der Wettbewerbsfähigkeit der deutschen Wirtschaft auf dem Weltmarkt.[232] Diese Entwicklung erfolgte allerdings im Wesentlichen unreguliert und mehr oder weniger anarchisch. Deshalb verschärfte sie am Ende des 19. Jahrhunderts, wie wir wissen, bezeichnenderweise die Konkurrenz zwischen allen kapitalistischen Staaten, Großbritannien, Deutschland, Frankreich und den USA. Sie verschärfte die imperialistische Konkurrenz und bereitete den Weg in die Katastrophe in der ersten Hälfte des 20. Jahrhunderts.

Die Industrialisierung in China wurde umfassend untersucht.[233] Das Ergebnis dieses Entwicklungsweges und des singulären Wirtschaftswunders

230 Tatsächlich ist die kapitalistische Industrialisierung in der radikalen Reformperiode seit Machtübernahme durch Deng Xiaoping von großen menschlichen Kollateralschäden verschont geblieben.

231 Friedrich List, Das nationale System der politischen Ökonomie, Berlin 1930

232 In der modernen ökonomischen Literatur in der zweiten Hälfte des 20. Jahrhunderts wurde dieses Entwicklungsmodell als Importsubstitutionsindustrialisierung diskutiert. Vgl. dazu Norbert Wagner/Martin Kaiser/Fritz Beimdiek, Ökonomie der Entwicklungsländer, Stuttgart 1983: Robert Alexander, The Import Substitution Strategy of Economic Development, London 1987

233 Vgl. vor allem Arthur Kroeber: China's Economy. What Everyone Needs to Know. Oxford University Press, New York City 2016; Wolfgang Müller, Die Rätsel Chinas – Wiederaufstieg einer Weltmacht, Hamburg 2021.

Chinas in Zahlen und Indikatoren müssen jeden Entwicklungsökonomen beeindrucken: 1949, dem Jahr der chinesischen Revolution, betrug das Pro-Kopf-Einkommen der Chinesen lediglich 54 US-Dollar. 80 Prozent der Chinesen lebten auf dem Land und betrieben traditionelle Landwirtschaft. Chinas Bruttoinlandsprodukt bewegte sich 1960 mit 59 Milliarden Dollar immer noch auf sehr niedrigem Niveau. Vor dem Beginn der von Deng Xiaoping eingeleiteten Reformen in 1984 erreichte die VR China ein Bruttoinlandsprodukt von immerhin 316 Milliarden Dollar. Die Haupterfolge dieser Reformen manifestieren sich darin, dass dieser Wert bis 2000 auf 1214 und bis 2017 auf 11.938 Milliarden Dollar – und damit innerhalb von 33 Jahren auf das beinahe 38-Fache – gesteigert worden ist.[234]

Auch Indikatoren für menschliche Entwicklung lassen sich sehen. Demnach sind inzwischen 800 Millionen Chinesen aus der Armut befreit worden. Nur 3,1 Prozent der Bauern befanden sich 2017 in einem am Vorabend des 19. Volkskongresses veröffentlichten Bericht unterhalb der Armutsgrenze. Demselben Bericht zufolge ist das durchschnittliche Lebensalter von 67 Jahren 1981 auf 76 Jahre 2016 gestiegen. Die Sterblichkeitsrate der Mütter bei der Geburt ist von 88 von 100.000 im Jahr 1990 bis 2016 auf 20 von 100.000 gesunken. Ähnliche medizinische Erfolge erreichte die VR China im Bereich der Kindersterblichkeit, die von 34.000 im Jahr 1981 auf 7 von 1000 Neugeborenen 2016 reduziert worden ist.

An dieser Stelle bietet es sich an, Chinas Industrialisierungsstrategie näher darzustellen. Gemeint sind nicht die quantitativen Indikatoren, die leicht zugänglich sind und deren Wiedergabe hier keinen wissenschaftlichen Mehrwert hervorbringt. Vielmehr sollen hier Aspekte in den Vordergrund gestellt werden, die bisher nicht hinreichend berücksichtigt wurden. Es geht vor allem um die qualitativen und für die Besonderheiten des chinesischen Entwicklungsweges wichtigen ökonomischen Elemente und Hebel, die im Industrialisierungsprozess zur Wirkung gekommen sind:

Erstens die Einführung des Privateigentums mit belastbaren Schutzgarantien in Produktions- und Dienstleistungsbereichen. Demgegenüber bleiben die zentralen Bereiche des Gemeinwohls, wie die Energieversorgung,

234 Willy Sabautzki, Die chinesische Wirtschaftsbilanz 2021, in: *ISW Report* Nr. 130, München 2022.

Gesundheitsversorgung, Bildung und sonstige Bereiche der Daseinsvorsorge, in der öffentlichen Verantwortung.

Zweitens strikte Importbeschränkungen für Fertigprodukte bei gleichzeitiger Freiheit für ausländische Investitionen, indem ausländischen Investoren sämtliche Sicherheiten, wie beispielsweise Investitionsschutz, gewährt wurden. Dabei galten zwei für das chinesische Industrialisierungsmodell sehr wichtige, jedoch die Entscheidungsfreiheit ausländischer Investoren grundsätzlich nicht beeinträchtigende Bedingungen: Zum einen die Beteiligung chinesischer Investoren mit einem Anteil von über 50 Prozent an den Investitionen und zum anderen die Beteiligung des chinesischen Personals auf Führungsebene.[235]

Die multinationalen Konzerne des Westens wurden mit dieser Strategie der chinesischen Regierung indirekt gezwungen, der Einladung Chinas zu folgen und in China direkt zu investieren. Dafür sorgte der Konkurrenzmechanismus auf dem Weltmarkt. Dazu wurde also den internationalen Konzernen der Weg versperrt, durch Warenexporte nach China Gewinn zu machen, diesen Konzernen jedoch die Tür geöffnet, durch Investition und Produktion in China selbst Geld zu machen und die vorteilhaften Rahmenbedingungen in China zur Erreichung hoher Wachstumsraten zu nutzen. Tatsächlich sind die Konzerne, allen voran die US-Auto-Konzerne, wie Chrysler und General Motors, diesen Weg gegangen. Ihnen folgten alsbald europäische Auto-Konzerne, wie Volkswagen, Citroën und andere. Später folgten auch japanische und südkoreanische Auto-Konzerne.[236] Keiner der erfolgreichen westlichen Konzerne konnte sich den Luxus leisten, auf einen so lukrativen Markt wie den chinesischen zu verzichten.

Die politischen Entscheidungen innerhalb der Kommunistischen Partei, die seit der Wahl von Deng Xiaoping 1978 für Reformen und Öffnung der chinesischen Wirtschaft Schritt für Schritt getroffen wurden, sind freilich mit viel ideologisch klingenden, in der Debattentradition der KP China stehenden Formulierungen wie dem Aufbau des Sozialismus, sozialistische Marktwirtschaft etc. begründet worden.[237] Unabhängig von diesen oft vom Kern der

235 Werner Rügemer, Die Kapitalisten des 21. Jahrhunderts, Köln 2018, S. 265

236 Ebenda,

237 Vgl. dazu Beat Schneider, Chinas langer Marsch in die Moderne. Zwanzig nicht-eurozentristische Thesen, Köln 2023, 8. Kapitel, Reform und Öffnung, S. 92ff. Bei diesem Buch handelt es sich um die empirisch

Entscheidungen ablenkenden politischen Begründungen, legt man die detailliert wie präzise Untersuchung des britischen Ökonomen Arthur Kroeber[238] zugrunde, können folgende zentrale Ziele der KP China mit ihrem langfristig durchdachten Konzept von *Reformen durch Öffnung* identifiziert werden:

Erstens die Verankerung des Konkurrenzmechanismus auf dem chinesischen Binnenmarkt. Zu diesem Zweck konkurrierten sowohl westliche Konzerne untereinander als auch ausländische Konzerne mit den sich entwickelnden chinesischen Unternehmen. Dabei wurden die Unterstützung der privaten Investoren und die Bekämpfung von parasitärer Monopolbildung zu wichtigen staatlichen Aufgaben.

Zweitens beschränkte sich der Staat konsequent auf die Herstellung von Rahmenbedingungen und enthielt sich ebenso konsequent der Intervention in die internen Betriebsabläufe.

Drittens zerstückelte die Regierung die vorhandenen Staatsbetriebe, z. B. für die Elektrizitätserzeugung, in mehrere untereinander konkurrierende Teile, um auch bei diesen Staatsbetrieben die Produktivität zu steigern und die Kosten zu senken.[239] Generell wurde dem Konkurrenzmechanismus und damit dem zentralen Strukturmerkmal im Kapitalismus große Bedeutung beigemessen und deshalb konsequent dafür gesorgt, dass dieser Mechanismus seine volle Kraft entfaltet. Deshalb kann der chinesische Kapitalismus auch keinesfalls als Staatskapitalismus bezeichnet werden. Ganz im Gegenteil funktioniert der Kapitalismus nirgendwo so perfekt und so wirkungsvoll wie in China. Die KP China verhindert gezielt außer Monopolbildung auch die Überproduktion als Folge von Schwächung der Binnenkaufkraft, ein Übel in den kapitalistischen Staaten des Westens, das eine der Hauptursachen des Imperialismus darstellt. Sie tut das, indem sie das Lohnniveau durch gesetzliche Anhebung des Mindestlohns systematisch erhöht und auch die Staatsausgaben beispielsweise für Sozialleistungen angemessen steigert. Die KP-Führung scheint sich über das Geheimnis der schwer zu bändigenden und zerstörerischen Triebkräfte, die die Konkurrenz entfalten kann, völlig im Klaren gewesen zu sein. Andererseits konnte eine ökonomisch

fundierteste und von sonst weitverbreiteten Vorurteilen freie Analyse der gegenwärtigen chinesischen Gesellschaft.

238 Arthur Kroeber, a. a. O.

239 Arthur Kroeber, a. a. o.

und kulturell stark tradierte Gesellschaft, wie die chinesische, nur durch die brachiale strukturelle Gewalt des Konkurrenzmechanismus hinreichend genug umgekrempelt werden, um höchste Produktivität auf dem Weg zur Moderne zu erzielen.

Viertens wurde der Binnenmarkt in China sukzessive durch neue Produktionssektoren und die Integration von immer noch traditionell wirtschaftenden Regionen in den kapitalistischen Binnenmarkt erweitert und vertieft. So wurden auch aus dem traditionellen Mittelstand innovative Unternehmer und aus Bauern Industriearbeiter gemacht.

Fünftens konnten durch die Kontrolle der Volkskongresse und mittels Fünfjahresplänen Fehlentwicklungen korrigiert und neue sektorale bzw. regionale Projekte wie die freien Wirtschaftszonen entwickelt werden.

Sechstens sollte die chinesische Wirtschaft bei möglichst allen Produkten und Dienstleistungen auf dem Weltmarkt wettbewerbsfähig werden.

Siebtens sollte Chinas Wirtschaft durch das historisch untermauerte Projekt der neuen Seidenstraße unterstützt werden. Darüber hinaus sollte durch dieses Projekt auch der Globale Süden in einen neuen Wirtschaftskreislauf integriert werden, der langfristig die vom Westen dominierte neokolonialistische Weltarbeitsteilung überwindet.

Achtens verfolgte man das Ziel, dank flächendeckender Wettbewerbsfähigkeit so bald wie möglich sämtliche Einschränkungen für den freien Waren- und Kapitalverkehr auf dem Weltmarkt aufzuheben.

Der Kommunistischen Partei kommt also bei der Umsetzung dieses riesigen Projekts der gesellschaftlichen Umwälzung des bevölkerungsreichsten Landes der Welt offensichtlich eine zentrale Bedeutung zu. Immerhin ging es um nicht weniger als um die Einführung des Kapitalismus und dazu noch die Schaffung des Kapitalisten neuen Typs, der lernen musste, sich den politischen Zielen der Partei zu beugen. Die Menschheit hat in der VR China also mit einem Kapitalismus neuen Typs zu tun, eben mit dem *kommunistischen Kapitalismus*.[240] Die unten aufgelisteten chronologischen Schritte auf dem Weg der Modernisierung Chinas zeigen die Dialektik dieser Schritte mit den oben genannten acht intendierten Zielen:

240 Kommunistischer Kapitalismus ist der Titel eines Buches, das der Verfasser in persischer Sprache 2022 veröffentlicht hat.

1979 wird Deng Xiaoping zum Vorsitzenden der Kommunistischen Partei der VR China gewählt.

1979 Experimente in Sonderwirtschaftszonen.

1983 Einführung der Besteuerung von Staatsbetrieben.

1984 wird ein zweistufiges Preissystem eingeführt. Dieses Preissystem wird zuerst für landwirtschaftliche und kurz darauf für industrielle Produkte eingeführt. Der Staat kauft den Produzenten die vorgegebenen Quoten zu festgelegten Preisen ab. Was sie darüber hinaus produzieren, dürfen sie auf dem freien Markt verkaufen.

1986 stellt China offiziell den Antrag zum Beitritt in das GATT (Vorläufer von WTO).

1988 beginnt die Privatisierung der Staatsbetriebe durch eine Verfassungsänderung, die allerdings eine Inflation verursacht und zur Unzufriedenheit der Bevölkerung führt.

1989 wird der Protest der Bevölkerung aufgrund von Reformen und Inflation auf dem Tian'anmen Platz blutig niedergeschlagen.

1990 wird in Schanghai die erste Börse in der VR China eröffnet. Ab sofort dürfen ausländische Investoren Anteile von chinesischen Betrieben erwerben.

1993 wird der Kapitalismus offiziell als *sozialistische Marktwirtschaft* ideologisch legitimiert.

1994 wird eine einheitliche Währung mit variablem Kurs eingeführt und dadurch das System der doppelten Währungen aufgegeben.

1998 werden 500 Milliarden Dollar den chinesischen Banken zur Verfügung gestellt, damit chinesische Investoren kreditfinanzierte Investitionen vornehmen können: Flächendeckende Entstehung von Kapitalisten chinesischen Typs.

2001 tritt die VR China der WTO bei. Diese strukturelle Anpassung an die Regeln des Weltmarktes eröffnet die flächendeckende und umfassende Möglichkeit ausländischer Investitionen.

2005 übersteigt das Bruttoinlandsprodukt der VR China das von Großbritannien, Frankreich und Italien zusammen und ist bereits die viertgrößte Wirtschaft der Welt.

2010 überholt China Japan und ist bereits nach den USA die zweitstärkste Ökonomie der Welt.[241]

2023 Aufhebung sämtlicher Restriktionen für freien Waren- und Kapitalverkehr. Das ist ein klares Zeichen, dass die VR China das angestrebte Ziel einer flächendeckenden Wettbewerbsfähigkeit auf dem Weltmarkt erreicht hat.

Tatsächlich ist die VR China inzwischen auf dem Weltmarkt, weit über die Konsumgüter hinaus, auch bei den industriellen Wertschöpfungsketten wettbewerbsfähig geworden, sodass die USA und die EU anfangen, gegen chinesische Industrieprodukte Zollmauern zu errichten. Sie begründen ihre Abwehrstrategie mit angeblich staatlichen Subventionen, die »Überkapazitäten«, z.B. bei Elektroautos, Solarpaneelen und Windrädern, hervorriefen und die Expansion Chinas auf dem Weltmarkt beflügelten.[242] Die USA haben bereits Anfang 2024 hohe Zölle auf die Einfuhren chinesischer Solarpaneele und Elektroautos eingeführt.[243] Und die EU folgte den Vereinigten Staaten im Juni 2024 mit der Einführung von Zöllen auf chinesische Elektrofahrzeuge.[244] Der neue US-Präsident Donald Trump kündigte schon vor seiner Amtseinführung 100-prozentige Zölle auf chinesische Elektroautos an.

Dabei handelt es sich bei dieser Entwicklung um einen urkapitalistischen Vorgang: Kampf um Marktanteile bei steigender Produktivität und sinkenden Preisen. Genau das passiert aber in China bei den bisher nicht wettbewerbsfähigen Industriesektoren. Und das hat weder mit staatlichen Subventionen noch mit Überkapazitäten zu tun. Dank steigender Produktivität und vergleichsweise niedrigen Löhnen in China ist der Preis für Solarpaneele von 0,27 Dollar pro Watt im Januar 2022 auf 0,11 Dollar pro Watt im Januar 2024, also innerhalb von nur zwei Jahren, auf mehr als die Hälfte gesunken.[245] Von dieser Entwicklung profitieren alle, auch in den USA und in der EU, vor allem jedoch der Klimaschutz. Gegen den Aufstieg Japans vor mehreren Dekaden und die Exportexpansion der japanischen Autoindustrie

241 *NZZ* vom 14.12.2018, 40 Jahre Reform in China – eine Chronologie von 1978 bis 2018

242 Stephan Kaufmann, Wie viel ist zu viel. Der Westen beklagt Chinas »Überkapazitäten«, die USA reagieren mit Strafzöllen. Dahinter steht eine Debatte um die Transformation von Pekings Wirtschaft, in: *Frankfurter Rundschau* vom 5. Juni 2024.

243 Ebenda

244 *Frankfurter Rundschau* vom 11. Juni 2024.

245 Stephan Kaufmann, a. a. o.

wurde seinerzeit in den USA und in Europa genauso gejammert wie jetzt gegen chinesische Produkte. Es steht zu vermuten, dass in zehn Jahren die USA und die EU sich genauso unbegründet über Subventionen für indische Autos beschweren, die aller Wahrscheinlichkeit nach auf die Märkte drängen werden.

Die KP China hält weiterhin an dem Ziel des Aufbaus des Sozialismus fest. Ob es jedoch der KP gelingt, den von ihr geschaffenen effektiven Kapitalismus in einen Postkapitalismus zu überführen, kann weder ausgeschlossen noch als sicher erreichbar angesehen werden.

Chinas zivilisatorische Leistung

Zweifelsohne hat die VR China letztlich ihre Volkswirtschaft mit vergleichsweise geringen Kollateralschäden für das chinesische Volk aus eigener Kraft modernisiert und genau das erreicht, was nahezu den meisten Ländern des Globalen Südens bisher nicht gelungen ist. Zu erwähnen ist an dieser Stelle die neue ökonomische Strategie des *Dualen Wirtschaftskreislaufs*, die im vierzehnten Jahresplan für 2021–2025 eingeführt wurde und des Weiteren die Vision des Landes, die für 2035 vorgesehen wurde. Demnach soll der interne Wirtschaftskreislauf mit dem externen Wirtschaftskreislauf besser und mit dem Ziel verzahnt werden, Chinas Abhängigkeit von Exporten zu verringern und die internen Ungleichgewichte aufzuheben.[246] Logischerweise sollen mit dieser Vision die bisher vernachlässigten schwer zugänglichen Regionen in den kapitalistischen Binnenmarkt integriert und weitere 500–600 Millionen Chinesen aus der Armut befreit werden.

Die VR China hat bisher nicht nur über 800 Millionen Chinesen aus der Armut herausgeholt, sie hat darüber hinaus auch parallel zur Sozialentwicklung beachtliche ökologische Erfolge erzielt. Zwar ist die VR China der größte CO_2-Emittent der Welt und hat immer noch eine fossil basierte Wirtschaft. Gleichzeitig ist sie mit Abstand der größte Produzent von Solarmodulen. Deutsche Medien und Politik bedauern oft, dass die VR China die deutsche Solartechnik übernommen hat, sie übersehen jedoch, dass durch drastische Verbilligung dem Globalen Süden ermöglicht wurde, die

246 Näheres dazu siehe Willy Sabautzki, a. a. O. S. 21

Solarenergie überhaupt einzuführen. Herbert Diess, Ex-Vorstandschef des VW-Konzerns, bezeichnete diese Tatsache in einer Talkshow als die größte zivilisatorische Leistung der VR China.

China – um weitere ökologische Erfolge zu nennen – ist längst der größte Absatzmarkt für Elektroautos und verfügt über die größte Ladeinfrastruktur der Welt. 90 Prozent aller in der Welt eingesetzten Elektrobusse befinden sich in China. Aufgrund der offensichtlichen Umweltprobleme der Ladebatterien entwickeln chinesische Unternehmen Alternativen, wie zum Beispiel Induktionsschleifen zur Lieferung der Mobilitätsenergie.[247]

Schattenseiten und Missverständnisse

Bei allen beeindruckenden und faszinierenden Erfolgen bei der ökonomischen, sozialen und ökologischen Modernisierung in der VR China dürfen Probleme als Folge von Fehlentscheidungen und Fehlentwicklungen nicht übersehen werden. Beispielsweise führte die 1988 überhastete Privatisierung zu schockartigen, für China gänzlich unüblichen Preissteigerungen, die 1989 Massenproteste und die blutige Niederschlagung dieser Proteste auf dem Tian'anmen-Platz hervorriefen. Die weitaus kritikwürdigste Entwicklung in Chinas Modernisierungsprozess ist jedoch die digitale Überwachung,[248] die in westlichen Medien als »IT-Diktatur«, »Techno-Autoritarismus« oder »Digitaler Leninismus«[249] kritisiert werden. Gemeint ist jedoch Chinas Sozialkredit-System (SCS), bei dem es sich um ein »digitales Steuerungs-, Erfassungs- und Ratingsystem« handelt, das »Daten über das Verhalten von Einzelpersonen, Staatsangestellten, Unternehmen, Organisationen und Verbände sammelt und bewertet«.[250] Mag sein, dass die Datensammlung den Verdacht des Überwachungsstaates relativiert, weil sie auch die staatlichen Akteure mit einschließt. Eine Datensammlung über das Alltagsverhalten der Menschen widerspricht jedoch diametral den westlichen Vorstellungen von individuellen Freiheitsrechten. Dieses Beispiel verweist auf zwei offensichtlich unterschiedliche Wertesysteme. »Im Westen kann man sich nicht

247 Beat Schneider, a. a. O. S. 192ff. speziell S. 200
248 Vgl. dazu Wolfgang Müller, a. a. O. S. 75ff.
249 Beat Schneider, a. a. O. S. 250
250 Ebenda, S. 255

vorstellen, dass das SCS von der Mehrheit der chinesischen Bevölkerung akzeptiert wird. Repräsentative Studien belegen jedoch (...), dass 80 Prozent das SCS begrüßen und nur 1 Prozent es explizit ablehnen.«[251]

Dieses Beispiel unterstreicht, dass sich die Wertesysteme des Westens und Chinas unterscheiden und dass die Bewertung einer Gesellschaft mit dem Wertekanon einer anderen Gesellschaftsformation zwangsläufig zu Missverständnissen und sogar Vorurteilen führen muss. Chinas Wertvorstellungen sind in der 5000 Jahre alten Kultur- und 2000 Jahre alten Staatsgeschichte – verwurzelt, wie der schweizerische China-Experte Beat Schneider hervorhebt.[252] Die chinesische Zivilisation hat über einen beispiellosen Zeitraum und länger als alle anderen Zivilisationen eine erstaunliche Kontinuität bewiesen, aus der die Chinesen ihre Identität und ihr starkes Selbstbewusstsein beziehen. In der chinesischen Denkweise, die unter starkem Einfluss von Konfuzius steht, spielt der Zentralstaat eine sehr wichtige Rolle. Er war der Garant der Aufrechterhaltung von funktionierenden Bewässerungssystemen und damit der Sicherheit für Landwirtschaft und Ernährung. Der Kaiser war »für wirtschaftliche und gesellschaftliche Prosperität, für staatliche Stabilität und gesellschaftliche Harmonie verantwortlich«. Dazu hatte er »das Mandat des Himmels«. Wurden staatliche Aufgaben vernachlässigt, so verlor der Kaiser auch seine Legitimität. Dieses einfache, jedoch fundamentale Verhältnis zwischen Volk und Herrschaft mag auch den Wechsel von Dynastien in der chinesischen Geschichte erklären, der als Folge von schlechtem Regieren oder Katastrophen oft stattfand.[253]

Unvoreingenommene China-Experten, Journalisten und Diplomaten haben sich große Verdienste erworben, indem sie auf die kulturellen Besonderheiten der chinesischen Gesellschaft aufmerksam machen, ohne die man schwerlich in der Lage wäre, die wirklichen Verhältnisse in China, die chinesische Revolution von 1949, die internen Auseinandersetzungen in der Ära von Mao Zedong, die daraus resultierenden Reformen und die beeindruckenden Erfolge durch Entwicklung und Industrialisierung zu verstehen. Zu diesen China-Experten gehören der britische Journalist und Wissenschaftler

251 Ebenda, S. 260
252 Ebenda, S. 9ff.
253 Ebenda, S. 18

Martin Jacques,[254] der ehemalige Präsident des UN-Sicherheitsrats Kishore Mahbubani,[255] der deutsche Journalist Jörg Kronauer,[256] die für den hier oft zitierten China-Experten Beat Schneider wichtige Quellen darstellen. Dessen Schlussfolgerung, dass die chinesische Bevölkerung von heute, angesichts der grandiosen Erfolge in den letzten Dekaden, die KP und die Staatsführung der VR China unterstützt,[257] ist weitestgehend zuzustimmen. Tatsächlich wäre in der Umkehrung von Schneiders Schlussfolgerung die umfassende Umwälzung der Gesellschaft von der Tradition in die Moderne und die beachtliche Wohlstandsvermehrung in einem so kurzen Zeitraum von drei bis vier Dekaden auch ohne eine breite Zustimmung der Bevölkerung undenkbar gewesen.

Die heutigen westlichen Staaten, allen voran die USA, scheinen sich mit China als neuer ökonomischer Weltmacht nicht zurechtfinden zu können oder zu wollen. Sie sind jedenfalls eifrig dabei, unter dem Vorwand der »Verringerung der Abhängigkeit von China«, den Boden für einen Wirtschaftskrieg durch Sanktionen gegen China zu bereiten, was im Ergebnis dazu führt, dass die von ihnen selbst in Gang gesetzte Globalisierung aus ideologischen und machtpolitischen Gründen ganz oder teilweise wieder rückgängig gemacht würde.

Chinas Seidenstraßen-Projekt

An dieser Stelle wird ein sehr wichtiges Projekt beschrieben, das bei der obigen in der *NZZ* veröffentlichten Auflistung von fünfzehn Schritten des Aufstiegs Chinas nicht erwähnt worden ist. Gemeint ist die im Herbst 2013 von Chinas Präsident Xi Jinping verkündete *Belt and Road*-Initiative. Mit dieser Initiative beabsichtigt die VR China, ihre Wirtschaftsbeziehungen zum Globalen Süden in Anlehnung an die historisch über 2000 Jahre zwischen Antike und Mittelalter wichtige und als Seidenstraße in die Geschichte eingegangene Handelsroute zu revitalisieren. Diese Beziehungen sollten

254 Martin Jacques, When China Rules the World. The End of the Western World and the Birth of a New Global Order, New York 2012

255 Kishore Mahbubani, Hat China schon gewonnen? Chinas Aufstieg zur neuen Weltmacht, Kulmbach 2020

256 Jörg Kronauer, Der Rivale. Chinas Aufstieg zur Weltmacht und die Gegenwehr des Westens. Hamburg 2019.

257 Beat Schneider, a. a. O. S. 20

in Abgrenzung von der neokolonialistischen Weltarbeitsteilung durch eine neue Qualität, die nicht ausbeuterisch ist, geprägt sein. Tatsächlich hätte eine werdende ökonomische Großmacht auch zwei alternative Strategien zum Ausbau ihrer Wirtschaftsbeziehungen mit dem Globalen Süden:

Erstens diese Beziehungen analog zu den imperialistisch-merkantilistischen Strukturen westlicher Länder zu gestalten und sich an der vorherrschenden neokolonialistischen Weltarbeitsteilung zu beteiligen. Dann hätte die VR China als Newcomer auf dem Weltmarkt mit den imperialistischen Staaten konkurrieren und um die Neuverteilung der Weltressourcen aggressive Wege beschreiten müssen. Genau diesen Weg hat das faschistische Deutschland in der ersten Hälfte des 20. Jahrhunderts eingeschlagen, der in den Zweiten Weltkrieg mit 80 Millionen Toten und unbeschreiblichen Zerstörungen in der Welt einmündete. Aller Wahrscheinlichkeit nach hätte diese Alternative ohnehin auch kein Land des Globalen Südens veranlassen können, bestehende merkantilistisch-imperialistische Beziehungen mit dem Westen durch ähnliche Strukturen nunmehr mit einer neuen Macht zu ersetzen und dabei viele Risiken in Kauf zu nehmen.

Zweitens die eigenen Beziehungen mit dem Globalen Süden auf eine gerechtere ökonomische Grundlage und zum gegenseitigen Nutzen zu stellen. Denn nur so wäre auch die Wahrscheinlichkeit gegeben, viele Länder des Globalen Südens für eine ökonomisch langfristige Kooperation zu gewinnen. Insofern war für die VR China eine neuartige, sich von den imperialistischen Praktiken des Westens spürbar unterscheidende Alternative die einzig denkbare und erfolgversprechende Möglichkeit.

Also verfolgte die KP-Führung genau den nicht-imperialistischen Weg der Ausdehnung der eigenen Wirtschaftsbeziehungen mit dem Globalen Süden, der übrigens auch mit dem eigenen Ziel des Aufbaus einer multipolaren Weltordnung in Übereinstimmung steht. Konkret verfolgt die VR China mit dem Seidenstraßen-Projekt zwei sich ergänzende Ziele, zum einen die eigene Rohstoff- und Energieversorgung langfristig sicherzustellen. Und zum anderen die Voraussetzungen für eine neue auf Kooperation zum gegenseitigen Nutzen beruhende Weltwirtschaft strukturell zu verbessern. Eine solche Perspektive für die weltwirtschaftlichen Beziehungen zum Globalen Süden ist ohnehin die ökonomische Grundlage für eine multipolare Weltordnung.

Das Seidenstraßen-Projekt impliziert insofern eine Doppelstrategie, eine ökonomische und eine geopolitische. Zugleich ist das Projekt auch eine große Herausforderung für die VR China. Denn der Erfolg des Projektes steht und fällt mit einer unzweifelhaften Politik, die auch in der Praxis nicht neokolonialistisch, sondern zum gegenseitigen Nutzen ist. Denn nur so kann China das Vertrauen der Länder des Globalen Südens für eine neuartige Kooperation auf Augenhöhe gewinnen. Überall dort, wo entweder durch politische Fehler, wie zum Beispiel in Sri Lanka,[258] oder durch die Gier chinesischer Unternehmer, wie in Ghana bei der Ausbeutung von Bauxit, und in Guinea bei einem ähnlichen Projekt, das Prinzip des gegenseitigen Nutzens unterlaufen worden ist, wurde das aufgebaute Vertrauen der VR China, ein gerechterer Partner im Vergleich zu den westlichen Staaten zu sein, nachhaltig zerstört. Beispiele schief gelaufener chinesischer Kooperationsprojekte in den Ländern des Globalen Südens sind nicht selten,[259] sie schaden auf jeden Fall dem eigenen Anspruch Chinas und den Zielen des Aufbaus einer gerechten Weltwirtschaftsordnung.

Die neue Qualität einer alternativen Beziehung zum Globalen Süden besteht aus chinesischer Perspektive im Kern darin, Infrastrukturprojekte in den Ländern des Globalen Südens aufzubauen, die *erstens* ihre Rohstoffquellen erschließen und Rohstoffe vermarkten und die *zweitens* die ökonomischen Kapazitäten dieser Länder zum Ausbau nationaler Produktion und zur Entstehung von lokalen und regionalen Wertschöpfungsketten, vor allem durch Rohstoffverarbeitung, befähigen und eine Industrialisierungsstrategie durch Importsubstitution befördern. Eine solche Strategie erfordert tatsächlich umfassende Infrastrukturprojekte in den Bereichen Verkehr (nationale Autobahnen und Eisenbahnstrecken und moderne Bahnhöfe), Ausbau der

258 Es geht um das Hafenprojekt Hambantota, das sich ökonomisch nicht rechnet und daher das Land in die Verschuldungsfalle getrieben hat. Das ist das bislang einzige chinesische Projekt, das ähnlich wie die meisten der mit westlichen Krediten finanzierten Projekte in einer Verschuldungsfalle gelandet ist. Genau dieses Einzelfallbeispiel wird dank der Propaganda der USA von Gegnern der Kooperation mit China ins Feld geführt. Wolfgang Müller, a. a. O. S. 134f. Tatsächlich geht diese Fehlplanung auf eine Einflussnahme des sirlankesischen Ex-Präsidenten Gotabaya Rajapaksa zurück, der mit dem Projekt seiner Geburtsstadt ein Geschenk machen wollte.

259 Vgl. Zhang Jingjing, Neue Seidenstraße neue Risiken, Heinrich Böll Stiftung (hers.), 20–4, Berlin S. 26f.; Mohssen Massarrat,1401 (2022), Sarmayedari kommunisti dar Chin wa Sarmayedari Merkantilisti dar Iran (Kommunistischer Kapitalismus in China und merkantilistischer Kapitalismus in Iran) in Persisch, Teheran, S. 165f.

Hafenanlagen und Flughäfen sowie in den Bereichen Bildung, Gesundheit etc. Dazu gehört auch das Angebot für eine alternative Finanzierung dieser Infrastrukturprojekte, die ein Abrutschen in die Schuldenfalle vermeidet.

Beide Ziele zusammen genommen sind geeignet, eine nationale Industrialisierung und Wohlstandsentwicklung zu ermöglichen und darüber hinaus auch, sich endlich aus den strukturellen Zwängen der bestehenden neokolonialistischen Weltarbeitsteilung herauszulösen, die sie für sehr lange Zeiträume zu bloßen Rohstofflieferanten für westliche Industriestaaten gemacht hatte. Die Belt and Road stützt »sich auf die UN-Charta, vor allem auf das Nichteinmischungsgebot in die inneren Angelegenheiten anderer Staaten, somit auch nicht, wie vergleichsweise die USA, die auf Regime-Change-Kriege setzt«.[260] Als Hauptprinzip der Belt and Road-Initiative gilt »die Partnerschaft auf Augenhöhe und zum gegenseitigen Vorteil sowie die Gestaltung der Beziehungen auf der Basis des gegenseitigen Respekts und der Achtung gegenüber der kulturellen Tradition, Gesellschaftssystemen und Grundinteressen anderer«.[261] So gesehen hat die VR China ihren ethischen Orientierungsrahmen für ihre Beziehungen mit dem Globalen Süden auf der Basis negativer kolonialistischer Erfahrungen des Westens im Grunde als das genaue Gegenteil der kolonialistischen und neokolonialistischen Praxis formuliert und kann so in den Ländern des Globalen Südens auf Sympathie und breite Zustimmung stoßen, zumal China selbst nie ein anderes Land zu seiner Kolonie gemacht hatte.

Die Belt-and-Road-Initiative umfasst zahlreiche Infrastrukturprojekte, darunter auch Megaprojekte in Ländern Afrikas, in Asien, insbesondere im Mittleren Osten, in Südamerika aber auch in Europa, insbesondere in Süd- und Osteuropa. Die in diesem Rahmen geplanten oder bereits realisierten Projekte sind darauf ausgerichtet, »ein tausende Kilometer umfassendes Netz von Straßenverbindungen und Eisenbahnlinien, die von China bis nach Europa reichen, zu installieren, Brücken und andere Bauwerke, darunter Schulen und Krankenhäuser, zu errichten, Hafenanlagen auszubauen sowie nicht zuletzt spezielle Wirtschafts- und Handelskooperationszonen einzurichten«.[262]

260 Karin Kulow, a. a. O. S. 9
261 Ebenda
262 Ebenda, S. 9f.

In Afrika begannen Chinas ökonomische Aktivitäten bereits 2000, also lange bevor die Belt-and-Road-Initiative ins Leben gerufen wurde. Mit der einzigen Ausnahme von Swasiland, das mit Taiwan enge Beziehungen pflegt, sind alle Länder Afrikas Mitglied des afrikanisch-chinesischen Kooperationsrats. In allen afrikanischen Staaten fördert China die Entstehung eines industriellen Mittelstands, in vielen Staaten die Textilindustrie und die Baumwollproduktion, Erdölproduktion und dezentrale erneuerbare Energien.

Demnach sollen möglichst viele Regionen in die nationalen Energie- und Stromnetze integriert werden. Des Weiteren sollen auch afrikanische Städte und auch grenzüberschreitende Staaten durch den Ausbau von Straßen miteinander verbunden werden. In Afrika ist der Bau von mehr als 10.000 km Eisenbahnstrecken, 100.000 Straßenkilometern, knapp 1000 Brücken und fast 100 Hafenanlagen geplant bzw. schon verwirklicht. Die Eisenbahnverbindung zwischen Daressalam und den Nachbarstaaten Tansanias sowie die vollelektrische Eisenbahnverbindung zwischen Addis Abeba und Dschibuti sind erfolgreiche Beispiele chinesischer Aufbauprojekte in Afrika. McKinsey bescheinigt Chinas ökonomischen Aktivitäten in Afrika mit über zehntausend chinesischen Kleinunternehmern, die zu sinkenden Warenpreisen führten und auch die Bildung von Führungskräften beflügelten. Hohe Wachstumsraten von jährlich über 11 Prozent, zum Beispiel in Äthiopien, sind Resultat chinesischer Aufbauprojekte.[263]

Asiatische Staaten, insbesondere die Länder des Mittleren Ostens, spielen im Seidenstraßenprojekt nicht zuletzt auch wegen ihrer Bedeutung im Rahmen der historischen Seidenstraßen-Handelsroute und darüber hinaus auch wegen Öl- und Gasreserven und der geopolitischen Lage dieser Region eine sehr wichtige Rolle. Schließlich verbindet der Mittlere Osten geopolitisch einerseits China und Zentralasien mit Europa. Andererseits ist diese Region der Verbindungsweg zwischen Russland und Afrika. Von besonderer Bedeutung sind zwei geopolitisch wichtige Megaprojekte: Zum einen geht es um die transasiatisch-europäische Eisenbahnlinie, die China über den Iran und die Türkei mit Mitteleuropa, insbesondere Deutschland, verbinden soll. Zum anderen sollen sowohl das Kaspische Meer mit dem Schwarzen Meer

263 Werner Rügemer, Die Kapitalisten des 21. Jahrhunderts, Köln 2018, S 306f

auf der Ost-West-Achse,[264] als auch das Gebiet zwischen dem Kaspischen Meer und dem Persischen Golf auf der Nord-Süd-Achse durch entsprechende Eisenbahnlinien, Hafenanlagen und sonstige Infrastrukturprojekte verbunden werden. Die größten Länder des Mittleren Ostens wie Ägypten, die Türkei, der Iran, Syrien, Irak und die Länder des Golf-Kooperationsrats am Persischen Golf, vor allem Saudi-Arabien, beteiligen sich am Seidenstraßenprojekt. China ist dabei, in diesen Staaten außer typischen Infrastrukturprojekten auch den Aufbau von neuen Städten, einem Gesundheitswesen und wissenschaftlichen Kooperationen zu verwirklichen.

Alles in allem haben sich bis 2021 146 Staaten an der Road-and-Belt-Initiative beteiligt,[265] wobei die im Globalen Süden getätigten oder vertraglich vereinbarten Investitionen Chinas im Umfang von über 1000 Milliarden Dollar veranschlagt werden.[266] Von zentraler Bedeutung für die Infrastrukturprojekte Chinas in den Ländern des Globalen Südens ist die Art und Weise der Finanzierung dieser Projekte. Denn die bisherige Praxis westlicher Staaten bei der Finanzierung von Wirtschaftsprojekten in den Ländern des Globalen Südens ist im Wesentlichen durch erpresserische Finanzierungsmodalitäten gekennzeichnet, die der Internationale Währungsfonds mit seinen Strukturanpassungsprogrammen (SAP) anwendet. Westliche Kredite werden dadurch an Bedingungen geknüpft, wie die Ausweitung von Rohstoffexporten und damit der Festigung der bestehenden Weltarbeitsteilung, die diese Länder zwingen, in der zielgerichtet konstruierten Schuldenfalle stecken zu bleiben. Die durch die SAP des IWF herbeigeführte Konkurrenzverschärfung unter den Rohstoffexportstaaten bewirkt sinkende Rohstoffpreise und Einnahmen. So wird es diesen Staaten erschwert, ihre Schulden zu bedienen, weshalb sie keine andere Wahl haben, als sich erneut zu verschulden und in die Schuldenfalle zu rutschen.

China ist, um genau die Verschuldungsfalle zu vermeiden, daher bestrebt, Finanzierungsinstrumente zu schaffen, die sich klar von den IWF-basierten westlichen Finanzierungsmodalitäten unterscheiden. So gründete die VR China zwei Banken für Projekte der Seidenstraßen-Initiative, wie die *Asian Infrastructure Investment Bank* (*AIIB*) mit Sitz in Peking und einem

264 Ebenda, S. 314f
265 In: Kolow, a. a. O., S. 8
266 Werner Rügemer, a. a. O., S. 311

Eigenkapital von 100 Milliarden US-Dollar und die mit den BRICS-Staaten gestartete *New Development Bank* (*NDB*), in denen jedes Land, ganz unabhängig vom Kapitalanteil, nur eine Stimme hat. Im Unterschied dazu entspricht der Stimmanteil bei der Weltbank und beim IWF dem Kapitalanteil der Mitgliedsländer. Durch diese strukturelle Ungleichheit zugunsten von reicheren Staaten sind imperialistische Beziehungen vorprogrammiert.[267] Inhaltlich stehen also Chinas Entwicklungsbanken mit diesem grundsätzlich im Interesse der schwachen Staaten stehenden Kriterium in produktiver Konkurrenz zu den westlichen Entwicklungsbanken.

Genauso wichtig ist der Unterschied chinesischer Kreditkonditionen für die Infrastrukturprojekte in den Staaten des Globalen Südens, die mit 1 bis 1,5 Prozent Zinsen moderat und zudem auch genauso hoch sind wie die an chinesische Investoren in China selbst gewährten Kredite. Ein weiterer Unterschied zwischen der chinesischen und der westlichen Kreditfinanzierung besteht darin, dass westliche Kreditgeber ihre Kredite den Regierungen gewähren und dadurch keine Kontrolle mehr darüber haben, ob die Kredite auch tatsächlich zur Finanzierung von Infrastrukturprojekten eingesetzt werden. Dagegen sind Kredite chinesischer Entwicklungsbanken projektgebunden.[268] Dadurch wird sichergestellt, dass Geldströme nicht in dunklen staatlichen Kanälen oder in den Taschen korrupter Politiker versinken.

Kein Wunder also, dass die VR China mit einigen wenigen Ausnahmen eine überwiegend positive Bilanz bei dem Aufbau einer vergleichsweise eindeutig gerechteren ökonomischen Beziehung mit den Ländern des Globalen Südens vorweisen kann und dass sie trotz westlicher Propaganda auch in Ländern wie Saudi-Arabien, die zu den treuesten Verbündeten der USA und des Westens zählen, in überschaubarem Zeitraum einen enormen Vertrauenszuschuss erworben hat.

Global-kooperative Institutionen

Chinas Beziehungen zu den Ländern des Globalen Südens und allen anderen Staaten der Welt überhaupt stützten sich auf den empirisch nachweisbaren

267 Vgl. Werner Rügemer, a. a. O. S. 309f.

268 Wolfgang Müller, a. a. O., S. 135

Sachverhalt der kulturellen Diversität und der Tatsache, dass jede Nation ihre besonderen nationalen Eigenheiten, ihre Geschichte und Kultur sowie ihr soziales System und das Niveau ihrer sozioökonomischen Entwicklung besitzt. Daher dürfen Demokratie und Menschenrechte nicht als politische Instrumente eingesetzt werden, die oft von den westlichen Staaten in missbräuchlicher Absicht als Instrumente der Einmischung in die inneren Angelegenheiten souveräner Staaten legitimiert werden. Mit dieser grundsätzlichen Haltung strebt die VR China danach, ihre Beziehungen, insbesondere mit den Staaten des Globalen Südens, auszubauen und darüber hinaus auch den Weg hin zu einer multipolaren Welt zu ebnen. Als wichtige Schritte auf diesem Weg gründete die VR China die zwei kooperativ strukturierten globalen Institutionen: SCO und BRICS und weitere regionale Zusammenschlüsse.

Die *Shanghai Cooperation Organization* (*SCO*) wurde 2001 auf Initiative der VR China, zusammen mit Russland und den vier zentralasiatischen Staaten Kasachstan, Kirgisistan, Tadschikistan und Usbekistan, in Schanghai ins Leben gerufen. Dieser Zusammenschluss beruht gemäß ihren Statuten inhaltlich auf Prinzipien wie dem gegenseitigen Vertrauen und Meinungsaustausch, dem gegenseitigen Vorteil, der Gleichheit und dem Respekt gegenüber der kulturellen Diversität. Im Jahr 2017 traten Indien und Pakistan und 2021 der Iran der SCO bei. Bezeichnend für die Frieden stiftenden Prinzipien von SCO ist, dass mit den beiden Staaten Indien und Pakistan zwei Atommächte miteinander kooperieren, die seit Jahrzehnten in Konflikt zueinanderstehen. Inzwischen erklärten weitere Staaten, darunter die Türkei, Ägypten, Katar, die Vereinigten Arabischen Emirate, Saudi-Arabien, Aserbaidschan und Armenien, ihr Interesse, Mitglied in der SCO zu werden.[269]

Die Tragweite der Kooperation im Rahmen der SCO wird durch den im September 2022 in Usbekistan gesetzten Schwerpunkt deutlich, der darin bestand, Frieden und Stabilität in der Region sicherzustellen, die Armut zu bekämpfen, die interregionale wirtschaftliche Kooperation zu stärken und Handelsbarrieren abzubauen.

BRICS ist die aus fünf Schwellenländern aus fünf Kontinenten, also aus *Brasilien*, *Russland*, *Indien*, *China und Südafrika*, bestehende zweite globale

269 *NachDenkSeiten* vom 19. September 2022

Institution, die 2006 auf russische Initiative als ein kooperativer Zusammenschluss ins Leben gerufen wurde. Die Bezeichnung wurde den Anfangsbuchstaben der fünf Staaten entlehnt. Das erste Ministertreffen dieser Staaten fand 2006 statt. Gemäß der bei dem ersten Gipfeltreffen 2009 in Russland verabschiedeten Erklärung wollen die BRICS-Staaten Dialog und Kooperation in der Welt über diese Staaten hinaus so führen und vertiefen, dass es die Entstehung einer Welt stabilen Friedens und der Prosperität beflügelt.[270] Dass ausgerechnet Russland 2022 die Ukraine überfallen hat, muss als ein schwerer, das Vertrauen zersetzender Schlag auf die verabschiedete Grundsatzerklärung aufgefasst werden, der nicht ohne Wirkung bleiben dürfte.

Zur Unterfütterung des inneren Gefüges der BRICS-Staaten dienen die UN-Charta, die allgemein anerkannten Prinzipien und Normen des internationalen Rechts und des Weiteren auch die auf dem Gipfeltreffen 2011 festgelegten Grundsätze: Offenheit, Pragmatismus, Solidarität, Blockfreiheit und Neutralität gegenüber dritten Parteien. Auch hier sind wie bei der SCO die Überwindung von Hunger und Armut ein zentrales Ziel, das bis 2030 in allen Ländern des Globalen Südens erreicht werden soll. BRICS wurde in 2023 um sechs weitere Staaten erweitert. Ab dem 1. Januar 2024 sind demnach die Länder Iran, Saudi-Arabien, Vereinigte Arabische Emirate, Ägypten, Äthiopien und Argentinien Vollmitglieder des Zusammenschlusses. Fortan wird die Gemeinschaft als BRICS-Plus bezeichnet. Algerien, Fidschi, Indonesien, Kambodscha, Kasachstan, Malaysia, Senegal, Thailand und Usbekistan gelten als weitere Kandidaten, die in naher Zukunft dem BRICS-Plus beitreten wollen. Allerdings stellen formale Zusammenschlüsse von Staaten nicht eine neue Macht und erst recht nicht per se eine multipolare Weltordnung dar. Zuweilen wird jedoch dieser Unterschied übersehen und in übertriebener Weise, wie das folgende Zitat belegt, beides gleichgesetzt:

»In den Staaten von BRICS-Plus leben 3,9 Milliarden Menschen, also fast die Hälfte der Weltbevölkerung. Der globale Einfluss von BRICS hat durch die zusätzlichen Mitglieder eine neue Dimension erreicht. Das wird besonders deutlich, wenn man BRICS-Plus mit den G7-Staaten vergleicht. Dazu einige Zahlen des Finanz- und Medienkonzerns Bloomberg: BRICS-Plus steht für 38,3 Prozent der weltweiten Industrieproduktion im Vergleich zu

270 Karin Kulow, a. a. O., S. 6

30,5 Prozent in den G7-Staaten. Letztere verfügen lediglich über 3,9 Prozent der weltweiten Ölreserven gegenüber 45 Prozent in den BRICS-Plus-Staaten. Bei der Aluminiumproduktion beträgt das Verhältnis 79 Prozent gegenüber 1,3 Prozent in den G7-Staaten, bei der Palladiumproduktion 77 Prozent gegenüber 6,9 Prozent. Die BRICS-Plus-Staaten halten weltweit 72 Prozent der seltenen Erden, 75 Prozent des Magnesiums, 50 Prozent bei Graphit, 28 Prozent bei Nickel und zehn Prozent bei Kupfer. Der BRICS-Anteil an der weltweiten Ölproduktion steigt durch die neuen Mitgliedsländer von 18 auf 40 Prozent. Der Anteil am weltweiten Warenhandel vergrößert sich von 20 auf 25 Prozent.«[271]

Tatsächlich ist es ein langer und ziemlich holpriger Weg, bis sich die hier rein statistische Addition von Potenzialen in eine politische Macht verschmelzen und die gegenwärtige US-dominierte Weltordnung überwinden kann. Außer den beiden globalen Institutionen SCO und BRICS kann das regional bedeutsame *Forum on China-Africa Cooperation* (*FOCAC*) hervorgehoben werden, das 2000 gegründet wurde und dem sich mit einer Ausnahme von Swasiland sämtliche Staaten des Kontinents angeschlossen haben. Im Rahmen dieser Kooperation fördert China die Gründung von kleinen Gewerben wie Textilfabriken und dezentralen Solar- und Biogas-Projekten, Anbau von Baumwolle sowie Erdölförderung, all das in Verbindung mit entsprechenden Infrastrukturprojekten. In diesem Zusammenhang führen chinesische Unternehmen zahlreiche andere Projekte durch, darunter den Bau der Eisenbahnverbindung zwischen dem Hafen Daressalam in Tansania und dem Nachbarland Sambia. Hinzu kommt die 725 Kilometer lange und voll elektrifizierte Eisenbahnverbindung zwischen Addis Abeba und Dschibuti.

Der Westen hat in den letzten Jahrhunderten seine Beziehungen zu den Ländern des Globalen Südens sehr selten oder nie in kooperativer Absicht und zum gegenseitigen Nutzen entwickelt. Ganz im Gegenteil haben sich westliche Staaten Methoden der Spaltung, der Zwietracht zwischen nationalen oder religiösen Gruppen und oft auch der gewaltsamen Interventionen in den Ländern des Südens bedient und stets das Ziel verfolgt, sich die Rohstoffe und sonstige Reichtümer dieser Länder ganz einseitig zu eigenen

271 Jürgen Hübschen, BRICS-Plus – eine neue Macht in einer multipolaren Weltordnung, in: *NachDenkSeiten* vom 27. Januar 2024

Vorteilen anzueignen. Kein Wunder, dass Staaten mit ganz unterschiedlichen kulturellen Traditionen in den einzelnen Kontinenten und zwischen ihnen im Rahmen der von der VR China entwickelten Institutionen und Initiativen ein so großes Interesse an echter Kooperation miteinander an den Tag legen. Kein Wunder auch, dass es China gelungen ist, die beiden miteinander verfeindeten islamischen Staaten Iran und Saudi-Arabien im Frühjahr 2023 zur friedlichen Regelung ihrer Konflikte und Aufnahme diplomatischer Beziehungen zu animieren, während die USA in den letzten zwei Jahrzehnten nichts unversucht ließen, um zum Beispiel durch umfangreiche Waffenlieferungen an Saudi-Arabien den Konflikt zwischen beiden Ländern zu schüren und in der gesamten Region verfeindete Bündnisse entstehen zu lassen. Es kann damit gerechnet werden, dass durch die Annäherung von Iran und Saudi-Arabien der blutige Stellvertreterkrieg im Jemen, einem der ärmsten Länder der Welt, beendet wird.

Kapitel 10: Perspektive einer multipolaren Weltordnung

Unipolare und multipolare Weltordnung

Die historisch entstandene unipolare Weltordnung beruht längst nicht mehr allein auf den natürlichen Gegebenheiten der USA, wie der territorialen Größe, einer gut ausgebildeten großen Bevölkerung, unermesslichem Reichtum an natürlichen Ressourcen, militärischer Stärke, kultureller Anziehungskraft etc., sondern auf Gewalt und Willkür, auf der Verletzung der UN-Charta und auf zahlreichen Kriegen, um systematisch ihre Hegemonie zu festigen und auszubauen. Die USA haben mithilfe ihrer hegemonialen Hebel ohne Wenn und Aber imperialistische Beziehungen zum Rest der Welt, insbesondere des Globalen Südens, aufgebaut. Eine solche Weltordnung ist, wie wir sie seit mehreren Jahrzehnten kennen, instabil. In dieser Weltordnung regiert nicht das für alle gleichermaßen geltende Recht, sondern das Recht des Stärkeren, und der von vielen Staaten und Völkern beklagte Doppelstandard steht zudem auf der Tagesordnung. Es fehlt weltweit das Vertrauen in die internationalen Institutionen, um die weiter zunehmenden globalen Herausforderungen wie Armut, Klimawandel und diverse Diskriminierungen, gemeinsam und friedlich zu bewältigen.

Demgegenüber hat sich ein Prozess der globalen Machtverschiebungen, vor allem durch den Aufstieg der VR China von einem Entwicklungsland zu einer entwickelten Volkswirtschaft, in Gang gesetzt. Dieses Land ist dank der rasanten ökonomischen Entwicklung und der großen Bevölkerungszahl im Begriff, die größte Wirtschaftsmacht der Welt zu werden. Damit liegt es auch in der Natur der sich daraus entwickelnden neuen Veränderungen, dass die US-dominierte unipolare Weltordnung ins Wanken gerät, und die USA sowie die von ihnen abhängigen westlichen Staaten anfangen müssen, den neuen Realitäten Rechnung zu tragen. Die zukünftige Weltordnung wird so oder so eine multipolare Weltordnung sein. In dieser neuen Weltordnung stehen sich aller Wahrscheinlichkeit nach allein wegen ihrer ökonomischen Stärke drei mächtige Zentren – die USA, die Europäische Union und die VR China – gegenüber. An die Stelle des Dollars als einziger Weltwährung und damit eines wirkungsmächtigen Monopols der USA würden drei Weltwährungen, nämlich der US-Dollar, der Euro und die chinesische Währung Renminbi bzw. eine neu zu schaffende asiatische Währung treten. Diese drei Weltwährungen tragen dem Anteil dieser drei ökonomischen Zentren am Welthandel Rechnung. Anstelle der monopolistisch geregelten globalen Finanzstrukturen, die gegenwärtig die USA in die Lage versetzen, alle Staaten, die aus der US-Dominanz ausscheren wollen, durch Wirtschaftssanktionen zu disziplinieren oder gar zu ruinieren, entstehen global demokratisch kontrollierte Finanzinstitutionen. Für diese Entwicklung sorgt die Konkurrenz der drei Weltwährungen. Eine multipolare Weltordnung dürfte die Voraussetzungen für einen Weltfrieden, wie er in der Charta der Vereinten Nationen festgelegt ist, substanziell verbessern.

Multipolare Weltordnung: Eine optimistische Vision

Im Folgenden soll eine optimistische Perspektive skizziert werden, die angesichts von gegenwärtig zahlreichen Krisen und den schwer voraussehbaren Folgen des Klimawandels als ein utopisches Szenario erscheinen mag, die allerdings auch schwer ausgeschlossen werden kann. Gerade weil die Realität gegenwärtig ziemlich düster ist, sollte man die Fantasie für eine bessere und friedlichere Welt walten lassen. Man stelle sich nur einmal vor, der Dollar, gegenwärtig ökonomischer Hebel der US-Hegemonie, wäre nicht länger die einzige Weltwährung und er hätte seine Stabilität im schwungvollen internationalen Wettbewerb mit Euro und Renminbi oder einer noch zu schaffenden asiatischen Währung ASEAN erheblich eingebüßt. Investoren aus der ganzen Welt hätten nunmehr mehrere Optionen. Sie könnten statt nur in Dollar, d. h. in den USA, auch in Euro-Staaten oder in Renminbi, also in China, investieren. Allein die Beseitigung des Dollar-Monopols würde eine beträchtliche Abwertung des Dollars auslösen und der US-Währung jene Attraktivität nehmen, die die USA über mehrere Jahrzehnte in die Lage versetzt hatte, durch die Ausgabe von Staatsanleihen gigantische Kapitalströme aus allen Staaten der Welt in die USA zu leiten. Die USA stünden zum ersten Mal gleichzeitig vor einer doppelten existenziellen Herausforderung: Zum einen fehlten die Einnahmen aus dem Verkauf von Staatsanleihen zur Finanzierung des US-Haushaltsdefizits. Die bisherige Strategie aller US-Regierungen, die laufenden Haushaltsdefizite durch ständigen Verkauf von neuen Staatsanleihen, d. h. steigende Staatsverschuldung, zu finanzieren, geriete in die Sackgasse. So würden die Mittel zur Finanzierung der aufgeblähten Rüstungskosten fehlen. Zum anderen würden die USA nicht mehr in der Lage sein, ihr Handels- und Leistungsbilanzdefizit durch Kapitalimport zu decken. Sie könnten fortan den chronischen Importüberschuss nicht mehr finanzieren.

Beide Herausforderungen würden die USA zwingen, ihre Verteidigungs- und Außenpolitik einerseits und ihre Industriepolitik andererseits grundlegend umzustrukturieren. Dies bedeutet, dass die USA ihre Rüstungsausgaben von gegenwärtig 900 Milliarden Dollar jährlich und beinahe 4 % des BIP drastisch reduzieren und somit auch einen Großteil ihrer weltweiten Militärstützpunkte aufgeben müssten. Für eine Politik der Vorherrschaft, der Konfrontation und Kriege würden damit die materiellen Ressourcen fehlen. Der Prozess der Verschiebung globaler Kräfteverhältnisse durch den Abbau der Kapazitäten der Vorherrschaft ist ohnehin die Voraussetzung für die Beseitigung des Monopols der US-Währung. Insofern sind die Verluste beider Positionen die zwei Seiten einer Medaille und in historischer Perspektive auch alternativlos.

Um das chronische Handelsbilanzdefizit abzubauen, müssten die USA ihre Konsumgüterindustrie auf dem Weltmarkt wieder wettbewerbsfähig machen, um den Import aus China und der EU, somit auch ihr Handelsbilanzdefizit, drastisch reduzieren zu können. Fortan müssten Konsumindustrie-Konzerne der USA, allen voran die Autoindustrie, beginnen, die Produktivität beachtlich zu steigern und CO_2-neutrale Produkte anzubieten. Eine solche Aufgabe wäre zwar gewaltig, jedoch am ehesten zu bewältigen. Dazu besitzen die USA sämtliche ökonomischen, technologischen und menschlichen Ressourcen. Es böte sich sogar an, die fälligen industriepolitischen Umwälzungen mit den Klimaschutz-Zielen zu koppeln.

Deutlich schwieriger dürfte jedoch die Umstrukturierung des militärisch-industriellen Komplexes sein, weil dieser Sektor wirtschaftspolitisch, beschäftigungspolitisch und kulturell zu tief in der Gesellschaft verankert ist und weil die Umstrukturierung dieses Sektors, und das muss an dieser Stelle gesagt und in Rechnung gestellt werden, gigantische Spannungen, Verlustängste und soziale Unsicherheiten erzeugen dürfte. Daher muss damit gerechnet werden, dass die Protagonisten dieses Sektors alle ihnen zur Verfügung stehenden Mittel gegen eine solche Entwicklung in Bewegung setzen würden. Hinzu kommen kulturelle Spannungen, die sich durch den massiven Abbau der Rüstungsindustrie als der gefährlichste Sprengstoff in einer soziokulturellen Explosion entladen könnten. Die US-AmerikanerInnen haben im Grunde keine pazifistische, umso stärker jedoch eine zutiefst militaristische Tradition.

Die ökonomischen, sozialen und kulturellen Instabilitäten innerhalb der USA, die ohnehin bestehen, würden aller Wahrscheinlichkeit nach solche Spannungen massiv beflügeln. Damit entstünde der Stoff für eine Neuauflage von populistischen Politikern, die Donald Trump in den Schatten stellen und die sozialen Spannungen so verschärfen, dass sie sich in einer faschistischen Entwicklung entladen könnten. Insofern ist eine umfassende Umstrukturierung des US-militärisch-industriellen Komplexes äußerst kompliziert. Beide Parteien in den USA sind mit der Rüstungsindustrie groß geworden. Daher werden sie kaum in der Lage sein, aus einer flächendeckend militaristischen Gesellschaft eine pazifistische zu machen. Ein glückliches Ende der höchst komplexen inneramerikanischen Umstrukturierung mit einem Ausmaß von verkraftbaren sozialen Kosten dürfte letztlich von den Fähigkeiten und politischen Kompetenzen der amerikanischen Zivilgesellschaft abhängen, die dazu die demokratischen und friedfertigen Ressourcen des Landes mobilisieren müsste.

Wären die USA eines Tages tatsächlich nicht länger die »einzig verbliebene Weltmacht«, sondern nur noch eine von mehreren Weltmächten, so stünde die Menschheit einer anderen Welt gegenüber: Vor allen Dingen verlöre die Idee der Konfrontation kulturell ihre Legitimation, sämtliche Strategien der Aufrüstung, der Erpressung und der Vorherrschaft hätten keine Grundlage mehr. Die Voraussetzungen für ökonomische Kooperation zwischen den Weltmächten und den übrigen Staaten und die Bedingungen für Lösungen der globalen Herausforderungen wie den Klimawandel dürften sich grundlegend verbessern; Kriege und Stellvertreterkriege würden verschwinden. Die in den letzten Dekaden aufgekündigten Rüstungsabkommen würden revitalisiert.

Fortan stünden Ressourcen, die bisher für die Rüstungsproduktion und Kriege verschwendet worden waren, nützlichen Aufgaben zur Verfügung;

westliche und östliche Industrieländer würden mit einem konstruktiven Wettbewerb zur grundlegenden Beseitigung der kolonialistischen Weltarbeitsteilung beginnen, die bisher dazu diente, dass die Länder des Globalen Südens zur Herstellung von Rohstoffen und zum Import von Industriewaren gezwungen werden. Es steht zu erwarten, dass durch den Aufbau von gesamtgesellschaftlich produktiven Infrastrukturprojekten die nachholende, ökologisch und sozial angepasste Industrialisierung und Armutsbekämpfung im Globalen Süden Realität wird. In Europa würde die Idee der Kooperation und der gemeinsamen Sicherheit neu diskutiert. Insgesamt würde die ökonomische Kooperation und gemeinsame Sicherheit für alle Regionen der Welt enorm an Plausibilität und Attraktivität gewinnen; Gleichzeitig verlören auch nationalistische und rassistische Ressentiments und Feindbilder stark an Zugkraft.

Das oben zugegeben optimistisch formulierte Szenario einer anderen Welt, eben einer multipolaren Welt, entstammt nicht dem Hirngespinst eines Idealisten. Vielmehr spiegelt es sämtliche Vorteile und Merkmale einer multipolaren und entmilitarisierten Welt sowie die legitimen Wünsche und realen menschlichen Bedürfnisse wider. Der Planet Erde stellt der Menschheit sämtliche materiellen Ressourcen zur Verfügung, die für den Aufbau einer friedlichen, ökologisch wie sozial gerechten Welt nötig sind. Es fehlt allerdings (noch) an einer Vernunft-basierten Weltordnung. Die multipolare Welt wird nicht alles sein, sie ist jedoch die Voraussetzung für den Aufbau einer anderen am Menschen orientierten Welt.

Es besteht kein Zweifel darüber, dass die große Mehrheit der Staaten des Globalen Südens den Übergang zu einer multipolaren Weltordnung unterstützen wird. Die VR China ist unbestreitbar der Hauptprotagonist auf dem Weg zur Überwindung der unipolaren Welt. Chinas Seidenstraßen-Projekt, die Entstehung der BRICS-Staaten und der Schanghaier Organisation für Zusammenarbeit sind wichtige Initiativen in diese Richtung. Das Interesse zahlreicher Staaten des Globalen Südens an diesen Initiativen spiegelt den Willen dieser Staaten wider, sich von den bestehenden Abhängigkeiten von den USA und dem Westen insgesamt lösen und dadurch den eigenen nationalen Handlungsspielraum erhöhen wollen. Diese Staaten suchen verständlicherweise nach alternativen Optionen für globale Kooperationen, um so ihre nationale Souveränität wirkungsvoller verteidigen zu können.

Die Idee eines Zusammenwachsens in Asien ist so alt wie die moderne Geschichte der antikolonialen Abhängigkeit der beiden großen asiatischen Nationen China und Indien in der Mitte des 20. Jahrhunderts. In vielen Kommentaren in der VR China wird heute davon gesprochen, dass China und Indien gemeinsam ein Asiatisches Jahrhundert einläuten könnten – eine Vision, die schon China und Indien, Pioniere der blockfreien Bewegung, verfolgt hatten.

»Wenn Indiens strategische Unabhängigkeit jeglichem Druck von außen standhält«, schreibt der Asienexperte Stephan Ossenkopp, »wird sich kein Keil zwischen die beiden asiatischen Giganten treiben lassen. Ein friedlich koexistierendes Tandem China-Indien würde so Stabilität in ganz Asien garantieren. Den Ausdruck ›asiatisches Jahrhundert‹ soll schon der ehemalige chinesische Staatspräsident Deng Xiaoping 1988 bei seinem Treffen mit seinem indischen Amtskollegen Rajiv Gandhi verwendet haben. Heute spricht beispielsweise der indische Außenminister Subrahmanyan Jaishankar wieder von einem asiatischen Jahrhundert. Denn Indien und China sind beide Mitglieder der BRICS und der Schanghaier Organisation für Zusammenarbeit. Als der chinesische Präsident Xi Jinping 2014 Indien besuchte und der indische Premierminister Narendra Modi diesen Besuch im Jahr darauf erwiderte, zeichnete sich ein weiterer Schritt der Annäherung hin zu einem harmonischen Miteinander ab.«[272]

Option Asiatische Union

China und Indien allein sind allerdings nicht ganz Asien, sie stellen jedoch die Länder mit den größten menschlichen, materiellen, wissenschaftlichen Ressourcen in Asien dar. Ihre koloniale bzw. halbkoloniale Abhängigkeit vom Westen und die antikoloniale Unabhängigkeit auf gänzlich unterschiedlichen Wegen stellen auf jeden Fall unverzichtbare Erfahrungsressourcen für den Aufbau einer Asiatischen Union dar, in die zahlreiche andere Staaten mit ebenfalls kolonialer bzw. halbkolonialer Geschichte integriert werden könnten. Trotzdem darf nicht übersehen werden, dass der Weg bis zum Erreichen des Ziels einer kontinentalen Union und erst recht einer multipolaren

272 Stephan Ossenkopp, die Fünf Prinzipien der friedlichen Koexistenz, in: *NachDenkSeiten* vom 5. Juli 2024.

Welt noch ein sehr langer Weg ist. Und er ist zudem auch ein Weg voller Stolpersteine.

Zwar ist in den letzten Dekaden der Anteil der Wirtschaftsleistung des Westens deutlich zurückgegangen, ihr Anteil am Weltsozialprodukt beträgt je nach Berechnungsmethode nur noch 32 bis 40 Prozent.[273] Ganz anders verhält es sich bei dem internationalen Finanzsystem: »80 Prozent der internationalen Bankguthaben und 80 Prozent der internationalen Kredite laufen weiterhin auf Dollar- und Euro-Basis. Addiert man Yen und Pfund dazu, sind es 90 Prozent. Dollar und Euro stellen 80 Prozent der offiziellen globalen Devisenreserven.«[274] Über 60 Prozent des internationalen Handels wird gegenwärtig über Dollar abgewickelt. Die Vorteile der finanziellen Dominanz des Westens sind immens. Von diesem Finanzsystem profitieren vor allem die USA. Das ungleichgewichtige Finanzsystem stellt eine wirkungsvolle Unterstützung und Ergänzung für die neokolonialistische Weltarbeitsteilung dar. Es zementiert die global ungleiche Verteilung der Ressourcen und Einkommen.

An dieser Stelle muss daher thematisiert werden, ob die oben erwähnten bisherigen Initiativen der VR China hinreichend und stark genug sind, um in einem angemessenen Zeitraum die gegenwärtig bestehende unipolare Weltordnung grundlegend zu reformieren, d. h. sowohl das Weltfinanzsystem durch eine Vielfalt von Weltwährungen zu demokratisieren, als auch die neokolonialistische Weltarbeitsteilung zu überwinden. Letzteres Anliegen macht eine Strategie für die nachholende Industrialisierung des Globalen Südens zwingend notwendig. Die Schaffung einer asiatischen Wirtschaftsgemeinschaft, langfristig also der Asiatischen Union, wäre analog zu der Europäischen Union eine zugkräftige Option, um die gigantische Aufgabe einer multipolaren Welt bewältigen zu können.

Asiatische Wirtschaftsgemeinschaft, Asiatische Union? Ja, warum eigentlich nicht. Über 75 Prozent der Öl- und Gasressourcen der Welt kommen im asiatischen Raum vor. Asien exportiert über 90 Prozent dieser Energieträger und verfügt damit für drei bis vier Dekaden, die bis zum endgültigen

273 Stephan Kaufmann, Die Geldmächte. Der Westen hat einen immer kleineren Anteil an der globalen Wirtschaftsleistung – seine Finanzzentren dominieren aber weiterhin, in: *Frankfurter Rundschau* vom 24. Mai 2024.

274 Ebenda

Ausstieg aus dem fossilen Pfad verbleiben, über ein Quasi-Monopol für die globale Energieversorgung, einschließlich der Energieversorgung des Globalen Nordens. Schon allein wegen der Bedeutung fossiler Ressourcen in Asien bietet es sich an, eine asiatische Währung zu schaffen, um den globalen Handel mit Öl und Gas mit einer noch zu schaffenden spezifischen Währung abzuwickeln. Es gehört ohnehin zu den größten Paradoxien der Weltgeschichte, dass ein Kontinent wie Asien ein Quasi-Monopol an Öl- und Gasressourcen besitzt, sich jedoch für die Vermarktung dieser seiner natürlichen Reichtümer in die totale und teilweise sogar erpresserische Abhängigkeit der Währung eines Staates auf dem amerikanischen Kontinent begeben muss, der dadurch auch noch seine Hegemonie gegenüber Asien und dem Rest der Welt auferlegen kann.

Dabei ist Asien nicht nur reich an fossilen Ressourcen, deren Zeit angesichts der Klimakrise unwiderruflich zu Ende geht. Asien ist auch reich an sämtlichen anderen Ressourcen, vor allem an Ressourcen wie Seltene Erden, Bauxit etc., die für eine Transformation in eine CO_2-freie Weltwirtschaft erforderlich sind. So gesehen hätte also Asien rein ökonomisch einen handfesten Grund, um den globalen Handel mit allen seinen Ressourcen auf der Basis einer eigenen Währung durchzuführen. Insofern würde eine Asiatische Wirtschaftsgemeinschaft mit einer eigenen Währung den Bemühungen der BRICS-Staaten für die Zurückdrängung des Dollar-Monopols entsprechen und sie sogar massiv beflügeln. Denn diesen BRICS-Bestrebungen fehlt außer den wirkungsmächtigen Finanzinstitutionen bisher auch die materielle Basis einer Alternative zum Dollar.

Zwar dürfte die VR China alsbald die dominierende Handelsmacht der Welt sein, der Yuan (Renminbi) wäre aber deshalb noch lange nicht eine Weltwährung. Wichtige Öl- und Gasexporteure, ferner Exporteure anderer Rohstoffe müssten den Dollar als Handelswährung für ihre Rohstoffexporte aufgeben und zu einer neuen Weltwährung wechseln.

ASEAN als Währung der Asiatischen Union

Die neue Weltwährung kann freilich nicht die bereits bestehende Währung eines Landes sein. Man kann sich vorstellen, mit welchem propagandistischen Eifer dann westliche Medien und Politik versuchen werden, die bestehenden Ressentiments gegen den Dollar als Weltwährung auf das Herkunftsland der neuen Währung, das nach Lage der Dinge die VR China sein dürfte, zu lenken, um den Dollar weiterhin zu verteidigen. Nein, diesen Gefallen sollte man den Dollar-Protagonisten nicht machen. Unabhängig von diesem Aspekt würden die beteiligten Nationen an der asiatischen Wirtschaftsgemeinschaft auch aller Wahrscheinlichkeit nach eher bereit sein, ihre eigene nationale Währung mit einer neuen Währung, die sprachlich eine griffige Bezeichnung hätte, auszutauschen, als diesen Schritt durch den Austausch mit der Währung eines anderen Staates zu gehen. Man stelle sich vor, welche Ressentiments bei der Einführung einer neuen Währung für die EU, beispielsweise gegen Deutschland, aufgekommen wären, hätte man die DM als neue Währung dafür vorgeschlagen, bloß weil der Anteil Deutschlands an Europas Handelsvolumen der höchste gewesen war und ist. Vermutlich hätten die EU-Gegner schon aus diesem Grund die EU verhindert und den rechten Strömungen schon damals einen kräftigen Antrieb erteilt. Nach dem bisher Gesagten scheint mir die Bezeichnung ASEAN für die neue Währung für die Asiatische Wirtschaftsgemeinschaft bzw. Asiatische Union analog zum Euro für die Europäische Union geeignet zu sein.

Die VR China entfaltet zahlreiche Initiativen, die alle vom Geist der Überwindung der Spaltung geprägt sind und die zur strukturellen Vernetzung der asiatischen Staaten und des Globalen Südens beitragen. Dazu gehört Chinas Seidenstraßen-Projekt, das sich auf eine ökonomische und politische Vernetzung weit über Asien hinaus erstreckt und dem Charakter nach ein Projekt im Makro-Bereich darstellt. Dazu gehört auch Chinas erfolgreiche Initiative im Mikro-Bereich, z. B. die Initiative zur Annäherung zwischen den verfeindeten Staaten Iran und Saudi-Arabien in 2023, die zum erneuten Botschafteraustausch führte, und im Sommer 2024 die Initiative zur Bildung einer palästinensischen Übergangsregierung unter Beteiligung von 14 politischen Gruppen, darunter der Fatah, die die Autonomieregierung in der Westbank führt, und der Hamas, die im Gaza-Streifen die dominierende politische Kraft ist.[275]

275 Der israelische Außenminister Israel Katz hat seinerzeit diese Einigung scharf kritisiert und Mahmoud Abbas, dem Chef der palästinensischen Autonomie-Behörde vorgeworfen, die »Mörder und Vergewaltiger« von Hamas zu »umarmen«, anstatt »den Terrorismus abzulehnen« (*Frankfurter Rundschau* vom 24. Juli 2024). Dieser Vorgang ist höchst bemerkenswert, weil alle israelischen Regierungen nach dem Osloer Abkommen

Es steht außer Frage, dass eine solche Politik des stetigen Zusammenrückens der Völker und Staaten von unten mit kleinen Schritten die friedliche Alternative zur neokolonialistischen Politik des Westens darstellt, die systemisch dazu neigt, die Völker und Staaten zu spalten und Zwietracht zwischen ihnen zu säen, wie dies seit mehreren Dekaden erfolgreich in Palästina praktiziert wurde, oder ein Wettrüsten zwischen ihnen zu schüren, wie dies zwischen Iran und Saudi-Arabien in den ersten Dekaden dieses Jahrhunderts erfolgte. Ein solches von außen geschürtes Wettrüsten fand bereits in der zweiten Hälfte der 1970er Jahre statt, das 1980 in den acht Jahre andauernden Krieg zwischen Iran und Irak mit dramatischen Folgen für beide Staaten mündete. Die Perspektive eines Makroprojektes wie der Asiatischen Union dürfte jedoch eine beschleunigende Wirkung auf die Entwicklung des Zusammenwachsens der Völker und Staaten in Asien haben, weil sie durch ihre symbolische Kraft nicht nur bei den beteiligten Bevölkerungen Hoffnung auf eine bessere Zukunft erzeugt, sondern auch brachliegende Ressourcen zur Erreichung eines großartigen historischen Ziels mobilisiert.

Die Idee einer asiatischen Wirtschaftsgemeinschaft mit einer eigenen Währung ist leicht konzipiert und begründet, die Umsetzung einer solchen Idee ist jedoch eine gigantische Herausforderung. Die Vorteile eines solchen Projektes sind allerdings ebenso gigantisch, weshalb es sich lohnt, sie den Barrieren dieses Projektes, die sehr stark und nicht vorhersehbar sind, gegenüberzustellen. Im Folgenden soll versucht werden soll, dies zu skizzieren:

Wesentliche Vorteile sind:

Erstens: ein wichtiger Schritt in Richtung der Ermöglichung der Option einer zusätzlichen Weltwährung und damit der Erfüllung einer strukturellen Voraussetzung für eine multipolare Weltordnung.

Zweitens: Verbesserung der Voraussetzungen für die Zurückdrängung der Bretton-Woods-Institutionen und die Abschaffung von Strukturanpassungsprogrammen des IWFs, letztlich also die Überwindung der

stets die Verhandlungen für die Bildung eines selbstständigen palästinensischen Staates mit dem Argument unterliefen, dass »es keine legitimen Verhandlungspartner gäbe«. Jetzt greift Israel die Palästinenser an, weil sie sich einigen. Hier ist ein durchsichtiges Politikmuster der Spaltung und Verhinderung des Friedens im Nahostkonflikt in den letzten Jahrzehnten klar erkennbar: Erst die Gegner in Gut und Böse, in genehme jedoch unterwürfige Partner (Autonomiebehörde) und unnachgiebige Terroristen (Hamas) zu spalten und gegeneinander aufzuwiegeln und dann behaupten, es gäbe niemanden, mit dem man Frieden schließen könne.

neokolonialistischen Weltarbeitsteilung weit über den asiatischen Kontinent hinaus.

Drittens: Verbesserung der ökonomischen Rahmenbedingungen, insbesondere des Freihandels unter den Mitgliedsstaaten.

Viertens: Verbesserung der Rahmenbedingungen für ausländische Direktinvestitionen und die Forcierung der nachholenden Industrialisierung der Mitgliedsstaaten.

Die Hauptbarriere der Einführung des ASEAN ist jedoch, diejenigen asiatischen Staaten, wie Saudi-Arabien und andere Ölstaaten am Persischen Golf, die bis heute ökonomisch ziemlich stark in der Dollar-Zone verwoben sind, zu einer Zustimmung zu gewinnen. Diese Staaten stellen ausgerechnet das gegenwärtige Rückgrat des Ölhandels in Dollar dar. Aller Wahrscheinlichkeit nach würden die USA alle in ihrer Macht stehenden Möglichkeiten, darunter Regimewechsel in den genannten Staaten, einsetzen, um deren Beitritt in die asiatische Währungsunion zu verhindern. Demgegenüber dürften diese Staaten, vor allem Saudi-Arabien, durch ihre umfangreiche Beteiligung an Chinas Seidenstraßen-Projekt die Souveränität und Stärke gewinnen, die nötig ist, um den umtriebigen US-Interventionen vorzubeugen.

Mehrstufiges Verfahren zur asiatischen Währungsunion

Die Erfahrungen mit der Einführung des Euro und der Entstehung der Europäischen Union bilden eine wichtige Folie für die Schaffung einer Asiatischen Union und die Vermeidung von Fehlern, zumal gegen die Entstehung der Letzteren seitens der USA ein scharfer Wind wehen dürfte. Unter den gegenwärtig ziemlich unterschiedlichen ökonomischen Indikatoren der Mitgliedsstaaten der asiatischen Wirtschaftsgemeinschaft, wie des Produktivitätsniveaus, der Inflationsraten, des Industrialisierungsgrades, des Verschuldungsgrades etc. bietet es sich aus der heutigen Sicht an, ein mehrstufiges Verfahren anzustreben, dessen Phasen und Schritte ganz grob wie folgt sein könnten:

Erstens die Gründung der Asiatischen Wirtschaftsgemeinschaft aus willigen und strategisch und geopolitisch wichtigen asiatischen Staaten, die das Rückgrat des Zusammenschlusses bilden müssten. Zu diesen Staaten gehören die VR China, Indien, Russland, Indonesien, Iran, die Türkei und

Saudi-Arabien.[276] Die Europäische Union und ihre Währung Euro sind auch nicht über Nacht aus dem Boden gestampft worden. Ihrer Gründung im Jahr 1999 war schon 1951 eine sektorale Kooperation zwischen sechs wichtigen europäischen Staaten und die Gründung der sogenannten Kohle- und Stahlunion vorausgegangen.

Zweitens der Anschluss der übrigen asiatischen Staaten, vorläufig jedoch ohne Japan, es sei denn, Japan würde sich von sich aus zu einem Beitritt zur asiatischen Wirtschaftsgemeinschaft entschließen.

Drittens die umgehende Einführung des ASEAN, zunächst ausschließlich als Währung für den Rohstoffhandel der Mitgliedsstaaten.

Viertens und schließlich die Einführung einer Währungsunion, der sich die Mitgliedsstaaten anschließen, sofern sie die vereinbarten Kriterien für den Beitritt erfüllt haben.

Die Asiatische Union mit ASEAN als eigener Währung ist nicht gegen die Europäische Union und auch nicht gegen die USA gerichtet, sondern in erster Linie für den Zusammenschluss und die Stärkung asiatischer Staaten und in zweiter Linie für die Schaffung einer multipolaren Weltordnung, für die Überwindung der neokolonialistischen Weltarbeitsteilung, für friedliche globale Kooperation und vor allem für den Schutz des Planeten gegen die drohende Klimakrise gemacht. Die Asiatische Union ist nicht nur für einen echten Freihandel, sondern selbstverständlich auch offen für Direktinvestitionen aus der ganzen Welt.

Die Asiatische Union wäre auch ohne Japan mit über der Hälfte der Weltbevölkerung mit Abstand die größte Wirtschafts- sowie Energie- und Ressourcenmacht der Welt. Mit Japan dürfte ihre Macht unübertreffbar werden. Sie würde die USA, um als gleichwertiger und kooperationswilliger

276 Die Türkei und Russland sind interkontinentale Staaten und nicht rein asiatisch. Mit rund 3 Prozent ihrer Fläche und der Metropole Istanbul liegt die Türkei im europäischen Kontinent. Territorial liegt die Türkei insofern in Asien. Erst recht ist die Türkei kulturell ein außereuropäischer Staat, so sehr Atatürk mit der Einführung des lateinischen Alphabets anstelle des persischen und des europäisch-christlichen Kalenders versucht hat, die Türkei zu europäisieren. Russland ist dagegen territorial und kulturell durch seine christliche Religion deutlich stärker europäisch. Das europäische Russland ist der westliche und bevölkerungsreichere Teil Russlands. Er liegt geografisch in Europa im Gegensatz zum dünn besiedelten und weitaus größeren östlichen Teil des Landes, der in Asien liegt und die gesamte nördliche Region des Kontinents umfasst. Insofern kommt Russland die Doppelrolle zu, flächenmäßig ein wichtiger Bestandteil einer künftigen Asiatischen Union zu sein und mit seinem europäischen Teil die Basis für eine gemeinsame europäische Sicherheit zu bilden.

Partner anerkannt zu werden, veranlassen, ihre auf Rüstung und Krieg getrimmte Wirtschaft zu einer friedlich und ökologisch strukturierten Wirtschaft zu transformieren und auf dem amerikanischen Kontinent die Amerikanische Union zu bilden.

Schritt zur Vollendung einer multipolaren-multikontinentalen Welt

Schon der Prozess hin zur Schaffung der Asiatischen Union dürfte die globalen Kräfteverhältnisse spürbar ins Wanken bringen und den Bevölkerungen aller Kontinente ins Bewusstsein rufen, dass die Zeit gekommen ist, um in allen Regionen und Kontinenten die Kooperation in den Vordergrund zu stellen, eine eigene kontinentale Wirtschaftsgemeinschaft mit eigener Währung zu schaffen und sich gegenüber dem monopolistischen Diktat des Dollars, der einzigen Weltwährung, zu emanzipieren. Dies gilt zuallererst für die Europäische Union, die sich von den Zwängen der Dollar-Abhängigkeit, die sich seit dem Ende des Zweiten Weltkrieges bis 1971 im Bretton-Woods-System und nach dessen Auflösung unter der sich verselbstständigten Dollar-Dominanz herausgebildet hat, lösen kann.

Die EU-Staaten und die EU-Zentralbank hätten dann die Option, ihre Dollar-Reserven peu à peu auf die Devisenmärkte zu bringen, den Dollar-Wert auf ein der wirklichen Stärke der US-Ökonomie entsprechendes Maß herabzusetzen und den Euro als eine neue Weltwährung zu etablieren. In dieser Perspektive müsste Großbritannien seine Hilfssheriff-Rolle der Hegemonialmacht USA ad acta legen, sich von seinen kolonialistischen und neokolonialistischen Ambitionen endgültig verabschieden und seinen verfehlten Brexit wieder rückgängig machen. Die USA verlören durch den Rückzug der Europäischen Union vom Dollar allmählich ihre Monopolstellung im Weltfinanzsystem und ihre Möglichkeit, durch den ungebremsten Zustrom des Kapitals aus der ganzen Welt in die Dollar-Zone, ihre Rüstung und ihre Hegemonialkriege zu Lasten des Rests der Welt zu finanzieren. Sie müssten ihren 4-Prozent-Rüstungsetat deutlich nach unten reduzieren und beginnen, diesen vor allem durch Steuern zu finanzieren. Fortan stünde den USA die Möglichkeit offen, sich auf die Kooperation, vor allem mit den Staaten des amerikanischen Kontinents, einzulassen. Die Ära einer multikontinentalen

Weltordnung gewönne so unumkehrbar an Fahrt, die Schaffung einer amerikanischen Union mit AMERICAN als Währung stünde auf der innerkontinentalen Tagesordnung.

Bei einer solchen, hier sehr optimistisch dargestellten Entwicklung kann davon ausgegangen werden, dass auch afrikanische Staaten ihre Hände nicht in den Schoß legen, sondern selbst proaktiv parallel zum Rest der Welt die Schaffung der Afrikanischen Union mit der eigenen Währung AFRICAN vorantreiben. Eine Welt, die sich aus der Europäischen Union mit EURO, der Asiatischen Union mit ASEAN und der Afrikanischen Union mit AFRICAN und der Amerikanischen Union mit AMERICAN zusammensetzt, dürfte friedlicher, demokratischer und zukunftsfähiger sein als die gegenwärtige US-dominierte Welt.

Eine solche Weltordnung würde allerdings noch lange nicht alle Menschheitsprobleme lösen. Sie dürfte jedoch einen effektiveren Rahmen für Menschheitsprobleme wie die Bewältigung der Folgen des Klimawandels und des Hungers sowie gerechter Nutzung ungleich verteilter natürlicher Ressourcen darstellen. Viele andere Herausforderungen, wie die zwischenstaatlichen und regionalen Konflikte und die ungerechte Einkommens- und Vermögensverteilung, müssten jedoch weiterhin regional bzw. national angegangen werden. Da gehören sie eigentlich auch hin.

Kapitel 11: Kooperation statt Konfrontation. Vision der Sicherheitsarchitektur einer multipolar-multikontinentalen Welt

Das Konzept gemeinsamer Sicherheit

Die Grundidee von »Gemeinsamer Sicherheit« (GS) ist so einfach wie genial. Es gilt, die Sicherheit der anderen Seite mit zu bedenken, d.h. sich in die Lage der anderen Seite zu versetzen. GS setzt die Fähigkeit voraus, für den Aufbau zwischenstaatlicher Beziehungen einen Frieden anzustreben, der den Sicherheitsinteressen beider Seiten Rechnung trägt. Im Prinzip lässt sich die Idee der GS im weitesten Sinne aus Kants kategorischem Imperativ »Handle nur nach derjenigen Maxime, von der du wollen kannst, dass sie ein allgemeines Gesetz werde!« ableiten.

GS beruht auf Beziehungen des Miteinanders, sie ist, so gesehen, dem Konzept der »Kollektiven Sicherheit« diametral entgegengesetzt, das die ethisch-politische Grundlage eines Militärbündnisses gleichgesinnter Staaten gegen andere Staaten oder Staatenblöcke darstellt. Die NATO als ein Militärbündnis kapitalistischer Staaten ist der Prototyp eines Systems kollektiver Sicherheit, die gegen das inzwischen aufgelöste Militärbündnis der sozialistischen Staaten (Warschauer Pakt) zu der verhängnisvollen Blockkonfrontation in der Kalten Kriegs-Ära und dem gefährlichen nuklearen Wettrüsten geführt hat.

GS ist ein qualitativ anderes Konzept der zwischenstaatlichen Beziehungen, sie ist auf keinen Fall ein Militärbündnis, sehr wohl jedoch ein Friedenskonzept, eine Friedensstrategie. GS kann zwischen Staaten unterschiedlicher, aber auch gleicher Wirtschaftssysteme, regional wie auch global aufgebaut werden. GS stellte historisch die ethische Grundlage sozialdemokratischer Entspannungs- und Ostpolitik im 20. Jahrhundert dar. Sie führte, unter aktiver Mitwirkung der Sowjetunion im letzten Jahrhundert, zur Entstehung der Konferenz für Sicherheit und Zusammenarbeit in Europa (KSZE) und später auch zur Organisation für Sicherheit und Zusammenarbeit in Europa (OSZE) mit Sitz in Wien.

Chinas globale Sicherheitsinitiative (GSI)

Im Juni 2024 hat in Peking anlässlich von 70 Jahren *Friedlicher Koexistenz* eine internationale Feier stattgefunden, an der zahlreiche internationale Delegationen teilnahmen. Gegenseitige Achtung der territorialen Integrität und Souveränität des anderen, gegenseitiger Nichtangriff, gegenseitige Nichteinmischung, Gleichberechtigung und gegenseitiger Nutzen sowie friedliche Koexistenz, das sind die fünf Prinzipien, die 1954 der damalige amtierende Außenminister der VR China, Zhou Enlai, zusammen mit dem indischen Premierminister Jawaharlal Nehru in einer gemeinsamen Erklärung in Delhi veröffentlicht hat. In ihrer Erklärung hieß es, »dass diese Prinzipien nicht nur für ihre beiden Länder, sondern auch für die Beziehung zwischen allen anderen Nationen von entscheidender Bedeutung seien, da sie eine solide Grundlage für Frieden und Sicherheit in der Welt darstellen«.[277]

Diese fünf Prinzipien, die aus den gemeinsamen Erfahrungen der antikolonialistischen Bewegungen hervorgingen, weisen einen erstaunlichen Werdegang auf. Sie fanden beispielsweise 1961 in der Grundsatzerklärung der *Blockfreien Staaten* ihren Niederschlag. 1975 haben 35 Staaten beider Blöcke während der Kalten-Kriegs-Ära in der Abschlusserklärung der als Helsinki-Konferenz in die Geschichte eingegangenen Initiative ähnliche Prinzipien für *Sicherheit und Zusammenarbeit in Europa* formuliert. Diese Initiative entwickelte sich zu einem festen Fundament, auf dem die Ostverträge und die Entspannungspolitik von Egon Bahr und Willy Brandt, letztlich auch die deutsche Wiedervereinigung, gedeihen konnten. Zudem wurden diese Prinzipien der friedlichen Koexistenz auch in der Verfassung der VR China verankert.[278] Die friedenspolitische Substanz und Ausstrahlung dieser fünf Prinzipien sprechen für sich. Darin ist ihre Beständigkeit und Ausbreitung in den letzten Jahrzehnten begründet. Sie verkörpern die friedenspolitischen Sehnsüchte der Menschheit und können daher auch die friedenspolitischen Bausteine der multipolaren Weltordnung darstellen.

Chinas globale Sicherheitsinitiative (GSI) wurzelt im historischen Konzept der friedlichen Koexistenz und ist eine vernunftbasierte Strategie, die

277 Siehe bei: Stephan Ossenkopp, *NachDenkSeiten* vom 5. Juli 2024

278 So Xi Jinping in seinem Vortrag anlässlich 70 Jahre Friedlicher Koexistenz im Juni 2024 in Peking.

helfen dürfte, die politischen und sozialen Kosten des Wandels hin zu einer multipolaren Weltordnung auf ein Minimum zu reduzieren. Der inhaltliche Kern dieser Initiative bildet das Prinzip der unteilbaren Sicherheit. Demnach komme es »anstelle der Kalten-Kriegs-Mentalität, dem Vormachtstreben, der Blockkonfrontation darauf an, der Vision einer gemeinsamen, umfassenden, kooperativen und nachhaltigen Sicherheit verpflichtet zu sein und gemeinsam für die Erhaltung des Weltfriedens wirken zu wollen, sowie sich zu den Prinzipien der UN-Charta zu bekennen.« So gesehen legt die VR China großen Wert auf das Bekenntnis zu den historischen Errungenschaften der Weltgemeinschaft.

Demgegenüber versuchen westliche Medien und Experten seit mehreren Jahren, das Konzept der »regelbasierten Ordnung« in bruchloser Anlehnung an die Hegemonialpolitik der Vereinigten Staaten salonfähig zu machen, das offensichtlich dazu dient, an der Charta der UNO vorbei, den internationalen Regeln je nach eigenem Gutdünken einen ihren Interessen gemäßen Inhalt zu verpassen. In Anlehnung an Chinas GSI dürfte jedoch niemand die eigene Sicherheit über die Sicherheit der anderen stellen, die Differenzen und Konflikte müssten vielmehr friedlich im Dialog ausgeräumt werden. Auf der Basis ihrer GSI entwickelte die VR China u. a. den 10-Punkte-Friedensplan zur Beendigung des Ukrainekrieges. Trotzdem ignorieren westliche Medien und die wissenschaftliche Welt systematisch die GSI, die sich nicht nur an der UN-Charta orientiert, sondern auch in Anlehnung an die Grundprinzipien des Konzepts der Gemeinsamen Sicherheit OSZE formuliert worden ist und die für einen nachhaltigen Weltfrieden in einer multilateralen Weltordnung unverzichtbar ist.

Chinas GSI müsste allerdings nach regionalen Besonderheiten dezentral heruntergebrochen und als eine global zusammenhängende Strategie von regional-kooperativen Sicherheitsarchitekturen weiterentwickelt werden. Mit anderen Worten würden dezentral strukturierte ökonomische Kooperationen in Verbindung mit dem Konzept der gemeinsamen Sicherheit die sicherheitspolitische Grundlage einer multipolaren Welt und eines nachhaltigen Weltfriedens darstellen.

Gemeinsame Sicherheit als Schlüssel nuklearer Abrüstung

Überdies ist das Konzept der gemeinsamen Sicherheit in Wirklichkeit auch ein Konzept der militärischen, insbesondere der nuklearen Abrüstung. Um diese Auffassung zu untermauern, würde beispielsweise in Europa eine Politik der gemeinsamen Sicherheit – unter der Annahme, dass ein Frieden nur mit und nicht gegen Russland möglich ist – voraussetzen, dass die Russische Föderation – neben den USA als der größten Nuklearmacht der Welt – ihre grundsätzliche Bereitschaft erklärt, eine Abrüstung ihrer nuklearen Kapazität in Aussicht zu stellen, um sie im Rahmen einer globalen nuklearen Abrüstung dann auch tatsächlich zu verschrotten. Denn ohne eine solche Perspektive würden sich die übrigen Staaten Europas kaum auf eine gemeinsame Sicherheit mit Russland einlassen, und das ganz zu Recht.

Die Perspektive einer gemeinsamen Sicherheit sämtlicher Staaten Europas, einschließlich Russlands, stellt keine Utopie dar, sie war bis zum Jugoslawien-Krieg 1999 innerhalb der EU eine ernsthaft verfolgte Strategie und bis zum russischen Überfall auf die Ukraine weiterhin eine populäre Idee. Der Ukraine-Krieg wird aber irgendwann ein Ende finden und Russland dürfte, jedoch völlig unabhängig von der dort jeweils herrschenden Regierung, in der Zukunft ein bedeutender Nachbar der EU-Staaten bleiben. Eine nachhaltige Sicherheit für die EU, und nicht zuletzt auch für Russland, kann durch keine bessere Lösung hergestellt werden als durch das Konzept gemeinsamer Sicherheit bzw. durch die Realisierung der durch Willy Brandt und Egon Bahr vorangetriebenen sozialdemokratischen Entspannungspolitik und des vom ehemaligen russischen Präsidenten Michail Gorbatschow ins Spiel gebrachten gemeinsamen europäischen Hauses von Lissabon bis Wladiwostok. Russland würde sich mit seiner grundsätzlichen Bereitschaft zur nuklearen Abrüstung im Rahmen einer Politik der gemeinsamen Sicherheit jedoch in keiner Weise entwaffnen, wie man entgegnen könnte, sondern eher einen Prozess der globalen Delegitimierung der nuklearen Waffensysteme in Gang setzen, an dessen Ende die Abschaffung von nuklearen Waffen in allen Nuklearstaaten stehen könnte.

Ähnliche nukleare Abrüstungsprozesse wären nicht nur in Europa, sondern auch in Asien, letztlich auch in Nordamerika, nicht nur denkbar, sondern aufgrund der in Gang gekommenen Delegitimierung von

Nuklearwaffen beinahe zwingend. Immerhin ist die Idee der Verbannung von Atomwaffen in der UN-Charta verankert. Sie ist auch ein Projekt, nach dem sich die Menschheit zu Recht sehnt. So gesehen kann der in 2017 mit 122 Stimmen in der UN-Vollversammlung angenommene Atomwaffen-Verbotsvertrag erst durch die Politik der gemeinsamen Sicherheit mit Leben gefüllt werden.

Dezentrale regionale Kooperation und gemeinsame Sicherheit

Die Inspiration für das Konzept einer dezentral strukturierten globalen Sicherheitsarchitektur entstand bei dem Verfasser dieses Buches im Zuge der intensiven Beschäftigung mit dem Konzept der gemeinsamen Kooperation und Sicherheit im Mittleren und Nahen Osten (KSZMNO).[279] [280] Bei genauerer Betrachtung ließen sich analog zu einer regionalen Kooperation in Europa insgesamt 7 Regionen in der Welt ausfindig machen, in denen sich das Konzept der gemeinsamen Sicherheit wegen regionaler Besonderheiten und Erfordernisse verwirklichen ließe. Diese im Folgenden aufgelisteten Regionen wären langfristig oder aber auch parallel zu regionalen Sicherheitsarchitekturen in 5 großräumigeren kontinentalen Zonen gemeinsamer Sicherheit vorstellbar.[281] Des Weiteren macht es Sinn, dort, wo es als erforderlich erscheint, auch mehrere Kontinente überschreitende Zonen gemeinsamer Sicherheit, wie beispielsweise in Eurasien, aufzubauen. Wie genau die globalen Zonen gemeinsamer Sicherheit gebildet werden, kann selbstverständlich im Voraus und schon gar nicht am grünen Tisch bestimmt werden. Die Vernunft und Plausibilität erfordern für die Bestimmung der genannten Zonen jedoch Kriterien der Dezentralität und der sachgerechten juristischen und politischen Entscheidungen jenseits von raumfremden und illegitimen Interessen mächtiger Staaten. Selbstorganisation, räumliche Nähe und

279 Gemeint ist das unter Mitwirkung eines von der deutschen Sektion der International Physicians for the Prevention of Nuclear War in 2009 ins Leben gerufene Projekt, das bis 2020 zahlreiche Initiativen für die Entstehung einer Konferenz für Sicherheit und Zusammenarbeit im Mittleren und Nahen Osten (KSZMNO) unternommen hat.

280 Ausführliche Darstellung siehe Mohssen Massarrat, Perspektiven für den Mittleren Osten, in: *Friedensjournal* 4/2009.

281 Gemeint sind hier Kontinentalzonen im politischen Sinne. Alaska und Antarktis, die im geographischen Sinne als Kontinente aufgefasst werden, stellen im Sinne von gemeinsamer Sicherheit freilich keine selbstständigen Zonen dar.

Überschaubarkeit sowie Durchsetzbarkeit von gemeinsamen Regeln unter Berücksichtigung von vertretbarem Aufwand könnten hier als allgemeine Kriterien für die Erfüllung des Dezentralitätsprinzips angeführt werden.

Regionale Zonen gemeinsamer Sicherheit[282]

1. Die Europäische Union ist zunächst eine ökonomische Gemeinschaft von Staaten mit ganz unterschiedlicher Geschichte, die in der Vergangenheit einander feindlich gegenüberstanden, ja sogar miteinander Krieg führten, die nach dem Zweiten Weltkrieg entstanden ist. Durch Gemeinsamkeiten wie der kapitalistischen Wirtschaft und der christlichen Kultur konnte die ökonomische Integration in vertikaler wie in horizontaler Richtung so weit intensiviert und ausgebaut werden, dass die EU inzwischen mit wenigen Ausnahmen über eine gemeinsame Währung verfügt und im Begriff ist, weitere staatliche Strukturen, wie eine gemeinsame Armee, aufzubauen.[283] Die Sicherheit der EU wird gegenwärtig durch die NATO gewährt, die als eine US-dominierte militärische Allianz dem Geist der gemeinsamen Sicherheit diametral entgegengesetzt ist. Dennoch beweist die EU, dass eine regionale Kooperation ein Zukunftsmodell für alle Regionen der Welt werden kann.

2. Die Gemeinschaft der nordamerikanischen Staaten, die sich aus den Vereinigten Staaten und Kanada zusammensetzen könnte. Hier kann sowohl gemeinsame Sicherheit als auch die Weiterentwicklung der ohnehin schon jetzt bestehenden ökonomischen Kooperation Ziel der Gemeinschaft sein. Aufgrund geopolitischer Beschaffenheit würde Nordamerika in einer nuklearfreien Welt ohnehin durch keinen anderen Staat militärisch bedroht werden können. Aber gemeinsame Sicherheit schließt selbstverständlich zahlreiche andere Bedrohungen, wie beispielsweise die durch Klimawandel verursachten Bedrohungen und andere Naturkatastrophen oder durch grenzüberschreitenden Drogenhandel und Kriminalität usw. ein.

282 Erste Überlegungen dazu siehe Mohssen Massarrat, Gemeinsame Sicherheit am Persischen Golf, in: *IPPNW-Forum*, Dezember 2019.

283 Damit soll nicht gesagt werden, dass der Aufbau einer europäischen Armee alternativlos ist. Das ganz und gar nicht. Eine solche Perspektive würde zu allererst Wasser auf die Mühlen des US-militärisch-industriellen Komplexes gießen und das Wettrüsten beflügeln, ohne im Geringsten mehr Sicherheit für die EU zur Folge zu haben.

3. Gemeinsame Sicherheit und ökonomische Kooperation der südamerikanischen Staaten, die sämtliche Staaten in Südamerika, einschließlich aller Inselstaaten, umfasst. Gemeinsame kolonialistische Geschichte und die aus der Kolonialzeit vererbten gemeinsamen Sprachen und die christliche Kultur dürften die Kooperation im Interesse aller Mitgliedsstaaten beflügeln. Gleichzeitig ließen sich die sehr hohen Militärausgaben der einzelnen Staaten für die Beseitigung des Hungers und den Aufbau des Sozialstaats verwenden.

4. Gemeinsame Sicherheit und ökonomische Kooperation in Südasien, die sich aus der VR China, Indien, Sri Lanka, Bangladesch, Pakistan und kleineren Staaten der Region zusammensetzt. Die geopolitische Konstellation bietet diese Zusammensetzung geradezu an.

5. Gemeinsame Sicherheit und ökonomische Kooperation in Westasien, die sich aus sämtlichen Staaten des Mittleren und Nahen Ostens und zentralasiatischen Staaten zusammensetzen könnte. Eine solche regionale Kooperation wäre ideal, weil sich hier Staatengruppen zusammenfinden würden, die wie die Staaten am Persischen Golf über umfangreiche Ressourcen, vor allem fossiler Energie, verfügen, aber unter akuter Wasserknappheit leiden, sowie Staaten, wie in Zentralasien, die überwiegend arm an fossilen Rohstoffen sind, jedoch über erheblich größere Wasserreserven verfügen. Desgleichen gilt für den Sachverhalt des Zugang zu den Weltmeeren, von dem alle Mitgliedsstaaten, insbesondere die zentralasiatischen Länder, die keinen Zugang zu den Weltmeeren haben, profitieren könnten. Auch hier dürften die kulturellen Gemeinsamkeiten durch den Islam, der in der Region Westasien nahezu überall praktiziert wird, positiv wirken. Von herausragender Bedeutung ist die friedenspolitische Perspektive für den Israel-Palästina- und für den Kurdistan-Konflikt. Gemeinsame Sicherheit im Mittleren und Nahen Osten dürfte die Beendigung der israelischen Besatzung in Palästina und Frieden mit allen arabisch-islamischen Staaten in der Region erleichtern. Dasselbe gilt auch für den Kurdistan-Konflikt, da im Rahmen einer gemeinsamen Sicherheit die vier Staaten mit kurdischen Siedlungsgebieten, nämlich Türkei, Syrien, Iran und Irak, sich leichter darauf einigen könnten, der kurdischen Bevölkerung aller dieser Staaten die ersehnte Selbstverwaltung zu gewähren, ohne dass deshalb eine territoriale Separierung notwendig wäre.

6. Gemeinschaft der nordafrikanischen Staaten, die sich mit dem Ziel ökonomischer und sicherheitspolitischer Kooperation zusammenschließen und komplementäre Vorteile der Kooperation für die ökonomische Entwicklung, die Bewältigung des Hungers, der Armut und der Folgen des Klimawandels zum gegenseitigen Vorteil nutzen würden. Hier träfen Staaten mit teilweise ganz unterschiedlicher kultureller Tradition aufeinander und versuchten, neben den ökonomischen Vorteilen der Kooperation auch die Vorteile, die sich aus der Vielfalt der Kulturen ergeben, zu nutzen und durch Prinzipien der gemeinsamen Sicherheit ihre Streitigkeiten und Konflikte zu bewältigen sowie sich gegen mögliche Bedrohungen durch den Klimawandel, Wasserknappheit und Pandemien besser zu wappnen.

7. Gemeinsame ökonomische und sicherheitspolitische Kooperation der afrikanischen Staaten südlich der Sahara. In diesem Teil des afrikanischen Kontinents könnten gemeinsame Erfahrungen aus der Kolonialgeschichte für die kulturellen Gemeinsamkeiten eine solide Basis darstellen, die Vorteile, die sich aus dem Rohstoffreichtum in dieser Region ergeben, kooperativ zu nutzen und interne Konflikte und Bedrohungen gemeinsam zu überwinden.

Die oben aufgelisteten 7 regionalen Zonen gemeinsamer Sicherheit wären auch als 4 kontinentale und 3 kontinentüberschreitende Zonen gemeinsamer Sicherheit vorstellbar. Welche der beiden Varianten, die dezentral kleinräumigere oder die kontinentale Variante sich durchsetzt, wäre – sofern das Prinzip von Dezentralität gewahrt bliebe – nicht von besonderer Relevanz. Entscheidend sind letztlich, wie die oben genannten Kriterien der Dezentralität praktikabel sind und besser erfüllt werden könnten.

Kontinentüberschreitende Zonen gemeinsamer Sicherheit

1. Gemeinsame Sicherheit in Eurasien, also für die Europäische Union, die Russische Föderation und die Ukraine. Hierfür wurden bereits historisch im Rahmen deutscher Ostpolitik beachtliche Vorarbeiten geleistet. Immerhin hat diese Politik zunächst einmal zur Überwindung der Blockkonfrontation und der Einheit beider deutscher Staaten geführt, um leider jedoch einer neuen, von den USA und der NATO herbeigeführten Ost-West-Konfrontation Platz zu machen. Michael Gorbatschow brachte in diesem Zusammenhang auch das Europäische Haus von Lissabon bis Wladiwostok ins Spiel.

Eine solche Zone gemeinsamer Sicherheit enthält zwei historische Elemente: Zum einen würde sie dem friedenspolitisch für Europa schicksalhaften Grundsatz Rechnung tragen, dass Sicherheit in Europa nicht gegen, sondern mit Russland erreicht werden kann. Und zum anderen eröffnet diese Perspektive auch die Möglichkeit, der Ukraine eine nachhaltige und durch die Europäische Union mit aufgebaute Sicherheitsstruktur zu gewähren. Eine solche Perspektive ist ohnehin die tragfähigste friedenspolitische Antwort auf den gegenwärtigen Krieg und einen möglichen Konflikt nach dem Ende des Krieges zwischen Russland und der Ukraine. Leider wurde es nach dem Zusammenbruch der Sowjetunion versäumt, den Staatenverband durch den Aufbau von gemeinsamer Sicherheit und ökonomischer Kooperationsstruktur zu ersetzen. Nicht die NATO würde der Ukraine dauerhaft die nötige Sicherheit verleihen, sondern – durch die zahlreichen Gemeinsamkeiten kultureller, ökonomisch komplementärer und geopolitischer Natur – die ökonomische Kooperation mit einem Russland, das zudem im Rahmen der gemeinsamen Sicherheitsarchitektur auch nuklear abrüsten müsste.

2. Eine ökonomische und sicherheitspolitische Gemeinschaft, die aus Australien, Neuseeland, Japan, Indonesien, den Philippinen, Malaysia, Vietnam, Thailand sowie kleineren Inselstaaten entsteht. Eine solche interkontinentale Zone gemeinsamer Sicherheit bietet sich aus mehreren Gründen an: Erstens die räumliche Nähe dieser Staaten, zweitens die Entlastung der südasiatischen Zone gemeinsamer Sicherheit, die sich bevölkerungsmäßig ohnehin als eine gigantische Sicherheitsgemeinschaft darstellen würde. Denkbar wäre, dass die VR China sowohl der südasiatischen Zone angehört als auch wegen bestehender Konflikte um Einflusszonen zu einem Bestandteil dieser interkontinentalen Sicherheitsgemeinschaft wird.

Die Zukunft der UNO und des UN-Sicherheitsrats

Die oben skizzierte Perspektive mag utopisch erscheinen, ist sie eigentlich auch. Sie ist allerdings eine reale Utopie und vorstellbar, wenn man eine faktenbasierte Fantasie zur Wirkung kommen ließe. Es gilt hier auf jeden Fall der Grundsatz, dass Utopien von heute Realitäten von morgen sein können. Bis eine gemeinsame Sicherheit und ökonomische Kooperation in neun oder mehr Regionen der Welt tatsächlich entsteht, dürften allerdings nach menschlichem Ermessen ganz sicher Jahrzehnte vergehen. Es gibt jedenfalls keinen Zweifel daran, dass dezentral regionale Kooperationen und Sicherheitsstrukturen besser geeignet sind, die gegenwärtigen globalen Herausforderungen wie Armut, Folgen des Klimawandels und andere ökologische Bedrohungen zu meistern und für eine multilaterale Welt eine solidere Grundlage zu schaffen.

Dadurch würden die Vereinten Nationen als Ganzes nicht überflüssig. Die UN-Charta und die Erklärung der UN-Menschenrechte sind herausragende Errungenschaften der Weltgeschichte, die jedoch durch das Hegemonialstreben der Supermächte in ein unwürdiges Schattendasein an den Rand gedrängt worden sind. Sie dürften erst in einer multipolar-multikontinentalen Welt zur vollen Entfaltung kommen und eine ethisch fundamentale Grundlage innerhalb und zwischen den Sicherheitszonen darstellen. Allerdings wäre dann auch die Zeit reif dafür, den UN-Sicherheitsrat in seiner gegenwärtig monopolistischen Struktur mit dem exklusiven Veto-Recht der fünf Nuklearmächte, der ein Ergebnis der Machtverhältnisse nach dem Zweiten Weltkrieg ist, zu überwinden. Sämtliche globalen Konflikte, für deren Entschärfung und Regulierung der Sicherheitsrat bei der Gründung der Vereinten Nationen konstruiert wurde, könnten ohnehin dezentral und im Rahmen der regionalen gemeinsamen Sicherheitskonzepte viel effektiver verhandelt werden. So dürfte auch der UN-Sicherheitsrat seine politische Legitimation verlieren und dadurch grundsätzlich auch überflüssig werden.

Literaturverzeichnis

Ervand Abrahamian: The Coup. 1953, the CIA, and the Roots of Modern U. S.-Iranian Relations.

Robert Alexander, The Import Substitution Strategy of Economic Development, London 1987.

Elmar Altvater, Das Ende des Kapitalismus, den wir kennen, Münster 2006.

Uri Avnery, 2006: Amerikas Rottweiler, in: uri-avnery.de/ ZNet Deutschland 26. August 2006.

Jacques Baud, The Hidden Truth about the War in Ukraine, in: The Postil Magazine, 1. August 2022.

Helga Baumgarten, Hamas: Der politische Islam in Palästina, München 2006.

Peter Becker, Zum Krieg Russland gegen Ukraine, in: NachDenkSeiten vom 16. Januar 2023.

Max Bergmann, Europa allein zu Haus, in IPG-Journal vom 3. August 2022.

Zbigniew Brzezinski, Die einzige Weltmacht. Amerikas Strategie der Vorherrschaft,2001 (Amerikanische Ausgabe, 1997), Frankfurt am Main.

Bundesminister der Verteidigung: Die Nato-Allianz für Sicherheit und Werte, Dokument ohne Datum.

Sevim Dagdalen, Die Nato. Eine Abrechnung mit dem Wertebündnis, Neu-Isenburg 2024.

Jason Davidson, The Costs of War to United States Allies Since 9/11, Watson Institute of Brown University, Project »Costs on War«, 12. Mai 2021.

Arghiri Emmanuel, L'échange inégal, Paris 1969.

George Friedman, Rede am 4. Februar 2015 vor dem Chicago Council on Global Affairs.

Folker Fröbel/Jürgen Heinrichs/Otto Kreye, Die neue internationale Arbeitsteilung – Strukturelle Arbeitslosigkeit in den Industrieländern und die Industrialisierung der Entwicklungsländer, Hamburg 1977.

David Graeber, Schulden. Die ersten 5000 Jahre, Stuttgart, 2012.

David Ray Griffin, Bush und Cheney. Wie sie Amerika und die Welt ins Verderben stürzten, Berlin 2020.

David Großmann, Krieg der 13 Milliardäre. Wie die Trump Regierung den modernen Staat zerschlagen will, in: Telepolis vom 21. März 2025, Frankfurter Rundschau vom 29. Januar 2025

Hans Rudolf Guggisberg, Geschichte der USA, Stuttgart, 2002.

IPPNW, Body Count in Irak, Afghanistan, Pakistan, Washington, Berlin, Ottawa, March 2015.

Peter Hänseler, Trump droht BRICS – grundlos. Diplomatie geht anders. In: Seniora.org vom 07.12.2024.

Lühr Henken (Hrsg.), Abrüsten statt Aufrüsten – Konfliktanalysen und Lösungsansätze aus der Friedensbewegung, Kassel 2018.

Rudolf Hickel, Zerschlagt die Banken. Entmachtet die Finanzmärkte. Eine Streitschrift, Berlin 2012.

Michael Hudson, Der Sektor, Stuttgart,2015.

Derselbe, Finanzimperialismus, Stuttgart 2017.

Derselbe, Interview in: Frankfurter Rundschau vom 12. November 2017.

Jürgen Hübschen, BRICS-Plus – eine neue Macht in einer multipolaren Weltordnung, in: NachDenkSeiten vom 27. Januar 2024.

Martin Jacques, When China Rules the World. The End of the Western World and the Birth of a New Global Order, New York 2012.

Zhang Jingjing, Neue Seidenstraße neue Risiken, Heinrich-Böll-Stiftung (Hrsg.), Berlin 2020.

Xi Jinping, Vortrag anlässlich 70 Jahre Friedlicher Koexistenz, im Juni 2024 in Peking.

Stephan Kaufmann, Die Geldmächte. Der Westen hat einen immer kleineren Anteil an der globalen Wirtschaftsleistung – seine Finanzzentren dominieren aber weiterhin, in: Frankfurter Rundschau vom 24. Mai 2024.

Derselbe, Die Ungleichheitsmaschine, in: Frankfurter Rundschau vom 16. Dezember 2025.

Derselbe, Wie viel ist zu viel? Der Westen beklagt Chinas »Überkapazitäten«, die USA reagieren mit Strafzöllen. Dahinter steht eine Debatte um die Transformation von Pekings Wirtschaft, in: Frankfurter Rundschau vom 5. Juni 2024.
Derselbe, Gigantischer Geldabfluss, in: Frankfurter Rundschau vom 27. August 2024.
Derselbe, Dienst am Reichtum des Nordens, in: Frankfurter Rundschau vom 22. Januar 2025.
Walentin Katassonow, Halbes Jahrhundert Öl-Dollar Standard, Webseite der russischen Stiftung für Cultural Strategic, im Herbst 2022.
Toni Keppeler, Schwarzer Widerstand, Berlin, 2021.
Rashid Khalidi, Der Hundertjährige Krieg um Palästina, Zürich 2024.
Derselbe, Es gab noch nie etwas in diesem Ausmaß, in: Frankfurter Rundschau vom 7. Mai 2024.
Charles W. Kindleberger, Die Weltwirtschaftskrise 1929–1939, München 1973.
Karin Kolow, Chinas neues Seidenstraßen-Projekt und die muslemischen Staaten der Nah-und Mittelost-Region, in: isw spezial Nr. 32, Juli 2022.
Arthur Kroeber: China's Economy. What Everyone Needs to Know. Oxford University Press, New York City 2016.
Jörg Kronauer, Der Rivale. Chinas Aufstieg zur Weltmacht und die Gegenwehr des Westens, Hamburg 2019.
Oskar Lafontaine, Das Morden geht weiter, weil die US-Waffenindustrie es will, in: NachDenkSeiten vom 30. Mai 2023.
Derselbe, Wie anders ist doch der Westen, in: NachDenkSeiten vom 29. April 2024.
Friedrich List, Das natürliche System der politischen Ökonomie, (Erstveröffentlichung 1841), Berlin 1961.
Sascha Lohmann/Oliver Meier/Azadeh Samirirad, Iran-Atomprogramm: Washington und Brüssel auf Kollisionskurs, SWP-Aktuell 53.
Michael Lüders, Krieg ohne Ende. Warum wir für Frieden im Nahen Osten unsere Haltung zu Israel ändern müssen, München 2024.
Kishore Mahbubani, Hat China schon gewonnen? Chinas Aufstieg zur neuen Weltmacht, Kulmbach 2020.
Ernest Mandel, Der Spätkapitalismus, Frankfurt a. Main, 1972.
Karl Marx, Das Kapital, Band III.
Mohssen Massarrat, Energiekrise oder Krise des Kapitalismus, in: Probleme des Klassenkampfs, 1974, Heft 11/12.
Derselbe, Hauptstadien der kapitalistischen Weltwirtschaft, Lollar, 1976.
Derselbe, Die Theorie des Ungleichen Tauschs in der Sackgasse. Versuch einer Erklärung der Entwicklung der Terms of Trade, in: Die Dritte Welt, Nr. 1, 1978.
Derselbe, Weltenergieproduktion und die Neuordnung der Weltwirtschaft. Die Weltarbeitsteilung und die Neuverteilung des Reichtums in der Welt, Frankfurt/New York, 1980.
Derselbe, Endlichkeit der Natur und Überfluss in der Marktökonomie, Marburg, 1993.
Derselbe (Hrsg.): Mittlerer und Naher Osten. Geschichte und Gegenwart, Münster 1996.
Derselbe, Das Dilemma der ökologischen Steuerreform, Marburg, 2000.
Derselbe, Amerikas Weltordnung, Hegemonie und Kriege ums Öl, Hamburg, 2003.
Derselbe, Teherans Atompolitik. Die Balance of Power und das regionale Sicherheitsdilemma, in: Blätter für deutsche und internationale Politik 04/2004.
Derselbe, Frieden mit der Hamas, in: Frankfurter Rundschau vom 22. Februar 2006.
Derselbe, Im Libanon prallen auch Israel und Iran aufeinander, in: Frankfurter Rundschau vom 23. August 2006.
Derselbe, Kapitalismus-Ungleichheit-Nachhaltigkeit, Hamburg 2006.
Derselbe, Offener Brief an Angela Merkel anlässlich des Israel-Krieges in Gaza, Januar 2009, in: Derselbe, Weebly, Interventionen, open letters.

Derselbe, Perspektiven für den Mittleren Osten, in: Friedensjournal 4/2009.
Derselbe, Chaos und Hegemonie, in: Blätter für deutsche und internationale Politik, Mai 2014.
Derselbe, Zauberformel: Öl- statt Gold-gedeckte Weltwährung, in: Lunapark21, Heft 26/2014.
Derselbe, Welt finanziert die US-Kriege, Interview in: Frankfurter Rundschau vom 7. Oktober 2014.
Derselbe, Braucht die Welt den Finanzsektor?, Hamburg 2017.
Derselbe, Naft wa Hegemonisme Amrika (Persisch: Öl und Amerikas Hegemonie), Teheran 2017.
Derselbe, Neue Entwicklungen im Mittleren Osten – Saudi-Arabien contra Iran, in: Lühr Henken (Hrsg.), Abrüsten statt Aufrüsten – Konfliktanalysen und Lösungsansätze aus der Friedensbewegung, Kassel 2018
Derselbe, Gemeinsame Sicherheit am Persischen Golf, in: IPPNW Forum Nr. 160/ Dezember 2019.
Derselbe, Krieg, Bürgerkrieg oder Militärdiktatur, in: NachDenkSeiten vom 16. Januar 2020.
Derselbe, Sarmayedari kommunisti dar Chin Wa Sarmayedari Merkantilisti dar Iran (Kommunistischer Kapitalismus in China und Merkantilistischer Kapitalismus in Iran) in persischer Sprache, Teheran (1401) 2022.
Derselbe, Globaler Merkantilismus (in Arbeit)
Rainer Mausfeld, Hegemonie oder Untergang. Die letzte Krise des Westens, Neu-Isenburg, 2025
John Mearsheimer/Stephen M. Walt, The Israel Lobby and US Foreign Policy, New York 2007.
John Mearsheimer, in: Infosperber vom 14. 11. 2024.
Misereor/Erlassjahr.de (Hrsg.), Schuldenreport 2022.
Mohammad Mossadegh, Khaterat wa Taalomat, persisch (Memoiren und Gedanken), Teheran 1365 (1986)
Seyed Hossein Mousavian, A New Structure for Security, Peace, and Cooperation in: The Persian Gulf, London 2020.
Wolfgang Müller, Die Rätsel Chinas – Wiederaufstieg einer Weltmacht, Hamburg 2021.
Rolf Mützenich: Ein Mittlerer Osten ohne Massenvernichtungswaffen – Von der Utopie zum Konzept, in: Internationale Politik und Gesellschaft, 4/2004.
Florian Naumann, Teils »eher wie ein Vasallensystem aus dem Mittelalter«, in: Merkur vom 9. November 2024.
Peter Neumann, im Gespräch im Deutschlandfunk am 14. Januar. 2021.
Neue Zürcher Zeitung vom 14. Dezember 2018, 40 Jahre Reform in China – eine Chronologie von 1978 bis 2018.
Stephan Ossenkopp, Die Fünf Prinzipien der friedlichen Koexistenz, in: NachDenkSeiten vom 05. Juli 2024.
Ilan Pappe, The Biggest Prison on Earth. A History of the Occupied Territories, London, 2017, S. XIVf.
Derselbe, Die ethnische Säuberung Palästinas, Frankfurt, 2024.
John Perkins, Bekenntnisse eines Economic Hit Man, München 2004.
David Ricardo, Grundsätze der politischen Ökonomie und der Besteuerung, Frankfurt am Main, 1972.
Joan Roelofs, 2018: The Political Economy of the Weapons Industry, in: Counterpunch print magazine article, Vol. 25, No 3, in: Luftpost, 113/18, 10. 08. 2018.
Olivier Roy, »Der Iran ist raus aus dem Nahen Osten« in: Frankfurter Rundschau vom 10. Dezember 2024.
Werner Rügemer, Die Kapitalisten des 21. Jahrhunderts, Köln 2018.
Derselbe, in: NachDenkSeiten vom 2. September 2019.
Derselbe, Imperium EU: ArbeitsUnrecht, Krise, neue Gegenwehr, Köln 2024.
Derselbe, EU-Osterweiterung: Fragwürdiges Jubiläum, in: NachDenkSeiten vom 3. Mai 2024.
Willy Sabautzki, Die chinesische Wirtschaftsbilanz 2021, in: ISW Report Nr. 130, München 2022.
Jeffrey Sachs, Diplomatie oder Desaster, Neu-Isenburg 2024
SAPRIN, Autorengemeinschaft, Weltweite Armutsproduktion statt globaler Armutsbekämpfung, in: Informationsrundbrief Weltwirtschaft & Entwicklung vom 1.-2. Januar 2002.

Beat Schneider, Chinas langer Marsch in die Moderne. Zwanzig nicht-eurozentristische Thesen, Köln 2023.
Michael Schneider, Der »böse Russe«, die Geschichtsvergessenheit und Blindheit der Berliner Außenpolitik, in: tkp, der Blog für Science & Politik, vom 1. Dezember 2022.
Guido Steinberg, »Die Achse des Widerstands«. Irans Expansion im Nahen Osten stößt an Grenzen, in: SWP-Studie 2021/S 08.
Joseph Stiglitz, Linda Bilmes, Die wahren Kosten des Krieges. Wirtschaftliche und politische Folgen des Irak-Konflikts, München 2008.
Joseph Stiglitz, Die Schatten der Globalisierung, Berlin 2002.
Derselbe, Die Schatten der Globalisierung, Berlin 2022.
Arn Strohmeyer, Von der Unmoral der Moral, in: NachDenkSeiten vom 3. September 2024.
Denis Stute, Interview in: Qantara vom 20. Oktober 2008.
Nathan Thrull, im Interview mit der Frankfurter Rundschau am 2. September 2024.
Monica Toft, A New Dataset on US Military Interventions, 1776–2019, Jan. 2022, in: Journal of Conflict Resolution.
Marcel van der Linden, »... erkämpft das Menschenrecht«, Vom Aufstieg und Niedergang klassischer ArbeiterInnenbewegungen, Wien 2024.
Norbert Wagner/Martin Kaiser/Fritz Beimdiek, Ökonomie der Entwicklungsländer, Stuttgart 1983.
Peter Wahl, Der Ukraine-Krieg und seine geopolitischen Hintergründe, in: Attac, AG-Globalisierung & Krieg, Hintergrundpapier, Nr. 1, Mai 2023.
Immanuel Wallerstein, Das moderne Weltsystem II – Der Merkantilismus, Wien 2012.
Daniel Yergin, Der Preis. Die Jagd nach Öl, Geld und Macht, 1991, Frankfurt am Main.
Azadeh Zamirirad, Achse des Widerstands: Iran und der Nahostkrieg. Interview mit der Bundeszentrale für politische Bildung am 13.12.2023

Sonstige Quellen

acTVism vom 2. Juni 2023.
Anti-Spiegel vom 8. September 2022.
BP Statistical Review of World Energy.
Deutschlandfunk vom 16. Juli 2024.
Frankfurter Rundschau
https://youtu.be/zP9ZnDTUVRc?si=4ETZvuolcUgGecKo
International V/2024.
Jacobin Magazin vom 30. Juni 2024.
NachDenkSeiten vom 19. September 2022.
NachDenkSeiten vom 13. Oktober 2022.
Statista, 2024.
Zeit Online 18/2024.

Der Autor

Mohssen Massarrat, geboren 1942 in Teheran, ist Professor für Wirtschaft und Politik i. R. des Fachbereichs Sozialwissenschaften der Universität Osnabrück. Er lebt in Berlin. Seit Jahrzehnten publiziert er zu Imperialismus, dem Weltenergie- und Weltfinanzsektor, über den Mittleren Osten und Iran. Seine Publikationen erscheinen auf Deutsch, Englisch, Japanisch, Persisch und Spanisch.

Widmung

Dieses Buch widme ich vor allem den Opfern aller Kriege der jüngeren Menschheitsgeschichte:

- den über 80 Millionen Opfern der beiden Weltkriege,
- den direkten und indirekten mehreren Millionen Opfern der US-Hegemonialkriege in Vietnam, im Mittleren Osten und anderswo,
- den allein seit 1971 verursachten 27 Millionen Opfern westlich-amerikanischer Sanktionen,
- den Opfern des israelischen Völkermords an Palästinensern in Gaza,
- den getöteten Soldaten und Zivilisten im Ukraine-Krieg.

Rainer Land

Chinas gelenkte Marktwirtschaft

Hintergründe eines Booms

ISBN 978-3-85371-545-1, br., 232 Seiten, 23,00 €
E-Book: ISBN 978-3-85371-930-5, 18,99 €

Bruder et al. (Hg.)

Militarisierung der Gesellschaft

Von der Glückssüchtigkeit zur Kriegsbereitschaft

ISBN 978-3-85371-555-0, br., 264 Seiten, 24,00 €

Hauke Ritz

Vom Niedergang des Westens zur Neuerfindung Europas

ISBN 978-3-85371-526-0, br., 272 Seiten, 23,00 €
E-Book: ISBN 978-3-85371-914-5, 17,99 €

Hochuli/Hoare/Cunliffe

Das Ende des Endes der Geschichte

Post-Politik, Anti-Politik und der Zerfall der liberalen Demokratie

ISBN 978-3-85371-498-0, br., 200 Seiten, 19,90 €
E-Book: ISBN 978-3-85371-897-1, 16,99 €